# 刑法学理论与实践探索

马　嘉　冯振国　李　楠◎主编

中国商业出版社

**图书在版编目（CIP）数据**

刑法学理论与实践探索 / 马嘉，冯振国，李楠主编. 北京 : 中国商业出版社，2024. 11. -- ISBN 978-7-5208-3221-2

Ⅰ. D924. 01

中国国家版本馆 CIP 数据核字第2024CH2753号

责任编辑：袁　娜

中国商业出版社出版发行

（www.zgsycb.com　100053　北京广安门内报国寺 1 号）

总编室：010-63180647　编辑室：010-83128926

发行部：010-83120835/8286

新华书店经销

武汉市卓源印务有限公司印刷

*

710 毫米 ×1000 毫米　16 开　18.5 印张　300 千字

2024 年 11 月第 1 版　2024 年 11 月第 1 次印刷

定价：68.00 元

****

（如有印装质量问题可更换）

# 前　言

刑法学理论在百年蓬勃发展的历程中，取得了丰硕成果，理论日臻成熟并不断精细化，这也使得刑法学变得越发艰深晦涩。刑法学是与社会生活关联性极强的应用型学科,层出不穷的司法实例,也令刑法学变得越发错综复杂。刑法学以世界各国刑法为研究对象，是研究犯罪和刑罚、刑事责任及其罪刑关系的科学，属于法学范畴。作为一种知识体系，刑法学属于刑法解释学，因此与刑法特别是刑法典有着密切的联系。刑法学体系与刑法典体系有许多契合之处，最为突出的表现是：刑法分为刑法总则与分则，相应地，刑法学也分为总论与分论。就理论体系而言，刑法学体系区别于刑法典体系，各自按照自身的理论逻辑展开。刑法学的内容十分丰富，随着我国刑事立法与司法实践的不断发展，其内容越来越丰富。

本书分为刑法基础、刑事犯罪、刑事责任、刑事诉讼、刑事辩护和实践与应用的具体探索六篇。在刑法基础篇，介绍了刑法的概念、犯罪构成、根据、体系、基本原则以及刑法的解释等内容；在刑事犯罪篇，介绍了犯罪的概念、阻却事由、共同犯罪的相关内容；在刑事责任篇，介绍了刑事责任的概念与依据、刑事责任的认定以及刑事责任的实现形式；在刑事诉讼篇，介绍了刑事诉讼法基本概念、刑事诉讼基本制度与模式、刑事诉讼权利保护与程序保障；在刑事辩护篇，介绍了刑事辩护律师的职业伦理、刑事辩护与刑事代理等内容；最后一篇则着重介绍了刑法学在实践与应用中的具体探索。

本书秉承“理论与实践相结合”的宗旨，注意全面准确反映近年来我国刑法立法和立法解释的发展变化以及司法实践中的经验和情况，注意研究和合理吸纳刑法理论研究的新进展、新成果，特别注重贯彻刑法的完整体系结构。本书内容层次清晰、论述简洁、观点鲜明，力求提高刑法学的应用价值。希望本书能帮助广大研究人员更好地理解把握理论与实践相结合的基本精神、基本内容、基本要求，更加自觉地用以指导实践工作，为刑法学相关学者、学生以及对刑法学感兴趣的读者提供一定的参考价值。

# 目录

CONTENTS

## 第一篇　刑法基础

# 第二篇　刑事犯罪



# 第三篇　刑事责任

# 第一篇　刑法基础

# 第一章　刑法概述

## 第一节　刑法的概念、渊源和分类

### 一、刑法的概念与特征

刑法是以国家名义颁布的，规定犯罪及其法律后果（主要是刑罚）的法律规范的总和。刑法是一个独立的部门法，能够独立地保护、调整特定的社会关系。

刑法具有以下几个基本特征。

#### （一）规制内容的特定性

刑法是规定犯罪及其法律后果的法律规范的总和。它规定的是犯罪行为及刑事责任，而其他法律规定的是一般违法行为及其法律后果。这种特定性，使刑法成为一个特殊的、独立的部门法。

#### （二）法益保护的广泛性

除刑法外，一般部门法都只是调整和保护某一方面的社会关系：民法仅调整和保护平等主体之间的财产关系以及与财产关系密切相关的人身关系；婚姻法仅调整和保护婚姻家庭关系；行政法仅调整拥有国家行政权的行政主体与行政相对人之间的行政关系；而刑法所保护的社会关系则具有广泛性，涉及社会生活的各个方面。可以认为，一般部门法所要调整和保护的社会关系，刑法都可以进行调整和保护。这是因为犯罪并无行业的区别、部门和主体上的限制，只要主体行为严重危害社会秩序，就可以认为已经构成犯罪，就要由刑法对此进行调整。例如，一般的走私行为由海关法来调整，但严重危害我国经济秩序的走私行为，则构成走私罪，要由刑法来调整。一般的对婚姻不忠的行为，由婚姻法来调整，严重的不忠行为，如重婚，则由刑法来调整。

### （三）制裁手段的严厉性

刑罚是刑法规定的主要制裁方法，也是所有部门法中最严厉的制裁方法。一般部门法对一般违法行为也适用一定的强制方法，如罚款、责令停业整顿、警告、行政拘留等。但这些制裁措施的严厉性远不如刑罚。刑罚可以剥夺人的自由和财产，最严厉者可以剥夺人的生命。

### （四）其他法律的保障性

刑法是其他部门法的保障法，其他部门法的彻底贯彻实施都要依赖于刑法。这是因为刑法可以剥夺人的生命、自由、财产。以此做后盾，才能保障其他部门法的顺利贯彻执行。例如，如果无“拒不执行判决、裁定罪”这一规定，那些恶意赖账、有履行能力而拒不履行判决、裁定的人就将肆无忌惮地藐视法律。规定了此罪，就可以将刑罚作为威慑，迫使这些人认真履行判决、裁定，从而保证民法和民事诉讼法的执行。因此，其他部门法是“第一道防线”，刑法是“第二道防线”。[①]

### （五）部门法律的补充性

只有当一般部门法不能充分保护某种法益时，才由刑法保护；只有当一般部门法还不足以抑止某种危害行为时，才由刑法禁止。这就是刑法的补充性。刑法以刑罚为主要制裁方法，而刑罚是一把双刃剑，用之不当，则国家与个人均受其害。因此，我们要慎用刑法，对刑法的使用应当相对谦抑、保守。如果其他部门法已经能够很好地起到对法益的保护作用，此时就不应当适用刑法。

## 二、刑法的渊源

### （一）刑法典

刑法典是指立法机关以刑法（法典）名称颁布的系统规定犯罪、刑事责任与刑罚的法律。1979 年，我国制定了《中华人民共和国刑法》（以下简称刑法），此即我国的刑法典。该刑法典于 1979 年 7 月 1 日第五届全国人民代表大会第二次会议通过，于 1980 年 1 月 1 日起施行。1997 年 3 月 14 日，第八届全国人民代表大会第五次会议对其进行了全面修订，并于 1997 年 10 月 1 日起施行。

---

① 于世忠．中国刑法学 总论 第 3 版 [M]. 厦门：厦门大学出版社，2017.

需要说明的是，虽然我们习惯于将1997年的刑法典称为新刑法，将1979年的刑法典称为旧刑法，但迄今为止，我国在事实上只有一部刑法典。1997年刑法并非废除1979年刑法而新制定的法律。它是在1979年刑法的基础上修订而成的，二者具有连续性。审判实践中，如果适用的是1997年刑法的法条，应称为“刑法第××条”，不能称为“1997年刑法第××条”。如果要适用或引用1979年刑法的法条，则应将其称为“1979年刑法第××条”。在特意将两者进行比较的场合，如审理旧案或进行学术研究时，则将两者分别称为“1979年刑法”“1997年刑法”。

### （二）单行刑法

单行刑法是指立法机关以决定、规定、补充规定、条例等名称颁布的，规定了某一类或者某一种犯罪及其刑罚或者刑法特殊事项的法律。1979年刑法施行期间，全国人民代表大会常务委员会先后颁布实施了23个单行刑法。根据1997年刑法附则的规定，这些单行刑法中的15个已完全废止，8个单行刑法中有关刑事责任的规定不再有效，但有关行政处罚和行政措施的规定继续有效。换言之，1997年以前的单行刑法中的刑事责任部分全部被废止，其主要内容都纳入了1997年修订的刑法。1997年后，全国人大常委会相继通过了《关于惩治骗购外汇、逃汇和非法买卖外汇犯罪的决定》（1998年12月29日）、《全国人民代表大会常务委员会关于取缔邪教组织、防范和惩治邪教活动的决定》（1999年10月30日）、《全国人民代表大会常务委员会关于维护互联网安全的决定》（2000年12月28日）等决定。这三个决定都是针对专门犯罪的，都有适用刑法追究相关犯罪的规定，但并不都是单行刑法。其原因在于：单行刑法必须对刑法典进行修改或补充，即增加、删除，修改了罪名或法定刑。如果上述决定只是指出对哪些犯罪行为应适用刑法的哪些条款进行惩处，就不能算是单行刑法。根据这一标准，只有《关于惩治骗购外汇、逃汇和非法买卖外汇犯罪的决定》增设了新罪名，增加了刑法中逃汇罪的犯罪主体，并提高了其法定刑，而其他两个决定仅是指出对邪教犯罪活动和破坏互联网安全的活动应如何处理。

应指出的是，制定《刑法修正案》是比制定单行刑法更好的修改刑法的方式，它有利于刑法典的统一。

### （三）附属刑法

附属刑法是指规定于民法、经济法、行政法等非刑事法律当中的刑法规范。这类刑法规范附属于非刑事法律，故称为附属刑法。1997 年刑法实施以后，我国的一些经济法、行政法当中还有这方面规定，但基本上都将其规定为："构成犯罪的，依法追究刑事责任。"这种规定只是重申了刑法的规定，不具有附属刑法的实质内容。

### （四）国际刑法

每个国家都应遵守自己签署的国际条约。有些国际条约可以直接适用，有些必须转化为国内法才能适用。规定保障被告人合法权益的国际刑法规范，属于我国刑法的直接渊源。我国司法机关应当尊重并努力达到国际条约中保障人权的倡导性规则，遵守国际条约中保障人权的硬性规则以确保达到国际社会的基本标准。因规定国际犯罪而具有刑事责任意义的国际条约，由于并不直接包含刑罚制裁的规定（仅规定某些行为是国际犯罪，并无具体刑事责任的规定），不能直接成为一国的国内法渊源，而需要通过刑事立法转化为国内刑法。

## 三、刑法的分类

### （一）广义刑法与狭义刑法

广义刑法是指关于犯罪及其法律后果（主要是刑罚）的法律规范的总和，即包括刑法典、单行刑法与附属刑法、国际刑法。狭义刑法是指刑法典。

### （二）普通刑法与特别刑法

普通刑法是指在一国范围内具有普遍适用的性质与效力的刑法。刑法典即为普通刑法。特别刑法是指适用于特别的人、特别的时间、特定的地域或者特定的事项的刑法。单行刑法、附属刑法属于特别刑法。国际刑法视其内容而定，或者属于特别刑法，或者属于普通刑法。1979 年刑法实施期间，我国曾出现过一部特别的单行刑法——《中华人民共和国惩治军人违反职责罪暂行条例》，这部单行刑法的适用对象是军人。1997 年 3 月 14 日，第八届全国人民代表大会第五次会议通过修订的刑法，已将该条例规定的内容纳入。自 1997 年 10 月 1 日修订的刑法施行之日起，《中华人民共和国惩治军人违反职责罪暂行条例》即予以废止。

### （三）形式刑法与实质刑法

形式刑法是指从名称（形式）上就可以知道属于刑法范围的法律，如刑法典、单行刑法等。实质刑法是指从名称上看不出是刑法，但其内容规定有犯罪及刑事责任的法律，如附属刑法。

## 第二节　刑法的根据、任务和机能

### 一、刑法的根据

我国刑法第一条规定："为了惩罚犯罪，保护人民，根据宪法，结合我国同犯罪作斗争的具体经验及实际情况，制定本法。"这说明制定刑法的法律根据是我国宪法。宪法是我国的根本法，在我国的法律体系中具有最高的法律效力，任何法律都不能和宪法相抵触。刑法也必须遵守宪法的精神和具体规定，不得与宪法相抵触。

根据刑法第一条，制定刑法的实践根据是我国同犯罪作斗争的具体经验及实际情况。这要求立法机关在制定刑法时，必须考虑我国的具体国情，既不能凭主观想象，又不能照抄、照搬前人或国外现成的东西，应当系统地进行调查研究，认真总结我国长期同犯罪作斗争的经验，立足于我国的实际情况。例如，外国的罪刑法定原则一般仅规定："法无明文规定不为罪"，我国则规定："法律明文规定为犯罪行为的，依照法律定罪处刑；法律没有明文规定为犯罪行为的，不得定罪处刑。"即我国的罪刑法定原则除强调"法无明文规定不为罪"外，还同时强调了"法有明文规定的，依照法律定罪处刑"。

### 二、刑法的任务

我国刑法第一条提及刑法是"为了惩罚犯罪，保护人民"而制定。刑法第二条规定："中华人民共和国刑法的任务，是用刑罚同一切犯罪行为作斗争，以保卫国家安全，保卫人民民主专政的政权和社会主义制度，保护国有财产和劳动群众集体所有的财产，保护公民私人所有的财产，保护公民的人身权利、民主权利和其他权利，维护社会秩序、经济秩序，保障社会主义建设事业的顺利进行。"根据这一规定，刑法的任务就是"惩罚犯罪，保护社会"。

刑法通过禁止和惩罚各种侵犯国家、人民利益的犯罪行为来保护国家和人民的各种合法权益，因此有学者认为刑法的任务可以概括为“保护法益”。需要注意的是，惩罚犯罪只是手段，保护法益才是目的，因此在司法实践中不能纯粹为了惩罚而惩罚，必须将保护与惩罚结合起来。[①]

## 三、刑法的机能

刑法的机能又称为刑法的功能，是指刑法作为一个有机整体现实或可能发挥的作用。刑法的机能是多元的。一般认为，刑法具有以下三种主要的机能。

### （一）行为规制机能

刑法通过将某些行为规定为犯罪并规定其法律后果，向社会公众宣示国家对这种行为的否定和禁止。公众在看到国家的这种态度后，会自觉约束自己的行为，以免触犯法律。这就是刑法的行为规制机能。它通过将一定的行为规定为犯罪，为社会公众提供了一个行动指南，使公众知道哪些可为，哪些不可为，并进而约束自己的行为。

### （二）社会保护机能

刑法的社会保护机能即保护社会不受犯罪侵害。刑法通过规定什么样的行为是犯罪并规定相应的刑罚通过司法活动惩罚犯罪行为，保护个人、社会、国家的利益。我国刑法保护国家的根本政治制度和公民的合法权益。具体如下。

#### 1. 保卫国家安全，保卫人民民主专政的政权和社会主义制度

这是我国刑法的首要任务。

#### 2. 保护社会主义的经济基础

经济基础直接关系到政权和制度的巩固及社会生活的正常与繁荣，因此，保护社会主义的经济基础是我国刑法的重要任务，为此，刑法专章规定了“破坏社会主义市场经济秩序罪”和“侵犯财产罪”。

#### 3. 保护公民的人身权利、民主权利、财产权利和其他权利

保护人民的合法权益是我国的根本任务，也是我国刑法任务的重要内容之一。我国刑法坚决保护公民所享有的人权。

① 张曙光．中国刑法总论精义 [M]. 北京：生活·读书·新知三联书店，2022.

4. 维护社会秩序

刑法是维护社会秩序，稳定社会环境的强有力法律武器。刑法规定危害公共安全罪、妨害社会管理秩序罪、渎职罪等各类犯罪就是为了维护社会秩序，保障社会主义现代化建设事业的顺利进行。

### （三）人权保障机能

刑法通过规定罪刑法定原则和明确规定每个犯罪的犯罪构成和处罚标准，保障无罪的人不受刑事追究、有罪的人只受到法律限度内的惩罚。刑罚是最严厉的制裁方式，如果被滥用，就会严重侵害人民的基本权利。国家具有扩张刑罚权的天然倾向，因此必须对国家的刑罚权予以适当的限制和制约，将其限制在合理的范围内。刑法虽然是为惩罚犯罪而产生的，但又能起到保障人权的作用。因为刑法以罪刑法定为基本原则，而无罪不罚是罪刑法定的必然要求。任何人只要未实施犯罪，就不应受到刑罚处罚。该原则还要求只能依法惩处犯罪的人，不得法外施刑。因此，刑法能够限制国家刑罚权的滥用——要求国家只能依据刑法惩罚犯罪，严禁超越法律规定滥用刑罚权，侵害无辜的人或者犯罪的人的合法权益。

刑法的保障机能与保护机能是统一的，二者缺一不可，不可偏废。刑法通过制裁犯罪行为保护社会不受犯罪侵害，并通过规定罪刑法定原则和具体、明确的刑罚标准保障无罪的公民不受刑事追究，有罪的公民只受法律追究。

# 第三节　刑法的体系、规范与解释

## 一、刑法的体系

刑法的体系是指刑法的组成与结构。刑法体系有狭义、广义之分。科学合理的刑法体系有利于更好地发挥刑法的整体功能。

狭义的刑法体系是指刑法典的体系。《中华人民共和国刑法》分为总则、分则和附则三部分。其中，总则、分则各为一编。每编之下，根据法律规范的性质和内容有次序地划分为章、节、条、款、项等层次。第一编总则分设五章，即刑法的任务、基本原则和适用范围，犯罪，刑罚，刑罚的具体运用，其他规定。第二编分则分设十章，即危害国家安全罪，危害公共安全罪，破坏社会主义市场经济秩序罪，侵犯公民人身权利、民主权利罪，侵犯财产罪，妨害社会管理秩序罪，危害国防利益罪，贪污贿赂罪，渎职罪，军人违反职责罪。刑法总则除第一章、第五章外，其余三章下均设若干节，分则除第三章“破坏社会主义市场经济秩序罪”和第六章“妨害社会管理秩序罪”两章下设若干节外，其余章下均未设节。附则是 1979 年刑法所没有的，其仅有一个条文，具体规定了修订后刑法典开始施行的日期和修订后刑法典与以往单行刑法的关系，宣布在修订的刑法典生效后某些单行刑法的废止以及某些单行刑法中有关刑事责任的内容之失效。

刑法总则是关于犯罪、刑事责任和刑罚的一般原理原则的规范体系，是认定犯罪、确定刑事责任和适用刑罚所必须遵循的共同的规则。刑法分则是关于具体犯罪和具体法定刑的规范体系，是解决具体行为定罪量刑的标准。刑法总则与刑法分则的关系是一般与特殊、抽象与具体的关系。总则指导分则，分则是总则所确定的原理原则的具体体现，二者相辅相成。只有把刑法总则和分则紧密地结合起来加以研究，才能正确地认定犯罪、确定责任和适用刑罚。

广义的刑法体系是以刑法典为核心的，由刑法典、单行刑法、附属刑法以及国际刑法所组成的刑法规范体系。

## 二、刑法规范

刑法规范也称罪刑规范，是以禁止、处罚犯罪行为为内容的法律规范。具体地说，刑法规范是由国家制定与认可并由国家强制力保证实施的，禁止人们实施犯罪行为、命令人们履行义务以免犯罪、指示司法人员如何认定犯罪和科处刑罚（包括免除刑罚处罚）的法律规范。刑法规范的内容主要表现为刑事禁令，即禁止性规范和命令性规范。禁止性规范表现为刑法禁止公民实施一定的行为，命令性规范表现为刑法命令公民实施一定的行为。刑法规范以禁止性规范为主，命令性规范为辅。例如，刑法规定了故意杀人罪，这表明刑法设立了一个禁止性规范：“不得杀人”。又如，刑法规定了“遗弃罪”，这表明刑法设立了一个命令性规范：“对于需要抚养者，有抚养义务的人应当抚养之（例如，父母应当抚养未成年子女）”。

刑法规范和刑法条文具有密切联系，但二者并不相同。刑法规范通过刑法条文表达出来，并存在于刑法体系之中。刑法条文是直观的、显性的，刑法规范则是非直观的、隐性的。例如，“禁止（非法）故意杀人”是一个刑法规范，但刑法并不直接规定：“禁止故意杀人”，而是规定：“故意杀人的，处死刑、无期徒刑或者十年以上有期徒刑；情节较轻的，处三年以上十年以下有期徒刑（刑法第二百三十二条）。”即刑法通过将故意杀人行为规定为犯罪，并对其判处严厉的刑罚这样一个条文来体现刑法规范。刑法规范与刑法条文也不是一一对应的关系，一个条文可能表达几个规范，如刑法第二百四十六条禁止公然侮辱他人和诽谤他人；有时几个条文可能表达一个规范。例如，刑法第二百六十三条和第二百六十九条都规定了禁止抢劫行为，具体而言，第二百六十三条规定的是禁止普通抢劫行为，第二百六十九条规定的是禁止转化的抢劫行为。

需要注意的是，由于刑法规范是禁止或命令公民从事一定的行为的，因此刑法规范主要表现在刑法分则的法律条文中。刑法总则的法律条文都是原则性、一般性的关于定罪与量刑的规定，不规定具体的犯罪与量刑，因此一般也不规定刑法规范。

刑法规范首先表现为裁判规范，即指示或命令司法工作人员如何裁定、判断行为是否构成犯罪、对犯罪如何追究刑事责任的一种规范。例如，刑法第二百七十一条规定：“公司、企业或者其他单位的人员，利用职务上的便利，将本单位财物非法占为己有，数额较大的，处三年以下有期徒刑或者拘役；并处罚金；数额巨大的，处三年以上十年以下有期徒刑，并处罚金；数额特别巨大的，处十年以上有期徒刑或者无期徒刑，并处罚金。国有公司、企业或者其他国有单位中从事公务的人员和国有公司、企业或者其他国有单位委派到非国有公司、企业以及其他单位从事公务的人员有前款行为的，依照本法第三百八十二条、第三百八十三条的规定定罪处罚。”这就是一个裁判规范。它指示司法工作人员对这种行为必须：①认定为犯罪。②认定为职务侵占罪。③对于数额巨大的，处三年以上十年以下有期徒刑；对于数额特别巨大的，处十年以上有期徒刑或者无期徒刑。如果司法工作人员将国家工作人员利用职务之便将本单位财物非法占为己有的，认定为此罪（应当认定为贪污罪），或者对职务侵占罪判处无期徒刑，都是违法的；如果是故意为之，还要承担徇私枉法罪的刑事责任。

同时，刑法规范又是一个行为规范。刑法禁止一般人（刑法的所有适用对象）实施犯罪行为。刑法通过将一定的行为规定为犯罪，并处以刑罚，向一般人宣示：这种行为是犯罪，不可以实施。前述刑法第二百七十一条的规定也是如此。它将非国家工作人员利用职务之便侵占本单位财物的行为规定为犯罪，就是向一般人宣示职务侵占行为是犯罪，禁止实施这种行为。

## 三、刑法的解释

### （一）刑法解释的必要性

刑法的解释就是对刑法规范含义的阐明。任何刑法都需要解释。

刑法内容是由文字表达的，而文字具有多义性。我们需要通过解释决定采取文字的何种含义。任何用语都具有核心含义明确，边缘含义模糊的特点。我们需要通过解释，界定扩展的边际。例如，刑法第二百一十三条规定：“未经注册商标所有人许可，在同一种商品、服务上使用与其注册商标相同的商标，情节严重的，处三年以下有期徒刑，并处或者单处罚金；情节特别严重的，处三年以上十年以下有期徒刑，并处罚金。”“相同”一词的核心含义是指完全一致，如果仿冒商标和被仿冒商标完全一致，当然是“相同”。如果两个商标确实存在微小差异，但肉眼根本无法辨别或者较难辨别，此时两个商标是否“相同”？如果将其认定为“相同”商标，两者确实存在微小差异；如果不将其认定为“相同”商标，无异于在鼓励这种钻法律空子的行为。此时，就需要对法律进行解释。

语言会随着时代的发展产生很多新的含义，需要通过解释，说明刑法的文字是否接受新的含义。例如，传统的生产经营主要包括农业生产经营和工业生产经营，所以刑法将破坏生产经营罪的客观方面规定为“由于泄愤报复或者其他个人目的，毁坏机器设备、残害耕畜或者以其他方法破坏生产经营”（第二百七十六条）。但是，企业现在的经营方式多种多样。如果一个企业的主要业务是进行证券投资，它的员工为了泄愤报复，将它的股票全部以最低价卖出，使该企业损失 200 万元之巨，这是否构成“破坏生产经营罪”？此处要解释的就是“生产经营是否包括进行证券投资”？

刑法存在“言不尽意”的情况，即立法本身就有漏洞，所用语言有时不能准确地表现立法本意。由于语言的多义性和人们表达能力的限制，在立法中“言不尽意”的情况有很多。例如，本应该既禁止过失为他人出版淫秽书刊提供书号的行为，也禁止过失为他人出版淫秽录像带、磁带、VCD 影碟、DVD 影碟等提供刊号的行为，但法律仅规定：“为他人提供书号，出版淫秽书刊的，处三年以下有期徒刑、拘役或者管制，并处或者单处罚金；明知他人用于出版淫秽书刊而提供书号的，依照前款的规定处罚。”（第三百六十三条）由此可知，刑法中并未禁止为他人提供刊号出版淫秽录像带、VCD 影碟、DVD 影碟的行为。但就目前而言，后一种行为的社会危害性比前一种行为还大。此时，我们就需要对法条进行扩张解释，将过失为他人出版淫秽录像带、磁带、VCD 影碟、DVD 影碟等提供刊号的行为包括在本罪之内，以使其符合立法本意。

刑法是抽象的、概括的，不可能详尽描述每起犯罪的具体情况。要将刑法规定适用于个案，就必须解释刑法。例如，在认定某人为了报复他人，故意将他人昂贵的宠物鸟（价值 1 万元）放归大自然的行为是否构成“故意毁坏财物罪”时，就要对“故意毁坏财物”进行解释。如果将“故意毁坏财物”解释为“从物理上损坏他人的财物”，这种行为就不是故意毁坏财物罪；如果将其解释为“破坏财物的效用，使物主无法行使自己对财物的权利”，这种行为就是故意毁坏财物罪。而事实上，应当将这种行为认定为故意毁坏财物罪，因为物主事实上损失了自己的宠物鸟。

社会在不断发展，犯罪的具体形式也在不断变化。要使有限的、稳定的法律适应无限的、不断发展的社会的需要，也必须不断解释刑法。例如，刑法原来规定的假冒注册商标的行为是典型的假冒行为：假冒商标和被假冒商标完全相同。但在实践中大量出现的是两个商标基本相同，但又确实存在极细微差别的情况。由于这种假冒行为危害性极大，最高人民法院、最高人民检察院不得不对刑法进行扩张解释，将这种具有极细微差别，但在视觉上基本无差别，足以误导公众的商标也认定为与被仿冒商标“相同”，从而构成“假冒”。①

综上所述，刑法必须进行解释。只有不断根据实践的需要解释刑法，才能永葆刑法的生命力。

### （二）刑法解释的目标及实质解释观

在刑法解释的目标上存在主观解释论和客观解释论之争。主观解释论认为，刑法解释的目标应是阐明刑法立法时立法者的意思，换言之，刑法解释的目标就是阐明刑法的立法原意。一切超出刑法立法原意的解释都是违法的。客观解释论认为，刑法解释应以揭示适用刑法时刑法之外在意思为目标，刑法解释的目标不是揭示制定刑法时立法者的原意，而是揭示适用刑法时刑法条文客观上所表现出的意思。

法律一旦被公布，它就脱离制定者而独立存在。法律的含义应当是它的文字所表达出的含义，这样对公众才公平。因为公众是无从知晓立法原意的。如果认为对法律的解释应当以揭示立法原意为目标，公众将无法预测自己行为的后果。

① 李芬，周涛．刑法学研究 [M]. 长春：吉林人民出版社，2020.

因为他不知道自己对法条的解释是否符合“立法原意”。在个别情况下，如果由于立法者表达能力不够好，法律条文所表现出的含义和立法者的原意不同，某人按照法律条文的字面含义实施了合法行为，但按照“立法原意”，这一行为本该是被禁止的。我们能因其违反了“立法原意”而认定其有罪吗？当然不能。如果这样解释法条，公民就无法预测自己行为的后果，也就没有行动自由可言。

实际上，“立法原意”并不存在。因为立法者并不是一个人，而是一个集体。在法律制定的过程中，需要立法者们经过长时间（有时候长达数年、数十年）的争论、妥协，最终形成法条。那么谁的意思才是立法原意呢？显然，我们找不出某一个立法者的原意。立法者的原意只能表现在他们共同认可的法条上。因此，为了保障公民的自由，在刑法的解释中应当坚持客观解释论。刑法解释的目标应当是发现法条客观上所表现出的意思。

法律天然是滞后于现实生活的。实践中一定会出现立法时没有设想过的犯罪情况。例如，立法者在 20 世纪 90 年代修订刑法时，肯定无法预见现在网络会如此普及。他们在制定“制作、复制、出版、贩卖、传播淫秽物品牟利罪”时，也设想不到现在导致大量青少年实施性犯罪的导火索不是淫秽书刊、画报等，而是在网络上流传的各种电子数据。那么，随着社会的发展，我们就应当对法条的含义作出扩大的或者缩小的解释，以便使法律能够适应现实生活的需要。当然这样解释的前提是：这样的解释没有超出法条的真实含义。

什么是法条的真实含义呢？法条的真实含义就是法条的文字所要表达的实质内容。这一实质内容的一些无关紧要的细节是可以忽略的。例如，在“淫秽物品”这一词组中，“淫秽”是实质呢，还是“物品”是实质呢？显然，淫秽是法条要强调的重点，物品并不是法条要强调的重点。法条的真实含义是要禁止一切以牟利为目的，制作、复制、出版、贩卖、传播淫秽内容的行为。那么，如果随着社会的发展，淫秽内容的载体不再仅是可以实际触摸的物品，也可以是电子数据，但只要它仍然具有淫秽的本质，就仍然是法条的禁止对象。

客观解释论者强调在解释法条时，不能拘泥于法条的字面含义，要对法条进行实质解释。这就是实质解释观。它是和形式解释观相对应的概念。实质解释观主要是针对构成要件的解释而言（包括构成要件符合性的判断以及与构成要件相关的未遂犯等问题的解释），其基本内容（或要求）可归纳为如下三点：①对构成要件的解释必须以法条的保护法益为指导，而不能仅停留在法条的字面含义上。

换言之，解释一个犯罪的构成要件，首先必须明确该犯罪的保护法益，然后在刑法用语可能具有的含义内确定构成要件的具体内容。②犯罪的实体是违法与责任。因此，对违法构成要件的解释，必须使行为的违法性达到可以科处刑罚的程度；对责任构成要件的解释，必须使行为的有责性达到可以科处刑罚的程度。换言之，必须将字面上符合构成要件、实质上不具有可罚性的行为排除于构成要件之外。③当某种行为并不处于刑法用语的核心含义之内，但具有处罚的必要性与合理性时，应当在符合罪刑法定原则的前提下，对刑法用语作扩大解释。质言之，在遵循罪刑法定原则的前提下，可以作出不利于被告人的扩大解释，从而实现处罚的妥当性。

对刑法的法条进行实质解释，即突破法条的字面含义和人们的传统观念来解释刑法的目的是使一些疑难案件获得合理的，实质也合法的判决。

### （三）刑法解释的方法与罪刑法定原则

刑法解释的对象是刑法的法条，刑法法条是以文字作出规定的，故刑法解释不能超出刑法用语可能具有的含义，否则便会违反罪刑法定原则。任何解释方法所得出的结论都不能违反罪刑法定原则。因此，不利于被告人的类推解释在方法上就与罪刑法定原则相抵触，因此是被禁止使用的。其他解释方法均可使用。但是，采取其他解释方法时，其解释结论也必须符合罪刑法定原则。

刑法以保护法益为目的，因此，刑法解释也不能违背保护法益的目的。刑法是根据宪法制定的，因此，刑法解释必须自觉地以宪法为指导进行解释。

### （四）刑法解释是否有利于被告

很多人认为刑法要保障人权，因此对刑法只能进行严格解释，且对刑法的解释只能有利于被告。这种看法是错误的。因为刑罚是最严厉的处罚措施，所以要对刑法进行严格解释。这是正确的。但是，严格解释并不意味着在法律存在疑问时只能作出有利于被告的解释。存疑时有利于被告的原则，产生于19世纪初的德国，但只是刑事诉讼法上的证据法则。存疑时有利于被告原则并不适用于对法律疑问的澄清。该原则只与事实的认定有关，而不适用于对法律的解释。因此当法律问题有争议时，如果依照一般的法律解释的原则应作出对被告不利的解释时，法院有权并且也应当作出对被告不利的解释。如果在法律存疑时，不允许作出对被告人不利的解释，那么整个刑法都没必要存在了，因为任何法条都可以被认为是有疑问的。

# 第二章　刑法的基本原则

## 第一节　刑法基本原则概述

### 一、刑法基本原则的概念

刑法的基本原则，是指刑法所特有的、贯穿全部刑法规范始终的、在刑事立法和刑事司法中带有普遍指导作用的基本精神和基本准则。

刑法基本原则具有以下特征。

#### （一）这些原则是刑法所特有的

这是刑法基本原则和其他法律基本原则相区别的区别性特征。如果某一原则既为刑法所有也为其他法律所有，那么这一原则就不能称为刑法基本原则。

#### （二）这些原则是贯穿刑法规范始终的

在刑法中，为了解决定罪量刑的各种问题，往往有许多不同的原则，这些原则在刑法的某一方面、某一局部均具有指导意义。如在刑法的空间效力范围问题上有“属地原则”；在刑法的时间效力方面，有“从旧兼从轻原则”；在定罪上有“谦抑原则”；在量刑上有对未成年人犯罪从宽处罚原则、对累犯从严处罚原则；等等。但这些原则均只有局部意义，不带有全局性。因此，这些原则虽然也被称为刑法原则，但并非刑法的基本原则。刑法基本原则必须是贯穿全部刑法规范始终的，作为一种基本精神，它在刑法的各个部分都会得到体现。

#### （三）刑法基本原则不论对刑事立法还是刑事司法均具有普遍的指导作用

在刑事立法上，基本原则表现为立法者心目中的一些基本思想和基本理念，这些思想和理念指导立法者制定具体刑法规范。刑法条文是可以这样写也可以那样写的，其语言形式、语句形式、结构秩序可以不同，但只要立法者的基本思想、基本理念是一致的，那么用不同的语言形式写就的刑法，就只是语言载体不同而已。在刑事司法中，基本原则表现为指导司法者行动的思想和行为准则。当面对复杂多变的具体案件而刑法条文缺位时，司法者可以依据这些思想和理念作出符合法的精神的判断。

依据上述界定，刑法将罪刑法定原则、法律面前人人平等原则、罪责刑相适应原则确立为自己的基本原则，并以法律条文的形式明确加以规定。

## 二、刑法基本原则的意义

上述三大基本原则实质是平等、公正、公开、民主等现代文明社会赖以建立的一些基本观念在刑法中的体现。它既是现代刑事法治的基本要求，也是我国长期实践经验的总结。它对于指导刑事立法和刑事司法、完善刑事法治、完成刑法的基本任务具有举足轻重的作用。

### （一）刑法基本原则对于刑事立法活动具有指导意义

刑法基本原则是制定刑法典、单行刑法、附属刑法的思想基础，它指导着刑法具体条文的设置。哪些行为构成犯罪、罪状和法定刑怎样设置、犯罪和刑罚的比例关系怎样设定等，都与刑法基本原则有关。例如，罪刑法定原则要求罪和刑都预先要在刑法中有明确的规定，这一思想体现在立法技术上，就要求刑法分则条文在写法上应尽量使用叙明罪状，少用引证罪状，严格限制空白罪状的使用。如果背离了刑法基本原则，刑事立法就会出现偏差。

### （二）刑法基本原则对刑事司法活动具有指导意义

由于刑事立法具有原则性、概括性的特点，而现实中的刑事案件则往往是复杂多样的，因此刑事司法活动必然存在着如何正确适用刑法、如何科学准确地定罪量刑的问题。只有贯彻刑法的基本原则，才能科学地解决上述问题，使刑事司法活动顺利有效地进行下去。

总之，刑法基本原则具有强大的效能：既有利于积极同犯罪作斗争，又有利于切实保障公民的合法权益；既有利于推进法治化进程，又有利于维护法律的公正性；既有利于实现刑法的目的，又有利于达到刑罚的最佳效果。刑法基本原则能够促进我国刑事立法更加完善，也能够使我国刑事司法更加文明。

## 第二节　罪刑法定原则

我国刑法第三条规定:“法律明文规定为犯罪行为的，依照法律定罪处刑；法律没有明文规定为犯罪行为的，不得定罪处刑。”这一条文规定的便是罪刑法定原则。

罪刑法定原则，又称罪刑法定主义。其基本含义是：哪些行为构成犯罪，犯何种罪，犯罪的具体构成条件是什么，应作何种处罚，均须由刑法明确加以规定。而对于刑法没有明确规定为犯罪的行为，不得定罪处刑。罪刑法定原则的经典表述是:“法无明文规定不为罪，法无明文规定不处罚。”

罪刑法定原则的提出，缘于资产阶级启蒙思想家反对封建专制统治和司法擅断。这一原则从提出到最终被世界多数国家明确写进刑法条文，历经数百年。这期间，虽然在具体内容的宽与严、绝对与相对程度上有过这样或那样的争论，但其基本精神则始终如一，这表明这一原则是符合现代社会民主与法治的发展趋势的。①

有学者提出，罪刑法定原则有四个派生原则：排斥习惯法、排斥绝对不定期刑、禁止有罪类推、禁止重法溯及既往。有的学者还进一步提出明确性原则、严格解释原则、实体的正当程序原则等罪刑法定原则。我国有些学者对这些原则予以肯定，但也有学者有不同意见。如有学者提出:“严格意义上的罪刑法定原则实际上已不复存在，现代各国刑法普遍允许实行相对的不定期刑，允许有限制地扩大解释和在刑法的溯及力上采取从旧兼从轻原则，允许适用有利于被告的类推，所以一般认为，现在的罪刑法定是相对的罪刑法定。”

撇开上述绝对或相对的争论，我们认为，由罪刑法定原则，至少可以派生如下要求。

第一,“罪”和“刑”只能由法律加以规定。此处的“法律”是指由全国人大及其常委会通过的法律，不包括行政法规。

第二，禁止有罪类推。对新出现的犯罪如果确需打击，也只能由全国人大或全国人大常委会以颁布刑法修正案或单行刑事法律的形式予以打击，而不能搞有

① 龚大春．刑法学简明教程 [M]. 武汉：武汉大学出版社，2018.

罪类推。

第三，刑法条文应该明确化、公开化。不能搞“事前原则性立法，事后根据形势的需要再作具体解释”。刑法分则在罪状的写法上应“多用叙明罪状、少用引证罪状”，应严格限制空白罪状的使用。

第四，刑事司法解释不能搞“法官造法”，不能增加刑法条文的内容，不能扩大刑法条文的适用范围。

第五，不允许使用绝对不定期刑。

第六，禁止重法溯及既往。

罪刑法定原则在我国刑法中的确立，具有里程碑意义。几千年来，在我国封建专制统治者心目中，占据核心地位的是这样一种思想：“刑不可知则威不可测”“国之利器、不可示人”。在封建时期，统治者一直将刑法作为统治工具、作为镇压人民的工具。在这样一种状况下，人民只能生活在惶恐中，因为不知道自己的行为哪一天会被定罪量刑。罪刑法定原则的精义在于告诉我们：国家刑罚权本身是要受到限制的。刑事法治意味着以明确的刑法规范限制国家刑罚权，包括对立法权和司法权的限制，从而保障公民的自由和权利。

## 第三节　适用刑法人人平等原则

适用刑法人人平等原则，是指对任何公民，不论其民族、种族、性别、职业、家庭出身、宗教信仰、教育程度、财产状况等有何不同，都应当一律平等地适用刑法。如果其行为已构成犯罪，都必须依法追究刑事责任，在定罪量刑时不受其地位高低、职业贵贱、贡献大小、富裕或是贫穷等因素的影响。

“法律面前，人人平等”是我国宪法所确立的一项基本原则。《中华人民共和国宪法》（以下简称宪法）第五条明确规定：“一切违反宪法和法律的行为，必须予以追究。任何组织或者个人都不得有超越宪法和法律的特权。”宪法是根本大法，刑法是根据宪法而制定的，因此宪法中的“法律面前人人平等”原则反映在刑法中，便是“适用刑法人人平等原则”。①

平等观念本是现代文明社会赖以建立的基石。没有平等，便不会有法制，也

① 李欣．刑法总论 [M]. 成都：电子科技大学出版社，2017.

不会有现代文明。平等思想经过学者们几百年的宣扬，已经深入人心，现在恐怕很少有人会公开站出来反对“平等”。但即使如此，将“适用刑法人人平等”作为一项基本原则写入刑法仍是有现实意义的。

适用刑法人人平等原则要求任何人都不享有超越刑法规定的特权，任何人犯罪都应平等地受到追究。这里的“人”既包括我们日常所理解的“好人”，也包括我们通常所认为的“坏人”。同样，这里的“人人”，不仅包括自然人，还包括“单位”“组织”。无论什么性质的组织，其行为如果构成刑法规定的“单位犯罪”，在适用刑法上是一律平等的。这里的“平等”，既包括定罪上的一律平等、量刑上的一律平等，也包括行刑上的一律平等。

值得注意的是，我国刑法对某些具有不同身份的犯罪主体犯同样之罪而规定了不同的刑事责任，如未成年人犯罪、老年人犯罪从宽处理，累犯从重处罚，国家工作人员犯罪从严处理，这是否违背了“适用刑法人人平等原则”？我们认为，这并没有违背该原则。适用刑法人人平等原则绝不是说任何人犯同样的罪都应判同样的刑，相反，刑法在制定时必须充分考虑犯罪主体的个别差异，如初犯和累犯主观恶性不同，未成年人和成年人心智状况不同，国家工作人员和普通公民职责要求不同，如不考虑这些个体上的差异，刑法就会显得不公平。适用刑法人人平等原则是指任何人犯罪在适用已经预先制定好的刑法上一律平等，而这预先制定好的刑法是已经将个别差异充分考虑在内的。

## 第四节　罪责刑相适应原则

刑法第五条规定：“刑罚的轻重，应当与犯罪分子所犯罪行和承担的刑事责任相适应。”这即罪责刑相适应原则。

罪责刑相适应原则的含义是：犯多大的罪，就应承担多大的刑事责任，也应判处相应的刑罚。亦即我们常说的“重罪重罚，轻罪轻罚，罪刑相称，罚当其罪”。人民法院在决定对犯罪分子处刑轻重时，不仅要看其所犯罪行的轻重，还要看其应承担刑事责任的轻重。换句话说，对犯罪行为处罚的轻重，应当和犯罪行为所造成的社会危害性的大小以及犯罪行为人主观恶性的大小、人身危险性的大小相适应。

罪责刑相适应原则指出，刑罚的轻重不只是单纯地与犯罪的轻重相适应，还要与犯罪人所应承担刑事责任的轻重相适应。单纯的“重罪重罚、轻罪轻罚”并不完全正确，刑罚的轻重还应将犯罪人的主观因素考虑在内。例如，故意杀人是重罪，但故意杀人的情形千差万别，如因谋财而害命、出于义愤而杀人、不堪忍受凌辱而杀人、母亲因不忍心孩子将来受苦而杀死自己有严重残疾的婴儿等。这些情形虽然都构成故意杀人罪，但犯罪人的主观恶性不一样，所应承担的刑事责任不一样，因此应受的刑罚也应该不一样。因此，刑法第二百三十二条规定：“故意杀人的，处死刑、无期徒刑或者十年以上有期徒刑；情节较轻的，处三年以上十年以下有期徒刑。”从罪责刑相适应的角度看，重罪也可能轻判，因为犯罪人所应承担的刑事责任不同。罪责刑相适应原则是将刑罚个别化包容在内的。

罪责刑相适应原则作为我国刑法的基本原则之一，是贯穿于整个刑法规范之中的。其具体表现为以下内容。

第一，以罪责刑相适应原则为指导，我国刑法确立了严密的刑罚体系和轻重不同的法定刑幅度。我国刑罚体系，从性质上分有生命刑、自由刑、财产刑、资格刑；从程度上分，有重刑，有轻刑；从种类上分，有主刑，有附加刑。各种刑罚方法既相互区别又相互配合，能够根据犯罪的具体情况而灵活地运用。我国刑法分则，还为各种具体犯罪设置了可以分割、能够伸缩、有一定幅度的法定刑。对同一种犯罪，司法机关可以根据犯罪情节、犯罪人罪过的不同而处以轻重不同的刑罚。①

第二，以罪责刑相适应原则为依据，我国刑法确立了一系列差异化的处罚制度。刑法根据各种行为的社会危害性程度和人身危险性的大小，规定了轻重有别的处罚原则。如对防卫过当、避险过当而构成犯罪的，应当减轻或免除处罚；对故意犯罪的不同形态，如预备犯、未遂犯、中止犯，刑法分别规定了相应的从轻、减轻或免除处罚的制度；在共同犯罪中，刑法规定，对组织、领导犯罪集团的首要分子按集团所犯的全部罪行处罚，对其他主犯按其所参与或组织、指挥的全部犯罪处罚，对从犯、胁从犯、教唆犯，规定了不同于主犯的相应从轻、减轻、免除处罚制度。此外，我国刑法还依据刑罚个别化的要求，规定了刑罚具体运用中的一系列制度，如累犯制度、自首制度、立功制度、缓刑制度、减刑制度、假释制度。这些刑罚制度是适应犯罪分子人身危险性的大小而设置的，人身危险性大

① 中国法制出版社．刑法新解读·17 第 4 版 [M]. 北京：中国法制出版社，2017.

的从严处罚、人身危险性小的从宽处罚。累犯因其人身危险性大，应从重处罚，而且对累犯既不适用缓刑又不适用假释；自首、立功者因其人身危险性小而可以从宽处罚；犯罪人如果人身危险性小，放在社会上改造不致再危害社会而且被判的又是3年以下的短期自由刑的，则可以适用缓刑；在刑罚执行过程中，犯罪人如果改造得较好，确有悔改表现或立功表现，还可以得到减刑或假释。凡此种种，均可看出，我国刑罚绝不是为了处罚而处罚，刑罚不是对犯罪人的“报复”，刑罚的目的在于拯救和改造犯罪人。犯罪人的犯罪行为尽管客观危害较大，但如果其主观恶性小、人身危险性小，也可以得到较轻的处罚，或实际执行较轻的刑罚。

罪责刑相适应原则不仅是刑事立法的指导原则，也是刑事司法的基本原则。按照罪责刑相适应原则的要求，我国刑事司法中有一些问题必须引起注意。

要注意纠正重刑主义的错误观念。“重刑重罚”“治乱世用重典”一直是受我国封建统治者推崇的“治民之道”。这种观念在现在仍很有市场，当某一时期社会治安状况恶劣或某种类型的犯罪较为严重时，我们就强调要“从重从快”打击。在相当一部分民众、官员（当然也包括执法者）心目中，似乎认为犯罪的严重是由于刑罚的不严厉造成的，主张严刑峻法遏制犯罪，刑罚越重，打击犯罪的效果就越好。这种思想在刑事司法中的突出表现是，每隔一段时期就要开展的“严打”斗争，在“严打”的情势下，执法者们普遍对某类犯罪判处较重的刑罚，有时甚至到了不受刑法和《中华人民共和国刑事诉讼法》（以下简称刑事诉讼法）约束的地步。其实，中外的科学研究和实践都足以证明，刑罚绝非越重越好。刑罚的效果在于“罚当其罪”“罚当其责”而带来的公平正义感。如果一个犯罪较轻的人受到了较重的处罚，会引起普遍的不公平感，犯罪人对社会也会产生一种仇恨心理，随之而来的可能是他对社会更为凶残的破坏与报复。重刑主义是一种残暴落后的刑法观念，是专制暴政的产物。世界刑法的发展史表明，专制社会其刑必苛，而文明社会其刑必宽。其实，重刑重罚保护不了专制统治。中国的《秦律》以残酷闻名，秦朝却二世而亡；而《唐律》虽较为宽容文明，但唐王朝经历了近300年。重刑主义思想的抬头会对社会主义法制原则造成严重破坏，我们在刑事司法中必须提高警惕。

要注意纠正重定罪轻量刑的错误倾向，把量刑与定罪置于同等重要的地位。我国法院在刑事审判活动中偏重对犯罪的定性，而对准确量刑的重要性则重视不够。一直以来，刑事审判中流行这样一种看法：案件审理的主要问题是准确定性，只要定罪正确，至于量刑，在法定刑幅度内多判几年或少判几年无关紧要。因此，衡量一个刑事判决正误与否、水平高低的主要标准是定罪准确与否。基于这种认识，长期以来，在各级法院处理申诉、上诉案件时就形成了一个不成文的规则：确实定性错误或量刑畸重畸轻的，予以改判；而对定性准确只是量刑偏重偏轻的，则维持原判。这种错误做法是与罪责刑相适应原则相悖的。罪责刑相适应原则要求刑罚的轻重应该与犯罪的轻重和犯罪人应承担刑事责任的轻重相适应，这就要求量刑必须准确、恰当。多判几年或少判几年对受处罚的犯罪人来讲，绝非无关紧要，它直接关系到犯罪人人身自由被剥夺时间的长短，而自由权是基本人权中最重要的权利之一。因此，从这一意义上讲，量刑的准确与定罪的准确是同样重要的，两者不可偏废。

## 第五节　刑法基本原则内在关系

### 一、刑法基本原则内在关系之逻辑前提

#### （一）刑法基本原则的概念

关于刑法基本原则的概念应如何表述，不同学者间的观点和主张有着很大的差异。有些学者主张，“刑法的基本原则是刑法的精髓、灵魂和核心，它贯穿刑法的始终，并对刑法立法及司法具有普遍的指导和制约意义。”还有部分学者认为，刑法的基本原则除要为刑法所有外，还要能够贯穿刑法始终，并且刑事立法和刑事司法都必须严格遵守，其具有全局性、根本性特征。理论界之所以对该概念的界定存在着明显的不同，从根本上而言，是由于其各自所选择的确立标准的不同。如此便决定了，准确解决这一确立标准问题，是对刑法基本原则进行规范界说的基础。

就该方面内容的确立标准而言，学界仍存在着一些不同的认识。对于确立标准中的是否要求贯穿刑法规范始终，以及是否指导刑事立法和司法这两项内容，学界认识基本一致，都予以认同。对于体现刑事法治基本精神这一内容，虽然大多学者在定义刑法基本原则时，未予明说。但是，刑法基本原则背后体现的是刑事法治的精神与理念已经成为共识。也有许多学者着重探讨刑法基本原则背后的

刑事法治理念、精神。况且，如此提法也符合基本原则的本质特征。也有部分理论学者基于“必须为刑法规范所特有”这一标准，而认为刑法面前人人平等原则不应上升为刑法基本原则。

综上所述，刑法基本原则是指体现刑事法治精神及理念，并贯穿整个刑法规范，指导和制约刑事立法和司法活动的基本准则。

## （二）刑法基本原则的种类

### 1. 国外刑法基本原则的种类

《俄罗斯联邦刑法典》中所规定的刑法基本原则有很多，其中不仅包括法治原则、公正原则，还包括其他诸如罪过原则、人道原则、法律面前人人平等原则。

法治原则是指只有联邦刑事法律才能规定犯罪人的刑事责任，包括六个方面的要求：①国际刑法优先原则；②刑法从属于宪法原则；③法无明文规定不为罪原则；④责任法定化原则；⑤禁止类推；⑥只能对行为定罪。刑事法律面前人人平等原则是指犯罪人刑事责任确定的根据应当相同，但是，这并不表示其最终被判处的刑罚是相同的。

罪过原则（过错原则或责任原则）是指只有在行为人存在罪过的前提下，才可要求其承担刑事责任。只有坚持如此，才能从根本上避免仅仅基于客观行为予以归罪的做法。

公正原则包括两个方面内容：①刑事法律本身的公正性；②法院的法律适用活动应当公正。

人道原则意味着联邦刑法不仅是为了全面保障公民的生命、健康、权利免受侵害，也意味着要避免对犯罪人施加超过其刑事责任范围的刑罚。

除上述原则之外，日本刑法理论界所探讨的还有法益保护原则，其是指只有在行为侵犯了作为一切权利基础的个人法益之时，刑法才能将其规定为犯罪并给予一定处罚。

在英美法系等判例法国家，还有遵循先例原则的情况。其所表达的基本理念是，必须遵守先前的法院判决。其由两个原则组成：①较低级法院不可推翻较高级法院的判决；②法院只有在具备强烈理由的前提下，才可推翻自己的先例。除此之外，德国、法国、日本、意大利等诸国也都强调刑法的谦抑性原则。虽然各国对其具体的表述方式存在一定差别，但通常认为，其包括刑法的补充性、片段性和宽容性，应当成为刑法的立法和解释的原理。总之，作为刑法规范及理论中的“帝王”原则，“罪刑法定原则已为绝大多数实行现代法治、有成文法典的国家及地区法律所明文规定”。而且，通过上述刑法基本原则的种类，我们可以看出，现代意义上的刑法，已经不仅仅注重罪刑法定原则所确立的形式理性，还注重刑法规范本身实质内容的正当性。其或者通过强调罪刑法定原则的实质侧面来实现，抑或是通过罪过原则、人道原则、公正原则等予以保证，抑或是通过违宪审查制度来对不公正的刑法规范进行修正来实现。[①]

2. 我国刑法基本原则的种类

我国 1979 年刑法虽未明确规定刑法的基本原则，但是，刑法基本原则种类这一问题仍引起学界的广泛讨论。其间，罪刑法定原则、罪刑相适应原则、刑法面前人人平等原则、罪责自负原则、主客观相统一原则、刑法（刑罚）人道主义原则、惩罚与教育相结合原则、惩办与宽大相结合原则、反对株连原则、对敌要狠、对内要和原则等都被纳入学界讨论的范围。当前，虽然经过修订并颁行的 1997 年刑法明确规定，罪刑法定原则、罪刑相适应原则和刑法面前人人平等原则为我国刑法的基本原则，但是，主客观相统一原则、罪责自负原则、刑法（刑罚）人道主义原则、惩罚与教育相结合原则是否应成为刑法基本原则仍备受争议。同时，由于对国外刑法理论的借鉴，法益保护原则也进入我国刑法学者讨论的范围。比如，有学者主张，主客观相统一原则是刑事责任原则，贯穿刑事法制的始终，其在定罪、量刑及行刑过程中都起着指导作用，其应为刑法基本原则。在现代刑法之中，主客观相统一原则具有不可忽视的作用，其对于防止客观归罪或主观归罪具有极大现实意义，任何人都无法否认其作用的发挥。罪责自负原则是指谁犯了罪，具体的刑事责任就应当由谁来承担，刑罚只能处罚犯罪人，而不能处罚无关之人。这一原则也是现代刑法必须贯彻的一项内容，是现代刑事立法和司法中不可逾越的界限，如此，现代刑法才能与封建专制刑法区分开来。

如果按照刑法基本原则的确定标准来看主客观相统一原则和罪责自负原则都应为刑法基本原则。但是，无论是主客观相统一原则还是罪责自负原则，它们都属于确立行为人刑事责任的原则。随着罪刑相适应原则被解读为犯罪与刑事责任相适应，那么，上述两原则应当可以纳入罪刑相适应原则之内，如果再将其规定为刑法基本原则，则会造成逻辑体系的不统一。刑法（刑罚）人道主义原则实质

① 密齐深．刑法基本原则之内在关系研究 [D]. 重庆：西南政法大学，2016.

是在对犯罪人予以刑法否定评价之时，对其施以尊重人格的刑罚方法。该原则对于抑制酷刑具有重要作用。但是，其意义是体现在刑事立法之中，是指导立法的一种理念，其更应为宪法性原则。况且，其司法实践意义需要通过罪刑法定原则、罪刑相适应原则、刑法面前人人平等原则来实现。尽管许多学者主张惩罚与教育相结合原则应当为刑法基本原则，但其同刑法人道主义原则一样，更应当作为理念层次的原则，而且其司法实践意义也只能通过具体的刑法原则来实现。

了解刑法基本原则的种类，有利于明晰刑法基本原则内在关系的研究对象，从而为深入剖析这一内在关系指明了方向。虽然理论中所探讨的刑法基本原则的种类有很多，但是作为解决相关理论及实践问题的基础，将刑法基本原则内在关系的研究对象限于法律所明文规定的原则，有利于保证其结论的规范性、准确性，从而更好地贯彻罪刑法定基本原则的内容要求。

## 二、刑法基本原则内在关系之理论解读

### （一）刑法基本原则内在关系之内容阐释

刑法基本原则间的内在关系并非直接规定在刑法条文之中，而是以各个原则的内容及要求为表现形式。只有准确把握不同原则之间不同的内容要求，才能进一步厘清刑法基本原则内在关系的内容体现。

1. 内在关系之载体：形式理性与实质理性

我国 1979 年刑法不仅未明确规定罪刑法定原则，而且其所规定的类推制度也与罪刑法定原则之精神背道而驰。1997 年刑法将类推制度彻底废除，并在第三条明确规定罪刑法定原则，标志着该原则的真正确立。但是，其特殊的表述方式，又引起了理论及实务界对该原则之真实蕴含的广泛争论。有学者主张，我国罪刑法定原则包含两方面的内容，既有积极成分，也有消极成分。积极的罪刑法定强调的是刑法通过惩罚犯罪而保护社会，而消极的罪刑法定强调的是通过限制刑罚权来保障人权。也有学者指出，我国刑法第三条的表述中，前半段与罪刑法定原则无关，其目的在于防止出罪的任意性，后半段才是罪刑法定原则的正确表述。还有学者指出，该条文是从正反两个方面对罪刑法定原则进行了界定，前半句强调的是“依法”，而非“应当”，后半句是传统意义上的罪刑法定原则。而且，如此提法也得到了全国人大常委会法工委刑法室的支持。其实，无论上述各种主张的具体内容为何，其争论的核心在于：罪刑法定原则的真实蕴含到底是什么？而只

有在准确把握罪刑法定原则所提出的历史背景及应有价值的基础上，才能对该问题作出准确的解读。

罪刑法定原则是18世纪的启蒙思想家们针对当时专制统治下的罪刑擅断这一司法现状而提出的，其核心内涵在于通过对形式理性的追求来限制司法权，防止司法对人权的任意践踏。但是，第二次世界大战后，刑法学者们认识到，仅通过对形式理性的追求，无法将现代刑法与专制刑法予以有效区分。因为在封建专制时代，其罪与罚的内容也往往以“法律形式”规定，但是其实行的却是罪刑擅断主义。因此，不能仅因为对法律有着形式主义上的坚持，就认为是确立了罪刑法定原则。此后，学者们开始注重罪刑法定原则与民主法治之间的关联性，并基于民主主义与尊重人权主义提出罪刑法定原则的实质侧面。其核心在于，通过重视刑法条文的明确性，禁止处罚不当罚，禁止残酷、不均衡的刑罚等内容，来限制刑事立法，保证刑法内容的适当性。因此，在当代刑法之中，罪刑法定原则不仅注重通过形式方面的要求来限制立法和司法，而且强调通过内容正当性的检验来限制刑事立法，以保证立法内容的合理性。尽管罪刑法定原则的内容随着社会的发展发生了一些变化，但是，其内在的精神却一直未曾改变。从启蒙时期开始，罪刑法定原则一直未改初衷，一直都致力于实现刑法的人权保障机能。因此，那些主张应当对我国的罪刑法定原则作全面理解，其既应当体现人权保障的内容，也应当包含社会保护的内容的观点是值得商榷的，因为其实际上是对罪刑法定原则真实蕴含的误读。

也有学者称“罪刑相适应原则”为罪刑均衡、罪刑相当、罪责刑相适应原则等，其核心内涵是指行为人所犯罪行应当与其所承担的刑事责任具有相当性，即通常所谓的“罪当其罚，罚当其罪”。自该原则产生之初，其内涵就不断发生着变化。其经历了刑事古典学派所主张的刑罚应当与行为对社会所造成客观危害相适应的报应主义；刑事实证学派所主张的刑罚应当与其人身危险性相适应的预防主义，提出刑罚个别化的主张；新刑事古典学派所主张的刑罚既要考虑行为的社会危害，又要考虑行为人的人身危险性因素的报应与预防相统一的综合主义。随着该原则内涵的不断变化，其价值蕴含也从最初的报应主义下的公正追求，到预防主义下的功利追求，再到综合主义下的公正与功利的协调统一的历史演变。但是，在现代刑法之中，该原则之核心功能应当是人权保障，而不是如同部分学者那样，基于刑罚目的是报应与预防的统一，而认为该原则之核心功能也是人权保障与社会保护功能的统一。虽然该原则起源于人类早期“以眼还眼，以牙还牙”这一同态复仇的本能，但是，其已与罪刑法定主义、刑法人道主义一起，构成反对封建专制下罪刑擅断、罪行不相称的强力思想武器。因此，该原则体现的是人们对公正理性的追求，体现的是人权保障的理念。不可否认的是，在刑事实证学派的认识中，预防主义刑罚目的的确立，使罪刑相适应原则的功能具备了功利的性质。但是，随着刑罚目的的不断演变，随着报应与预防之间关系的不断阐明，罪刑相适应原则的功利性质已经不再是把人作为手段的功利主义，而是受公正所制约的功利主义。如此结论之下，人始终是作为目的而存在，功利以公正为基础。因此，罪刑相适应原则的真实意蕴一如其产生之初，旨在实现人权保障，因此，其与罪刑法定具有共同的价值追求。也有部分国外学者将罪刑均衡作为罪刑法定原则实质侧面来强调，但是，在我国现行刑法体系下，提倡如此结论不具有正当性，其更应当为罪刑相适应原则的立法体现。罪刑相适应原则与罪刑法定原则的不同之处在于，其是通过实质内容适当性的强调来限制刑事立法和刑事司法。具体而言，在立法过程中，立法者要根据罪行轻重的不同而设置不同的刑罚梯度，并规定不同的量刑情节，做到罪与刑之间在一般意义上具有适当性。在司法过程中，司法工作人员则要在罪刑相适应原则的要求下，根据具体的案件事实，综合考量社会危害性与人身危险性因素，实现结果一般与个别的统一。因此，罪刑相适应原则强调的是通过实质内容的强调来保证刑事立法和刑事司法的正当性，从而实现刑法的人权保障。

2. 内在关系之呈现：地位平等与彼此关联

就刑法基本原则之间是否存在轻重之分，学界持不同观点。部分学者主张，刑法基本原则之间的关系是从属关系，而非平等关系。其中，罪刑法定原则在整个刑法体系中地位最高，如此才能有效保证其根本的指导作用的施展，因此，其应当成为刑法中的第一原则。也有部分学者基于国外学者的主张，认为罪刑相适应原则具有从属性，只有在罪刑法定范围内才能实现罪与刑的均衡，实现刑罚的公正，其为罪刑均衡提供了制度保障。应当说，无论基于何种理由，认为刑法基本原则之间具有从属性的观点不具有可行性，且与我国现行刑法的规定相违背。同为我国刑法所明确规定的基本原则，其地位、功能的相似性决定了任何一个原则在刑事立法及刑事司法中都是必不可少的，其在刑法体系中位于同等重要的地位，三者之间不存在轻重、从属之分。也有学者主张，在立法之中，罪刑法定原则是实现其他两个原则内容的前提和保障，因为离开了立法上的明确性，司法中就很难做到合理、科学和公平。同样地，如果刑事立法过程中，离开了罪刑相适应和刑法面前人人平等原则的内容要求，那么，就无法将该刑法与封建专制刑法予以有效区分。从此角度来看，罪刑相适应原则和刑法面前人人平等原则又是罪刑法定原则的前提和保障。因此，认为刑法基本原则之间存在轻重之分的观点是片面的、值得商榷的。

刑法基本原则之间的关系是平等而非从属的，这种平等关系不仅仅源于刑法条文的明文规定，还基于每个刑法基本原则都有其特殊的内容，且彼此之间不具包含性。具体而言，罪刑法定原则首先基于法律主义的要求，从形式上对刑事立法和司法进行了限制。此外，该原则还通过对明确性、禁止处罚不当罚、禁止残酷刑罚这一实质侧面的强调，从内容上对刑事立法进行限制。罪刑相适应原则是通过对罪与刑之间的相当性设置这一实质内容来限制刑事立法和刑事司法。虽然其同罪刑法定原则一样，都在实质上限制刑事立法，但是，两者的侧重点是存在区别的。罪刑相适应原则更注重在具体条文、制度上的均衡设计，而罪刑法定原则是从宏观方面对其内容提出了要求，其更像是一种理念层次的限制，两者对刑法规范本身的限制都是必不可少的。因此，无论是在立法阶段还是在刑事司法阶段，罪刑法定原则与罪刑相当原则两者都是不可互相替代的。虽然有些学者主张，罪刑均衡应为罪刑法定原则实质侧面的要求。但是，由于罪刑相适应原则已经被明确规定在当前刑法条文之中，这一内容更应当为该原则的刑事立法体现，而没有必要再纳入罪刑法定原则实质侧面的内容之中，如此才更符合我国当前的现实要求。刑法面前人人平等原则虽然同罪刑相适应原则一样，都是对刑事立法和刑事司法实质内容的限制，但是，两者在实现方式上存在区别。罪刑相适应原则要求，无论在立法中和司法中，都要贯彻犯罪与刑罚之间的适当性，其强调的是犯罪与刑罚之间的关系；而刑法面前人人平等原则是要求平等地进行利益保护、平等地适用刑法，其强调的是“刑法与行为人之间的关系”。因此，两者所涉及的内容是存在区别的。总之，虽然刑法三大基本原则之间存在着千丝万缕的关系，但绝不能因此抹杀每个原则的独立品格及其应有的地位，每个原则彼此之间绝不能相互替代和相互抵消。在人权保障理念的指引下，三个刑法基本原则分别立足于功利主义、人道主义、公正精神对刑事立法和司法进行限制。而此三项内容对于构建理性刑事法律制度而言，都是同等重要、必不可少的。无论是基于现行法律规定，还是根据各个原则的内容，刑法基本原则之间的关系应当是平等的，而非存在轻重之分。三个原则地位的平等性意味着，无论在刑事立法还是在刑事司法之中，不应当存在优先满足、优先实现某一基本原则的情况，也不存在满足某一原则的同时，也就自然而然地满足了其余原则的现象。同时满足所有刑法基本原则的内在要求是其平等关系的必然体现。

刑法基本原则之间的内在关系是平等的，并非意味着彼此之间是孤立存在的。各个基本原则基于其同等的地位及宏观性的指导功能而被体系性地连接在一起，如此便决定了各原则之间无法离开其他原则而孤立地发挥作用，其彼此之间只有相互结合，才能有效实现对刑法适用的规范指引。也有部分学者认为，罪刑法定原则体现的是权利本位，强调的是形式合理性，而罪刑相适应原则体现的是社会本位，强调的是实质合理性，因此，刑法基本原则之间是存在冲突的。从应然角度来看，罪刑法定原则更多地强调形式理性，而罪刑相适应原则与刑法面前人人平等原则强调的是实质内容，单纯重视某一原则的内容要求，确实会导致彼此之间的冲突。但是，从现实角度来看，其在刑法基本原则之中的平等地位决定了，刑事立法和刑事司法只有同时满足所有原则的内在要求时，才能有效保证刑事立法和司法的理性化。从此意义上来看，刑法基本原则之间又是统一的，而且此种统一也是由各个原则之间内容的互补性决定的。

### （二）刑法基本原则内在关系的理论基础

作为有机统一整体，罪刑法定原则、罪刑相适应原则和刑法面前人人平等原则不仅具有同等重要的刑法地位，而且彼此之间相互关联、有机统一。如此内在关系的贯彻是有效保证现代刑法形式理性与实质理性实现的必然要求。这一关系并非仅由刑法基本原则的性质以及各个原则之间内容的互补性决定，其也是贯彻系统论中的整体性思想以及法典化的体系性要求所得出的必然结论。

#### 1. 符合系统论的整体性思想

系统是指同类事物按一定的关系组成的整体；系统论则是指着重研究系统思想和方法的一种哲学理论。当今社会，系统论是一门跨及多个领域的交叉学科，其被广泛应用于哲学、法学等多个领域，并取得一定成效。从其定义可以看出，系统论是以系统为逻辑前提，着重研究某一系统中整体与部分之间的关系，注重事物的整体性是系统论思想的核心。在某一特定的系统内部，系统与子系统之间的划分具有相对性，某一系统本身又可看作某一更大系统的子系统。刑法学是一个大系统，由刑法典系统、单行刑法系统、附属刑法系统和刑法解释系统等多个子系统组成。刑法典系统又包括犯罪构成系统、刑罚系统、量刑系统、行刑系统。分则各章、各节的内容又是一个系统，其包括危害国家安全犯罪、危害公共安全犯罪等多个子系统。因此，刑法本身就是由多个不同层次的系统及子系统组成的。同时，刑法基本原则作为总则系统中的一个子系统，每个具体的原则是作为这一子系统的要素而存在。

2. 契合法典化的体系性要求

法典化是指对同类或同部门的法律进行清理、汇编和分析，并根据综合化、统一化、体系化的内在要求对其进行修改、整合和完善，进而形成统一法典的立法倾向和立法过程。法典化作为一种法律制度的发展路径或模式，发端于欧洲的启蒙运动，此后法典化运动盛极一时。如今，虽然法典化本身面临着越来越多的争议与挑战，但是民法、刑法等特定部门法的法典化已经成为衡量该部门法是否成熟和完善的主要标准，成为该部门法发展完善的重要路径选择，而追求一定程度的法典化已经成为一种新的趋势。

法典化的目的在于，通过这一立法活动，有效地克服各种法律规范之间彼此割裂和冲突的现状，解决法律体系不统一的问题，从而实现法律体系的系统化、统一化。因此，法典化重在对规范与规范之间矛盾的解决，重在构筑特定部门法之统一的法律体系。尽管法典化仍然存在着其稳定性与复杂多变的社会生活之间的矛盾等诸多不足之处，但是，就某一特定法典而言，其内部体系应当是统一的，规范与规范之间应当具有一致性、关联性，从而共同服务于该特定法的目的与价值。这也是保证法典稳定性的必然要求。就刑法基本原则而言，其作为刑法典的一个重要部分，应当与刑法法典化的根本目的与价值具有一致性。由于国家在没有刑法的法典化情形下，同样可以实现制止犯罪和维持社会秩序的目的。因此，刑法法典化的根本目的在于限制国家权力、保障个人自由，作为其组成部分的刑法基本原则也应当为刑法的人权保障提供支撑。同时，刑法典内部体系的统一性要求决定了，在这一体系内部，刑法基本原则之间应当是彼此关联、有机统一的，刑法基本原则之间不应当存在无法解决的矛盾和冲突。即使刑法基本原则之间在一定程度上存在冲突，此种冲突也并非不可调和。通过体系性解释方法解决此问题，应当成为保证刑法典稳定性的首选路径。超出刑法典范围，孤立的刑法基本原则之间的价值取向的不同，可能会导致彼此之间内容及价值上的对立。但是，在系统化、体系化的刑法典内部，其彼此之间应当会在人权保障这一共同的价值目标下达到统一状态。比如，刑法基本原则倾向于对形式理性的追求，而罪刑相适应原则和刑法面前人人平等原则倾向于实质理性，但单纯重视形式理性或者实质理性的一方面，都会与人权保障这一刑法价值背道而驰，即使作为形式理性结果的刑法法典化，也并不排斥对实质理性的追求。应当说，人权保障这一刑法基本原则所共同追求的目标为解决刑法基本原则之间的“表面对立”提供了可选择的路径和方法。

# 第三章　刑法的解释

## 第一节　刑法的体系解释

### 一、刑法体系解释的考量因素

#### （一）外在因素：逻辑体系关系

1. 刑法应当与宪法相协调

作为我国的根本大法，宪法在我国法律体系中占有十分重要的地位，刑法体系中的刑法与其他部门法之间的逻辑协调性，首先便体现在刑法与宪法之间的关系上。而刑法是否与宪法相协调，是否与宪法有违背之处，则直接对刑法本身的合法性问题产生影响。宪法作为根本大法，是刑法的母法，刑法的效力及实践根据均来自宪法，因此，刑法立法必须保障其与宪法之间的协调统一，即任何违背宪法基本原则和具体规定的刑事立法，均不能被判定为合法、当属无效。因此，合宪性是刑法解释的首要要求，这是由刑法规定与宪法地位之间的关系所决定的。

刑法的体系性主要体现在两个方面：一方面是刑法条文之间的协调统一，另一方面是刑法与其他部门法之间的相互协调。但是，刑法体系性的构建也是有界限的，不能根据论者的自身需要漫无边际。这种限定就是对刑法条文、刑法与部门法之间体系性关系的构建与说明必须合法，即刑法体系性命题要受到合法性原则的制约。刑法体系解释的原则包括三个方面①合法性。即刑法体系解释的具体运用及其结论应当符合宪法，应当符合刑法的基本原则与精神，应当符合刑法立法所欲追求的价值和目的。②必要性。即体系解释的运用，必须是在刑法条文的含义不甚明确的情况下，或者是刑法条文的含义可能较为明确，但若照此处罚而不进行体系解释会导致明显不公正、不合理的情形出现的情况下。如果某一刑法条文的含义已然明确，并且照此处理不会出现处罚结果的不公正、不合理现象出现，则没有必要运用体系解释的方法对条文含义进行再次解释。③合常理性。即通过体系解释方法的运用所得出的解释结论，应当与日常生活中公认的道理相符合。因为对刑法的解释，从根本上讲，即对是否将某行为纳入刑法规制的范围以及如何运用刑事处罚来对社会行为进行规范的判断，该判断既要符合刑法文本本身的含义，也应当被社会公众接受。因此，刑法解释，应当在让人们认识到刑事立法正当性的基础上，被人们认可。对于法律自身所产生的疑问，需要通过对法律的解释来进行消除。在对某一具体的法律条文进行解释时，尽管可能会使用到不同的方法，但其最终目的仍然是追求解释结论的合理性、正当性与可接受性，而体系解释的最终目的也是如此。

2. 刑法应当与其他部门法相协调

刑法与其他部门法并不是在传统意义上按照法律调整对象的不同来划分的，其独立于其他法律部门的设立是因其调整手段的残酷性为其他部门法所不及。刑法在调整对象的范围上覆盖了其他所有部门法，只是对行为构成犯罪的危害性程度的要求较高，即在调整对象及调整范围方面，刑法与其他部门法存在一定的交叉和重叠。因此，处理好刑法与其他部门法律之间的关系，使刑法严守严重社会危害性的底线，不逾越或干预其他部门法对社会行为进行相应的规范，让刑法在其应当存在的领域内发挥恰当的作用，既是刑法与其他部门法相协调的要求，也是刑法立法正当性的应有之义。刑法与其他部门法应当在坚持刑法后置性，乃至严守其最后保障性的底线中，实现相互协调。

我国的传统法律文化有民刑不分、诸法合体、重刑轻民的典型特征，这种混淆了刑法与其他部门法之间关系的法律体系模式显然并不符合现时期依法治国对现代法律体系的要求。在我国司法实践中，受历来的“重刑”思想以及司法人员不严格的入罪思想所影响，刑法往往在众多法律规制手段中备受青睐，加之前置法律体系尚不完善、有权者动辄重刑治世的统治惯性，导致刑法往往以“正义”的形象，过分介入对社会公众经济行为和社会活动的规制，将某些本应由前置法律进行规范的轻微违法或越轨行为，通过刑事处罚手段追究相关行为人的刑事责任。上述现象的最终结果，便是刑法与前置法律之间的关系难以厘清，刑事手段过多介入社会生活而导致重刑思想进一步泛滥。而且，因为刑事诉讼的发动往往比民事诉讼的发动更为强硬呆板，发动后回转的余地十分有限，稍不谨慎就极易造成缠讼不已的局面。刑事手段在规范社会行为方面过于积极，其本身便与刑法的谦抑性相违背。

大多数部门法的划分依据主要是各自的调整对象，但刑法则不同。它能够成为一门独立的法律，是因为其调整手段的严厉性超越了其他部门法。刑法以国家强制力为后盾，通过刑罚措施来维护社会秩序、保障人权，同时也确保其他法律能够有效实施，是后置性的法律制裁手段。从犯罪行为的特征来看，行为人承担刑事责任的依据是其行为具有严重的社会危害性，而“严重”的判断标准，很大程度来自前置法律调整的无效性，进而才有上升到刑罚制裁的高度来予以规制的必要。刑法理论界现在有不少构建犯罪的二次违法性理论的声音，强调刑罚处罚的二次性，即按照出于他法而入刑法的管制思路，刑法只能在其他法律对某类行为的规制已穷尽但仍无效的情况下，才能动用刑罚手段，并且刑事违法性的判断要建立在行为同时违反前置法的基础之上。尽管上述理论在自然犯罪领域中的应用备受争议，但在行政犯也就是法定犯的领域内已经得到了广泛的认可。其所建立的核心，便是始终坚持刑法的后置性。

在构建刑法体系时，应在清醒认识并坚持刑法基本特征的基础上，强调其与其他部门法之间的关系。刑法体系性所强调的刑法的后置性，旨在摆正刑法与其他部门法之间的应有位置，避免先刑思路影响下对其他部门法规法制范围的挤压，使刑法处于其应有的位置。这既是法治的要求，也是充分发挥各类法律规制效用的关键。

刑法的后置性更大程度上强调的是，其与其他部门法之间的位阶关系，而此处所讨论的最后保障性，则是对刑法认识的一种态度，也是对其后置性特征在基本态度层面的进一步申明。刑罚作为国家维护社会秩序最强有力的手段，是以国家公权力为后盾所施加的最严酷的处罚方式，其适用所需要国家投入的资源量也最大。正因为如此，从经济的角度考量，刑罚的运用必须在必要的前提下才能启动。刑罚的经济性要求，对刑罚的适用，必须是那些严重侵犯公民基本权利、严重侵犯社会基本秩序的不法行为，在通过其他前置法律能够对某行为进行规范的情况下，则不能动用刑罚。这也是刑罚最后保障性的一个体现。即只有当行为人的社会危害性达到了必须动用刑罚手段予以规制，否则将对国家社会秩序造成严重侵害的情况下，才能适用刑罚。由此，对犯罪圈的划定，也必须在刑罚资源的优化配置的基础上审慎划定，明确刑法打击的重点是那些危害最严重、出现最普遍、群众最不能容忍的侵害行为等，据此，限缩犯罪圈、减少规范虚置情况发生的同时，确保刑罚的适用能够符合最后保障性的要求。

同时，刑罚作为唯一被确认为合法的国家施加于公民个人的暴力手段，其残酷性不言而喻。但是，人类发展的历史也说明，对社会行为的规范治理，需要利用一定的国家层面的“恶”来对个人不法行为进行处罚的方式，实现社会秩序的规范有序。这就是通常所讲的“必要的恶”。在该“必要的恶”背后，反映的是人类社会最朴素的报应观念，而报应观的核心是对公正的追求。“恶”总归有其不好的一面，为了防止刑罚被滥用而导致国家公权力对公民私权的侵犯，刑罚适用必须保持谦抑性是必要的。追求公正和遵循谦抑性原则的要求，都显示出刑罚的适用应当极为慎重。因此，从形式上看，刑罚具有一定的手段性，但实质上，刑罚仍然以追究社会公正为最终的目标，并且其所追求的目标，应当是更为重要的一个层面。由此，在刑法体系构建的层面，再次明确和强调其最后保障性的地位，实属必要。

3. 刑法总则应当与分则相协调

在刑法的内容方面，其首先在宏观上分为总则和分则两部分。总则是一般规定，分则是具体规定；总则规定的效力适用于分则，并且适用于其他有刑罚规定的法律。尽管总则规定与分则规定大体上是一般与特殊、抽象与具体的关系，但总则的大部分规定并没有抽象出分则的全部内容，或者说没有全面抽象分则的规定，因此总则指导分则的适用和执行的同时，分则也会一定程度上对总则进行补充。①

### （二）内在因素：价值体系关系

1. 维护社会秩序应以人权保障为前提

秩序和自由，两者在一定程度上呈现出此消彼长的关系。对秩序的强力维护必然会有损个体自由的实现，而个体自由权利的无限制行使，亦会在社会秩序方面造成一定的混乱，两者之间的平衡与协调，是刑法在价值层面不可回避的一个问题。刑法在立法中如何处理两者之间的关系，其处理方式是否符合社会现实的基本情况，是否符合刑事法律关系主体对刑法的期待，会对刑法立法的正当性问题产生质的影响。笔者认为，法的首要价值在于维持秩序，具体到刑法中，其首要功能就是社会保护。此虽为一家之言，但却也揭示出了刑法在人类社会中所主要发挥的作用，即刑法在产生之初便被明确了秩序维护的价值定位。随着人权保

① 王思维 . 论刑法的体系解释 [D]. 上海：华东政法大学，2021.

障理论的不断发展，自由在具体的刑法立法中得以体现。自由是与个人基本权利的实现息息相关的价值，在个体意识觉醒之后，人们通过一系列个体争取自身基本权利或抗争阶级统治暴政的运动，使“自由”逐渐在刑法的价值层面有了一席之地。现代社会，尽管对正义的追求仍然是刑法立法所要实现的最终极价值所在，但秩序和自由也已然成为一对在刑法价值体系中地位不相上下的存在，惩罚犯罪、保护法益、保障人权等均可在秩序与自由这一对价值范畴之中寻找到根据。需要指出的是，人作为人类社会赖以存在和发展的前提，对其基本权利的保障，应当也必须在各项法律制度包括刑法制度中占有重要的地位。尽管刑法调整手段的执行所针对的就是人的最基本的权利，但其首先在对象上限定了只剥夺犯罪的人的某项基本权利，并不能在根本上对人之为人的基本权利进行否定，即使是为了保护更大多数人权利的目的而对秩序进行的维护。因此，刑法立法的正当性在于，其价值体系中对秩序与自由之间关系的处理，必须以人权保障为秩序维护的前提，刑法立法也只有在保障人权的基础上对维护秩序所制定的规则体系才具有正当性。

2. 刑罚的目的不能仅是惩罚

法律的制定和修改是在一定的动机推动下进行的，在目的论意义上，其是为达到一定的目标、实现一定的效果而采取的一种手段。目的对人类行为具有极强的指导作用。在社会历史中，任何事情的发生都有着自觉的意图和预期的目的。就刑法而言，其以刑罚为手段对社会失范行为进行规制，其目的追求的合理性就是其存在具有正当性的根据。在刑罚目的理论中，刑罚首先被理解为对恶行的报应，其哲学和现实基础便是人类社会古老、朴素的正义观念。然而，此种理论过于关注既有犯罪行为对社会的危害，只强调了对社会危害行为的惩罚，只注重犯罪行为人，而忽视了刑罚所应具有的对潜在社会危险分子的预防。惩罚在任何情况下，必须只是出于一个人已经犯了一种罪行才加刑于他。因为一个人绝对不应该仅仅作为一种手段去达到他人的目的。基于对人性的坚守，兼采报应与功利之长的刑罚目的折衷理论最终成为刑罚目的理论的主导。刑罚目的理论发展演变的过程，就是其争取理论自洽与协调的过程。刑罚目的折衷理论便是报应与功利在刑罚目的理论内部自我协调的结果，其最大的理论贡献，便是在价值层面上替换了刑罚单纯强调惩罚的成分，辅之以其他价值追求，使得刑法立法的正当性在刑罚论层面得以实现。

### 3. 刑法立法应坚守刑法的被动性和最后保障性

基于刑法调整范围的广泛性、制裁措施的严厉性及适用场合的补充性，立法机关只应在非刑罚性法律措施不足以保护公民基本权利和基本安全时，将某种违反法秩序行为设定成犯罪，此谓刑法谦抑、刑法不得已或者刑法必要性原则。而该项原则对刑法立法提出两项要求，即刑法应坚守其被动性，同时还应坚守其最后保障性。就前者而言，其强调刑事法律对社会关系的调整和刑事法律程序的启动只能被动地因犯罪行为的发生而发生，而不能在其尚未发生之时主动介入。就后者而言，其强调刑事法律对社会关系的调整，必须是在穷尽了非刑罚措施之后仍无法实现有效规制的，才能动用刑罚对其进行规制。此点与刑法同其他部门法之间的协调具有相通之义，只是此处不是在规则体系上强调立法的科学性，而是基于刑事法律的基本立场，在价值上着重强调刑法的最后保障性，即其为其他部门法的最后一道防线。在刑法立法所涉及的价值体系之中，秩序与自由的协调，对应的是犯罪论中对刑罚调整范围及调整对象的影响；报应与功利的协调，对应的则是刑罚论中刑罚调整力度及目的追求的影响。而对刑法立法被动性和最后保障性的坚守，则是为在基本立场上严守刑法的底线价值，以正确认清刑法在整个法律体系中的地位和角色，使之作用的发挥和效果的取得更具正当性。

## 二、刑法体系解释的目标

### （一）刑法的稳定性

法律规范是调整国民行为合规性的主要手段。为确保国民对自身行为合规性与否的预测可能性，法律必须稳定，但这种稳定性又并非一成不变、静止不动。所有的法律规范在设置及适用的过程中，均需要处理好稳定必要性与变化必要性之间的冲突，以此在建立稳定而坚固的国民行动基础的同时，使社会秩序尽可能保持稳定，进而保障社会整体的良好有序运行。社会形势、生产和生活方式总是处于不断变化之中，法律规范为适应这种变化，需要根据新形势、新情况作出相应的调整。因此，法律秩序就必须既稳定又灵活。这种灵活必须建立在稳定的基础之上，这是确保国民预测可能性的关键。刑法的安全价值和保障机能，与其说是实体法价值的体现，倒不如说是一种对适用法律的要求。因为它重视的是法的稳定性与权威性。

由于刑法立法的稳定性和司法实践中的不可预测性，各个国家都在不同法系不同法律制度下，力求使刑法在实际运用中鲜活起来，使其能动地运行于司法体系中。由于没有一部立法能够预见并解决所有现实和潜在的社会问题，刑法解释成为填补立法漏洞、完善立法意图、活化刑法文本，从而实现个案正义的最重要方式，就显得尤为必要。我国刑法典的立法技术采用了简明规定模式与细密规定模式相结合的方法。由于社会问题的多样性，刑法典不断修改、犯罪圈不断扩大，刑法文本也因此有了很大的解释空间。

如何协调稳定性与适时性的问题，是刑法解释理论研究和司法实践历程中始终需要面对的一个艰难抉择。所有的法律思想都力图协调稳定必要性与变化必要性彼此冲突的要求，即一个规则与自由裁量权之间进行调适的问题。在对法律进行解释的过程中，究竟是应该严格遵守法律文本的含义，还是可以在一定程度上对法律文本进行创造性解释，这是法律适用一直以来所面临的困境。若依照传统的法律解释客观性理论，法官在对法律进行解释时必须严格服从法律，虽保障了法律的稳定性，但造成了司法裁判的僵硬。但若无限制地允许对法律进行创造性解释，以此来弥合固定的成文法与变化的社会实践之间的缝隙，则可能造成甚至扩大司法的不确定性，使人们对法律权威性的信赖基础发生动摇。因此，有学者指出，与其在两难境地之间徘徊，不如尝试走向刑法学体系视域的刑法解释范式。对刑法体系性的探寻为此问题提供了解决之道。体系性的解决思路，在不是因根本上的立法不当所导致的法律规定错误或遗漏的情况下，主张根据刑法体系内部各部门之间的协调关系来处理所应解决的问题，其背后的意旨便出于对现行立法成果的尊重，反对频繁出台新的法律规定或具有法律效力的规范性文件如司法解释等来对突发或新出现的不当行为进行法律调整，这就最大限度地维护和确保了法律体系的稳定，而体系的稳定性对刑法这一国之重器而言更是十分重要的需求，其对国民的安全需求影响甚重。

### （二）刑法的协调性

体系解释重视从内部和外部两方面来考察其刑法规范自身以及刑法规范与其他法律规范之间的关系，进而发现其矛盾或龃龉之处，并运用一定的解释路径和方法使其各自之间关系更加和谐，有利于使刑法体系更加协调。而协调的刑法体系是刑法规范科学性的重要标准之一，也是刑法合法性和正当性的重要表现。

体系解释所带来的协调的刑法体系，也使得之前刑法理论和实践中所发生的某些问题得以解决。比如，对刑法规范中相同用语的含义的考察，便需要在体系解释的思路之下寻求更加妥当、合理的解释。举例而言，刑法分则条文中大量使用了“致使”一词，虽然字面相同，但在不同的条文中，因语境不同，其含义也有所差异。正因如此，条文之间有了区别。

### （三）刑法的合理性

法律区别于其他行业的最大特征，便是其对形式合理性的追求，强调稳定性和可预测性，注重规则和先例的示范作用，尊重历史和权威。这种形式合理性在使法律成为社会行为规范的标准的同时，也导致其不可避免的呆板和固执，使其对灵活多变的措施充满戒备，这种固执的一面也反映出其对纠正错误的抵制。尽管这些在外行人看来很奇怪，但司法的形式合理性的确具有许多重要的社会价值。墨守成规可以节省一笔创新的费用，一视同仁可以省去区别对待的麻烦。这种呆板与固执，更多的是法律对国民预测可能性的回应。作为社会成员行为规范的指标，如果法律朝令夕改，徒增信息发布成本的同时，频繁的变动也会使人们难以信任，无从遵守和服从。一旦出现法律的不确定引起人们无法安排自己的行为和生活的现象，法律便无法实现其规范社会秩序的目的，无法实现其社会控制的功能。此外，判决结果的难以预测还会引起诉讼数量的增加，并因此导致整个社会诉讼资源的大量消耗。同时，一旦因法律的不确定性导致裁判者的自由裁量权大为扩张，一方面会给恣意擅断和徇私舞弊留下空间，另一方面也会导致司法者僭越立法者的位置，在此情况下，法律的权威性和规范性都将面临严重的威胁。正因为如此，司法是珍视形式合理性的，为此它经常牺牲实质正义。体系解释使得刑法在形式上能够保持其稳定性，并在具体适用过程中因有思路可循而使得其在司法过程中的可预期性得以增强。其虽然强调在刑法的解释中顾及其他部门法的影响，但这种影响不属于法外因素，是在法律体系内部出于对良好和谐法秩序的追求而做出的协调处理。这种处置方式，对维护和增强刑法的合理性具有重要作用。

刑法的体系解释，即视刑法文本为一个大的系统，将各个条文体现的制度、规范作为系统要素。在这一大系统中，根据不同条文的内在联系，还可以组合成许多小的系统或者体系。这种内在联系的判断标准大致有：①行为侵害法益的同一性；②行为手段的共同性；③犯罪对象的共同性；④罪过内容的同一性；⑤同样的身份；⑥符合某种刑法原理；⑦配置同样的刑罚；⑧以上述不同标准再次组合成新的标准。此判断标准为其他解释方法所不及。法律解释学的主要研究意义在于通过各种解释方法来消除成文法律规定的瑕疵、弥补固定法律规范与灵活多变的社会实践之间的差距，进而使法律的适用能够实现其初衷。与此同时，为确保法律稳定性与必要的变动性之间的协调统一，法律解释学在利用各种解释方法时，也同样要兼顾法官自由裁量权的行使，使其在保证具有一定灵活性的同时，杜绝其因规则的不确定性而大肆扩张。在此背景下，体系解释为保证刑法合理性所作出的贡献更加值得肯定。

## 第二节 刑法的司法解释

### 一、刑法司法解释的概念

在通常情况下，概念是学术研究的逻辑起点。对于刑法司法解释规范化的研究而言，准确界定刑法司法解释的概念有助于明确研究范围和方向、确立基本的研究方法并展开有针对性的研究。

关于刑法司法解释的概念，存在着以下几种不同的理论或观点。

#### （一）最高司法机关解释说

最高司法机关解释说是目前学界的通说。该说认为，刑法司法解释是最高司法机关针对刑法适用作出的解释。最高司法机关解释说的理论依据在于法律对最高司法机关进行司法解释有明确授权。因此，有学者在论及司法解释概念时，特别强调了法律对最高司法机关的授权。

#### （二）司法机关解释说

司法机关解释说的提出时间较早。该学说认为，刑法司法解释是司法机关针对刑法适用作出的解释。司法机关解释说不要求刑法司法解释的制定主体必须是最高司法机关。例如，有论者指出，省级司法机关也有权力制定刑法司法解释。甚至有论者认为，所有级别的司法机关都能成为刑法司法解释的制定主体。

#### （三）法官解释说

法官解释说认为，刑法司法解释包括法官针对刑法适用作出的解释。这种观点与法律规定本身不同，更多的是从应然的角度出发，对我国刑法司法解释的未来发展提出期望。法官解释说的理论基础在于法官应当对自己裁判的刑事案件承担责任，而审理刑事案件必然涉及解释，因此法官本身即为刑法司法解释的主体。有观点指出，法官不具有司法解释权，将导致案件的裁判有失去实质合理性的可能，同时也会使法官过度依赖司法解释而不能提高业务素质和裁判质量。法官解释说属于少数学说，不少反对法官解释说的意见认为，法官和检察官个人在适用刑法过程中所作的解释不属于刑法司法解释。

### （四）法院解释说

法院解释说认为，刑法司法解释是法院针对刑法适用作出的解释。该学说认为，刑法司法解释不应由检察机关制定。持法院解释说的学者对检察机关具有刑法司法解释制定权提出了疑问，认为司法解释是法院具体适用法律时对所适用的法律是否明确、是否有缺陷所作的解释，有必要逐步取消检察机关制定司法解释的权力，由审判机关统一行使司法解释权。

### （五）广泛说

广泛说不同于上述其他学说，其对刑法司法解释的内涵、外延范围的理解都较为宽泛。例如，有学者认为，司法解释是司法机关或法官在适用法律的过程中对各种形式的法律渊源所作的解释。与此同时，有学者从实然的角度出发，指出我国事实上存在许多不具有法定司法解释权的主体，但参与了司法解释的制定。这在无形之中扩大了刑法司法解释的范围。

从以上不同学说的论述中可以看出，对刑法司法解释概念理解的不同主要是由于各种学说在刑法司法解释制定主体的问题上存在分歧。此外，关于刑法司法解释的概念，也有部分学者提出修正意见，具体包括以下两个方面的内容：①刑法司法解释的概念应当具备动态、静态两方面的属性。动态的刑法司法解释概念将刑法司法解释理解为行为，而静态的刑法司法解释概念将刑法司法解释理解为文本。②刑法司法解释不应当仅仅针对刑法规定，而应当包括相应的法律事实。司法解释过程存在两个方面的交流，一方面是解释主体与成文法（文本）的交流，另一方面则是解释主体与案件的沟通。还有学者认为，传统刑法学忽视了对案件事实的评价，但事实上解释者应当对案件事实进行评价。

## 二、刑法司法解释的特征

关于刑法司法解释特征的讨论，理论上存在不同观点，通过对现有观点的比较分析，刑法司法解释的特征主要有以下内容。

### （一）主体法定性

主体法定性指的是刑法司法解释只能由经过授权的最高司法机关制定。我国刑法司法解释的制定主体经过了从单一制到双重制的发展过程。在 1981 年以前，法律只认可了最高人民法院具有作出刑法司法解释的权能。随着 1981 年《全国人民代表大会常务委员会关于加强解释工作的决议》第二条规定的出现，我国刑法司法解释的制定主体正式从单一制转变为双重制。刑法司法解释的主体法定性有利于限定刑法司法解释的范围以及提高刑法司法解释的权威性。

### （二）对象特定性

对象特定性指的是刑法司法解释针对的对象仅限于刑法规定。《中华人民共和国立法法》第一百一十九条强调了司法解释“应当主要针对具体的法律条文”。有学者认为，司法解释的对象不仅包括法律规范，还包括相应的法律事实。也有学者指出，司法解释的对象虽主要是具体的法律条文，但也应仔细考量立法文献以及立法当时的伴随情况。虽然刑法司法解释的制定需要考虑刑法规定以外的内容，但脱离了刑法规定就不能成为刑法司法解释。对象特定性意味着刑法司法解释只能针对刑法规定进行解释，仅针对事实、政策等内容的解释不属于刑法司法解释的范围。[①]

### （三）形式规范性

形式规范性指的是刑法司法解释的形式有规范性要求。有观点指出，将不具有形式规范性的解释排除在刑法司法解释的范围之外，将使这些不具有形式规范性的解释成为圈外人员难以获取的秘密文件，而这些文件都涉及犯罪嫌疑人、被告人的切身利益。笔者认为，这种观点过于片面。应当认为，不具有形式规范性的解释不具有效力，不能成为刑事审判的依据，因此不应对犯罪嫌疑人、被告人产生实际的影响。将不具有形式规范性的解释排除在刑法司法解释的范围之外恰恰正是对犯罪嫌疑人、被告人利益的保护。

① 林雨佳．刑法司法解释规范化研究 [D]. 上海：华东政法大学，2021.

### （四）效力普遍性

效力普遍性指的是刑法司法解释对司法实践具有普遍效力。2019 年修订的《最高人民检察院司法解释工作规定》第五条规定，2021 年修订的《最高人民法院关于司法辩解工作的规定》第五条规定，均强调司法解释具有法律效力。但有学者指出，这两个规定本身属于司法解释，由司法解释自己认定自己具有法律效力是否妥当值得商榷。虽然目前并未有法律规定明确司法解释的效力，但从司法实践的真实情况来看，刑法司法解释具有效力普遍性应是毋庸置疑的，并且只有赋予刑法司法解释效力普遍性，最高司法机关才能通过制定刑法司法解释实现司法统一。

### （五）内容司法性

内容司法性指的是刑法司法解释的内容应当针对刑法适用的具体问题。正因为刑法司法解释具有内容司法性，刑法司法解释的内容必须遵循立法目的和立法原意，严格从属于刑法规定。但是在罪刑法定原则的基础上制定出的刑法司法解释内容也不可避免地存在新的内容。例如，对“情节严重”标准的解释，对兜底条款适用情形的解释等。有学者对近年来刑法司法解释中出现的违反罪刑法定原则内容的现象进行批判，其根本原因在于刑法司法解释只能针对司法问题进行解释，内容司法性是刑法司法解释的根本属性。还有学者将刑法司法解释称为“副法体系”。应当看到，即便刑法司法解释可以被称为“副法体系”，与法律体系共同构成我国的规范体系，是规范与规则的共同载体，但其也仅能提供司法规则，本身并不属于法律体系，仍然属于司法的范畴。

## 第三节　刑法的目的解释

## 一、刑法目的解释的基本内容

### （一）目的解释的发展历程

目的解释的发展历程见证并表明了其作为解释方法的必要性及合理性，我国对其研究从学脉上看可追溯至德国，目的解释在德国经历了由概念法学萌芽到利益法学兴起，再到评价法学完善这一演变历程。

概念法学兴起于西方启蒙运动时代，主要是受启蒙思想和知识力量主导而产生，启蒙思想即应最大限度发挥人的理性，基于人的理性来认识和改造世界，而建构这一认知体系的基本理论工具就是“概念”。概念法学作为法律实证主义下的方法论，主张法学研究应当将抽象概念和抽象原则作为最高的、最坚定的信念。概念法学要求对法律文本绝对尊重，所谓法律解释只是依据概念进行单纯的逻辑演绎，采取从一般到具体的思考顺序，并不考虑目的和一切法律之外的因素，将法律与现实完全隔离。

正是概念法学这种封闭式的坚守催生了目的思想的出现，耶林（Jhering）率先认识到了概念法的局限性，并提出“目的是全部法律的创造者，每条法律规则的产生都源于一种目的”。之后，以目的为核心的利益法学蓬勃发展，目的在方法论上的体现便是目的解释的应用。自此，法律解释不再是形式逻辑的纯粹演绎，而是融入了利益衡量的实质价值评价，主要体现为兼备逻辑推演和价值评判的目的解释路径。必须承认，利益法学这一目的导向，于法律解释而言意义非凡。以价值判断和利益权衡对文本概念进行实质评价的解释方案，既促进了理性主义的觉醒和功利主义的发展，也对刑法体系及整个法解释理论产生了深远影响。

但是利益法学一开始既把利益作为评价客体又作为评价标准，却始终无法回答利益评价标准的正当依据是什么的问题。对此，德国学者围绕评价标准展开了诸多讨论，这一学术研讨过程直接生成了价值法学（评价法学）。无可否认，法律中的利益评价标准无法从法律文本和利益本身获得，需要借助外在的帮助。威斯特南（Westennann）认为，这一标准应当是“正义理念”，并且宪法可以作为这一理念的具体化标准。亦有学者以平等原则、法治原则、刑事政策等作为标准。自此，法内目的和法外目的均可以成为法律解释依据之一。评价法学这一重要推进，使得相关问题的探讨从局限于方法论层面延伸到法哲学层面。无论是利益法学还是评价法学，都是法学实质化思潮下的产物，就法律解释而言，两者只是侧重的价值内容不同，而实质判断、价值判断、利益衡量都是目的解释的属性特征。因此，目的解释成为现代法学方法论中最为重要的解释方法之一，在法律规范理解中发挥着强有力的诠释功能。

### （二）刑法目的解释的内涵

法学的特殊性在于它主要研究规范性目的的实现，换言之，它主要研究各种解决方式的不同目的何者为重或者系统公正性问题。因此，目的解释应用于刑法领域，就是根据刑法规范目的阐明用语的真实含义，其内涵就是探寻规范目的的本质，并在此基础上准确地解释刑法文本，进而实现法律公正。刑法显著区分于其他法律之处便在于刑法目的具备双重目的，故刑法解释中必须考量具体规范目的和刑法最终目的，方能得出合目的性的合理结论。因此，刑法解释合理性的证成需要探求特定规范目的，同时契合刑法最终目的，而明确后者的是具体解释的重要前提。

刑法的终极目的也是刑法整体目的，其确定基础是犯罪本质，学界对这一本质的探寻存在规范违反说和法益侵害说两种对立观点。规范违反说(行为无价值)认为，犯罪本质是对规范的违反，其内部经过不同历史阶段的演变。目前以行为无价值二元论为理论通说，即犯罪是违反行为规范进而侵害法益的行为。法益侵害说（结果无价值论）主张，违法性的本质是法益侵害，刑法的目的为保护法益。事实上，由我国刑法的规定可知，刑法的目的是惩罚犯罪，保障人权，即“刑法是以行为人和被害人二元主义的评价规范为基础的”。一方面，刑法规范是行为规范，要求任何人都必须依照刑法规制自我行为，不得对他人实施犯罪；另一方面，刑法规范也是裁判规范，对犯罪人予以惩处以保护被害人法益，故基于犯罪本质而确立的刑法目的就是维护法律规范进而保护法益。正如周光权教授所言:“刑法目的存在现实目的和最终目的两个层次，确保规范适用是刑法的现实目的；保护法益则是刑法的最终目的。”

在刑法目的解释中，解释对象是刑法规范，需要探寻的是刑法现实目的，即特定规范目的。确定生活事实是否对应于规范事实，一直是一种目的论的判断。这表明规范目的的确定，是需要从事实与规范的对应中寻找的。虽然从目的解释的发展历程易知，规范目的的确定维度不仅包含已固定在刑法条文中的法内价值因素，也可能容纳了法外社会现实因素，如刑事政策、常识、正义等内容。但是，依据我国刑法体系和司法现状，在刑法解释领域内，需要严格限制法外因素进入刑法规范目的之中。目前而言，只有刑事政策得以经由法规范的审慎选择，限制性地进入刑法规范目的中，其他法外因素应当被隔绝在外，某些情况下可以作为量刑轻重的伴随参考因素。毕竟在个人价值、理念与刑法解释之间的中介只能是刑事政策，其不仅能够对各种价值选择作出判断，也可以连接事实与规范，故法官的个人信仰只能屈从于政策选择。而一国的刑事政策是经过理论和实践长期的科学论证与总结后，对政治意志、主流价值、现实需求等内容的合理选择与高度概括，且根据犯罪规律、态势以及政策导向与调控的变化不断调整，任务是为控制和预防犯罪提供一体化的应对策略，为刑法解释提供兼顾政治需求与社会现实的正当化依据，而情理正义、主流观念和舆论民意等价值内容通常具有抽象性、盲目性、情绪性，难以现实利用和操作，且其真实性和公正性有待科学证成。虽然其中不乏体现实质正义的价值目标，但基本已经在刑事立法和刑事政策中予以适度考量，而在司法适用中则必须与之审慎隔绝。

## 二、刑法目的解释的基本功能

### （一）弥补刑法规范的不明确性

在成文法国家，文字是法律的载体，除纯粹数字以外，文字本身具有语词的“空缺结构”，不可能具有绝对确定的含义。刑法规范更是如此，立法者为了尽可能周全犯罪描述，使用了大量的规范性用语或概括性表达，如“骗取”“猥亵”“情节严重”“其他危险方法”等，而刑法中的犯罪构成也是类型化的规定，具有更大程度的抽象性和概括性。此外，同一用语在不同法律条文中或不同使用环境下可能有不同内涵，即使同一用语，含义也会随着社会发展不断变化。可见，刑法规范具有一定的先天模糊性，这一特质也是刑法解释产生分歧的根本原因。事实上，规范的模糊性主要是因为其中充斥着大量不确定性的价值内容，毕竟犯罪本身就是“价值评价的产物”，而目的解释作为解释工具之一，具备其他解释方法所不具有的价值容纳和实质评判功能。因此，目的解释能够承担完整诠释刑法规范含义的角色，以弥补刑法规范的不明确性。

### （二）规范其他解释方法的应用

规范的模糊性给予了解释主体较大的自由诠释空间，进而使得解释立场和解释观念越来越多元，加上社会的功能性分化，进一步加剧了规范解读的分歧。文义解释、体系解释等教义学内部方法作为价值无涉的解释方法，本身具有一定局限性，一味固守此类方法必然造成解释过程或结论的不合理，而目的解释可以容纳价值内容并进行规范判断，进而对其他解释方法予以纠偏，以得出更为合理的解释结论。[①]

目的解释可以修正文义解释、体系解释等方法应用过程中的瑕疵。以婚内强奸行为的认定为例，在夫妻双方在离婚起诉期间，我国学界有“全盘否定说”“全盘肯定说”“折衷说”等多种观点。如陈兴良教授认为，婚内强奸不能认定为强奸罪，对“奸”字文义解释可知，“奸”字虽与性有关，但它特指不正当的性行为，主要指婚外性行为，因此“婚内无奸”。刘宪权教授同样支持婚内无奸，并且采用文义解释和体系解释的方法从五个方面进行了具体阐述。虽然否定者的理由不尽相同，但是仔细梳理便可以发现，上述否定观点均是从婚内强奸行为本身出发，运用文义解释、体系解释、历史解释等方法对刑法规范展开解读，却忽略了强奸罪的规范保护目的，其结论的正当性与合理性未得到完整确证。该罪规范保护目的是全面保护妇女性的自主决定权，这也已得到学界普遍认可，故夫妻双方均为正常的成年人时，性同意才是性行为取得合法性的真正基础，婚姻关系无法自动消灭妇女的性自主权利，夫妻性行为也不必然合法。即使在婚姻期间，采用暴力、胁迫等手段强行发生性关系的行为也应当认定为强奸行为，只是在量刑时可以基于婚姻关系这一牵连因素考虑从轻处罚。因此，婚内强奸行为的定性必须结合罪名规范目的，利用目的解释才能获得合理结论。

在犯罪形态认定上，目的解释也可以补充文义解释等方法难以提供有效判断标准的不足。例如，对于盗窃罪中“入户盗窃”的认定，若行为人刚进入他人住所和经营一体的小超市内准备偷盗，就被抓获。此时机械地按照文义解释，就会得出行为人已经着手实施了入户盗窃行为，构成盗窃罪既遂。但是，刑法规定入户盗窃的规范目的是保护公民的住所安宁和财产权利，在此之下，“户”应当解释为供他人居住生活并与外界相对隔离的场所，显然刚进入超市并不符合要求，故而行为人不能构成入户盗窃既遂，只能以普通盗窃未遂来认定。

综上所述，在用其他解释方法无法得出合理抑或较为统一结论时，应当采取目的解释方法，以发挥其对其他解释方法的修正功能，进而得出妥当的结论。

① 袁玉杰．刑法目的解释适用规则研究 [D]. 上海：华东政法大学，2021.

# 第四章　法规应用研究

## 第一节　刑法的时间效力

刑法的时间效力，亦称刑法在时间上的适用范围，指的是刑法的生效时间、失效时间以及对刑法生效前的行为是否适用，即刑法是否具有溯及既往的效力。其内容包括刑法的生效时间、失效时间，刑法的溯及力和限时法。其解决的问题是刑法从何时起至何时止具有适用效力。

### 一、刑法的生效时间

刑法的生效时间是指刑事法律规范开始生效施行的时间。从法理上讲，所有的法律都应该在通过并公布时或者在通过并公布一段时间后才具有法律效力。因此，刑法的生效时间一般有两种规定方式。

#### （一）即日生效

即日生效即从刑法公布之日起生效。如 1998 年 12 月 29 日全国人大常委会颁布的《关于惩治骗购外汇、逃汇和非法买卖外汇犯罪的决定》第九条规定："本决定自公布之日起施行。"这就是采取即日生效的方式。

#### （二）隔日生效

隔日生效即刑法公布之后经过一段时间再施行。从世界各国的规定来看，隔日生效的情况较即日生效而言更为广泛。我国旧刑法于 1979 年 7 月 1 日通过，同年 7 月 6 日颁布，自 1980 年 1 月 1 日起生效；1997 年 3 月 14 日通过的新刑法的生效日期规定在刑法第四百五十二条，即 1997 年 10 月 1 日起施行。苏联《苏俄刑法典》是 1960 年 10 月 27 日通过，1961 年 1 月 1 日起生效；新的俄罗斯刑法典是 1996 年 5 月 24 日由国家杜马通过，1996 年 6 月 5 日由联邦委员会批准，1996 年 6 月 13 日由俄罗斯联邦总统签署，直到 1997 年 1 月 1 日才生效。

## 二、刑法的失效时间

刑法失效的时间，是指刑法效力终止的时间。刑法一旦失效，就不具有任何约束力，司法机关就不得再把其作为追究行为人刑事责任的法律依据。刑法的失效时间也有两种方式。

### （一）法定失效

法定失效即国家立法机关明确宣布某些法律失效。例如，我国现行刑法附则第四百五十二条明确规定："列于本法附件一的全国人民代表大会常务委员会制定的条例、补充规定和决定，已纳入本法或者已不适用，自本法施行之日起，予以废止。"实质上，这就是宣布全国人大常委会制定的《中华人民共和国惩治军人违反职责罪暂行条例》等15个单行刑法效力终止。

### （二）自然失效

自然失效即新法律的颁布代替了同类旧法的内容，或者由于原来立法的特殊条件消失，旧法自行失效。例如，我国1979年刑法在1997年刑法10月1日生效后自然失效。又如，自1980年1月1日《中华人民共和国刑法》生效施行以后，立法机关先后颁布并实施了23个单行刑法，这些单行刑法均对基本刑法进行了修改和补充，其中有些内容甚至取代了基本刑法的部分规定，由此自然引发了有关刑法失效的问题。在大多数情况下，都是按照新法优于旧法，特别法优于普通法的原则，旧法自行失效。

## 三、刑法的溯及力

刑法的溯及力指的是新的刑法生效后，对其生效前发生但生效后尚未经判决或者判决尚未确定的行为是否适用的问题，如果适用，即有溯及力；如果不适用，则没有溯及力。

### （一）刑法溯及力的原则

在刑法溯及力的原则上，对于修改前后两个刑法而言，有新法与旧法、轻法与重法两对概念。新法就是修改后的刑法，旧法就是修改前的刑法；轻法（狭义）就是不认为某行为是犯罪或者处刑较轻的刑法，重法（狭义）就是认为某行为是犯罪或者处刑较重的刑法。由于新法与旧法不能同时适用、轻法与重法也不可能同时适用；经过简单的排列组合，我们不难得出处理刑法溯及力问题可能出现的八种原则，分别是从旧原则、从新原则、从重原则、从轻原则、从旧兼从轻原则、从新兼从轻原则、从新兼从重原则、从旧兼从重原则。

1. 从旧原则

该原则主张新刑法对其生效前的行为一律没有溯及力，仍完全适用旧法。

2. 从新原则

该原则主张新刑法对其生效前未经审判或判决未确立的行为一律适用，具有溯及力。

3. 从重原则

该原则主张对于刑法溯及力既不是从旧也不是从新，而是适用较重的刑法。这一原则很可能对被告人适用修改后的处罚较重的刑法，违背罪刑法定原则的基本要求从重原则已被现代刑法理论否定。

4. 从轻原则

该原则主张刑法在效力上不是从新或者从旧，而是适用较轻的刑法。该原则虽然有利于被告人，但是却同样有可能违背罪刑法定原则。①

5. 从旧兼从轻原则

该原则主张新刑法原则上没有溯及力，但新刑法不认为是犯罪或者处刑较轻的，适用新刑法，这时就有了溯及力。

6. 从新兼从轻原则

该原则主张新刑法原则上具有溯及力，但旧刑法不认为是犯罪或者处刑较轻的，适用旧刑法，这时就没有溯及力。

7. 从新兼从重原则

该原则是指新法原则上有溯及力，但是，如果旧法认为是犯罪或者处刑较重的，就适用旧法。这一原则承认新刑法具有溯及力，在新法处罚较重时仍旧适用新法，实际上是允许适用不利于被告人的事后法。但如果旧法处罚较重，就机械地适用旧法，又否定了刑法的溯及力，其本身就是自相矛盾的。这一原则既可能违反罪刑法定原则，又完全从不利于被告人的角度出发，因此现代民主国家没有适用这一原则的。

8. 从旧兼从重原则

该原则是指新法原则上没有溯及力，但是，如果新法认为是犯罪或者处刑较

① 孔利民．刑法实用全典 [M]. 北京：中国法制出版社，2018.

重的，就适用新法。这一原则也是自身矛盾的，同时也可能违反罪刑法定原则，也没有现代民主国家的适用这一原则。

## （二）刑法溯及力的实际表现

当前，各国刑法单独采用从新或者从旧原则的很少，多数国家采用从旧兼从轻原则。我国刑法的溯及力也是从旧兼从轻原则，我国刑法第十二条规定："中华人民共和国成立以后本法施行以前的行为，如果当时的法律不认为是犯罪的，适用当时的法律；如果当时的法律认为是犯罪的，依照本法总则第四章第八节的规定应当追诉的，按照当时的法律追究刑事责任，但是如果本法不认为是犯罪或者处刑较轻的，适用本法。本法施行以前，依照当时的法律已经作出的生效判决，继续有效。"

刑法的从旧兼从轻原则，用最简单的话理解就是有利于被告人的原则。我国现行刑法的规定，主要是针对我国 1979 年旧刑法和 1997 年现行刑法之间的矛盾问题，且主要是针对新刑法溯及力的问题。即新刑法对公布之前发生的危害行为，但新刑法颁布后还没有审判或者还没有审判完毕的行为，适用旧刑法还是新刑法的问题。从旧兼从轻的原则可以简单理解为：①当遇到一个人的犯罪是在新刑法颁布以前，此时要考虑的是先适用旧刑法，即行为时的法律规定（从旧）；②如果适用新的刑法更有利于被告人，如不认为是犯罪，或者是新刑法处罚较轻，则应该对被告人使用新刑法；③如果适用旧法更有利于被告人，如旧法不认为是犯罪或者是旧法规定的刑罚更轻，则对被告人适用旧法。

刑法的溯及力问题涉及许多问题，特别是在实践中遇到很多问题无法得到恰当的处理。1997 年 9 月 25 日最高人民法院审判委员会第 937 次会议通过《最高人民法院关于适用刑法时间效力规定若干问题的解释》，对实践中具体是适用修订前的刑法还是修订后的刑法作了详细的规定。具体如下。

第一条　对于行为人 1997 年 9 月 30 日以前实施的犯罪行为，在人民检察院、公安机关、国家安全机关立案侦查或者在人民法院受理案件以后，行为人逃避侦查或者审判，超过追诉期限或者被害人在追诉期限内提出控告，人民法院、人民检察院、公安机关应当立案而不予立案，超过追诉期限的，是否追究行为人的刑事责任，适用修订前的刑法第七十七条的规定。

第二条　犯罪分子 1997 年 9 月 30 日以前犯罪，不具有法定减轻处罚情节，但是根据案件的具体情况需要在法定刑以下判处刑罚的，适用修订前的刑法第五十九条第二款的规定。

第三条　前罪判处的刑罚已经执行完毕或者赦免，在1997年9月30日以前又犯应当判处有期徒刑以上刑罚之罪，是否构成累犯，适用修订前的刑法第六十一条的规定；1997年10月1日以后又犯应当判处有期徒刑以上刑罚之罪的，是否构成累犯，适用刑法第六十五条的规定。

第四条　1997年9月30日以前被采取强制措施的犯罪嫌疑人、被告人或者1997年9月30日以前犯罪，1997年10月1日以后仍在服刑的罪犯，如实供述司法机关还未掌握的本人其他罪行的，适用刑法第六十七条第二款的规定。

第五条　1997年9月30日以前犯罪的犯罪分子，有揭发他人犯罪行为，或者提供重要线索，从而得以侦破其他案件等立功表现的，适用刑法第六十八条的规定。

第六条　1997年9月30日以前犯罪被宣告缓刑的犯罪分子，在1997年10月1日以后的缓刑考验期间又犯新罪、被发现漏罪或者违反法律、行政法规或者国务院公安部门有关缓刑的监督管理规定，情节严重的，适用刑法第七十七条的规定，撤销缓刑。

第七条　1997年9月30日以前犯罪，1997年10月1日以后仍在服刑的犯罪分子，因特殊情况，需要不受执行刑期限制假释的，适用刑法第八十一条第一款的规定，报经最高人民法院核准。

第八条　1997年9月30日以前犯罪，1997年10月1日以后仍在服刑的累犯以及因杀人、爆炸、抢劫、强奸、绑架等暴力犯罪被判处十年以上有期徒刑、无期徒刑的犯罪分子，适用修订前的刑法第七十三条的规定，可以假释。

第九条　1997年9月30日以前被假释的犯罪分子，在1997年10月1日以后的假释考验期内，又犯新罪、被发现漏罪或者违反法律、行政法规或者国务院公安部门有关假释的监督管理规定的，适用刑法第八十六条的规定，撤销假释。

第十条　按照审判监督程序重新审判的案件，适用行为时的法律。

此外，最高人民法院在1997年12月23日发布《关于适用刑法第十二条几个问题的解释》，对我国刑法第十二条溯及力的问题作了相应的解释。我国刑法第十二条规定“处刑较轻”，是刑法对某种犯罪规定的刑罚即法定刑比修订前的刑罚轻。法定刑较轻是法定最高刑较轻，如果法定最高刑相同，则指法定最低刑较轻。如果刑法规定的某一犯罪只有一个法定刑幅度，法定最高刑或者最低刑是指该法定刑幅度的最高刑和最低刑；如果刑法规定的某一犯罪有两个以上法定刑幅度的，法定最高刑或者最低刑是指具体犯罪行为应当适用的法定刑幅度的最高刑或者最低刑。如果现行刑法规定的定罪处刑标准法定刑与行为当时的法律规定的定罪处刑标准法定刑相同的，应当适用行为当时的法律。

刑法时间效力中涉及的另外一个问题是对于立法解释和司法解释的效力问题。司法解释是最高司法机关就具体应用法律问题所作的解释，这一特性决定了其制定实施必然要滞后于法律。刑事司法解释的时间效力问题，主要是指司法解释的生效时间以及对其生效前发生的行为有无效力，即能否溯及既往。这在实践中有分歧，主要有两种意见：一种意见认为，刑事司法解释只应对其发布实施以后的行为有效，对其施行以前的行为没有溯及力。另一种意见认为，刑事司法解释的效力应及于法律的施行日期，不但适用于司法解释实施以后的行为，对司法解释施行以前的行为也有溯及力。对此问题，2001 年 12 月 17 日起施行的《最高人民法院、最高人民检察院关于适用刑事司法解释时间效力问题的规定》明确提出如下四点意见：①司法解释是最高人民法院对审判工作中具体应用法律问题和最高人民检察院对检察工作中具体应用法律问题所作的具有法律效力的解释，自发布或者规定之日起施行，效力适用于法律的施行期间。②对于司法解释实施前发生的行为，行为时没有相关司法解释，司法解释施行后尚未处理或者正在处理的案件，依照司法解释的规定办理。③对于新的司法解释实施前发生的行为，行为时已有相关司法解释，依照行为时的司法解释办理，但适用新的司法解释对犯罪嫌疑人、被告人有利的，适用新的司法解释。④对于在司法解释施行前已办结的案件，按照当时的法律和司法解释，认定事实和适用法律没有错误的，不再变动。从这一解释不难看出，司法解释是具有溯及力的，可以适用司法解释前的行为。但对于适用两个司法解释的，则适用“从旧兼从轻”的原则。

## 四、限时法

关于刑法的溯及力问题还涉及限时法的问题。限时刑法是在一定时期针对某一特定的事项而制定的禁止为某一行为或命令为某一行为的刑法规范的总称。概言之，限时法就是只在一定时期内实施的、期限过后就不再适用的法律。从性质上来看，限时法属于特别法。

从概念来看，限时刑法存在于固定的时间范围内，在施行期间届满时，如果未再依法定手续予以延长，那么即属废止。限时刑法的失效归因于立法理由的消失，而非法律观念的改变。有些国家的刑法中存在限时刑法。如《德国刑法典》第二条第四款规定："仅适用于特定时期的法律，即使该法律在审判时已失效但仍可适用于在其有效期间实施的行为。法律另有规定的除外。"《意大利刑法典》第二条第四款规定："如果涉及的是非常的或者临时的法律，不适用该条规定的不溯及既往、适用有利于行为人的法律等原则。"

目前，我国刑法中还没有严格意义上的限时刑法，仅仅在刑法第十二条对时效作了原则性规定。单纯从形式上看，根据该条的规定，凡因犯罪后的法令而使得刑罚被废止的，应该一律作出免予刑事追究的决定。尽管我国目前不存在典型意义上的限时刑法，但是在行政刑法中的空白刑罚规范发生变更之后如何适用刑法却与限时刑法密切相关。作为空白刑法的补充规范的委任行政规范虽不具有法律的形式，且无刑法的实质内涵，但其应与空白刑法相结合。因此，这仍是一个值得探讨的问题。

## 第二节　刑法的空间效力

### 一、刑事管辖原则

刑法的空间效力是指刑法对地和对人的效力，它实际上要解决的是刑事管辖权的范围问题。这里的刑事管辖权，是指一个国家根据主权原则所享有的、对在其主权范围内所发生的一切犯罪进行起诉、审判和处罚的权力。刑事管辖权的行使，事关国家主权，各国刑法对此都有明文规定。由于各国社会政治情况和历史传统习惯的差异，在解决刑事管辖权范围问题上所主张的原则不尽相同。一般而言，刑事管辖包括以下原则。

#### （一）属地原则

属地原则以地域为标准，凡是在本国领域内犯罪，无论是本国人还是外国人，都适用本国刑法。反之，在本国领域外犯罪，均不适用本国刑法。

### （二）属人原则

属人原则以人的国籍为标准，凡是本国人犯罪，不论是在本国领域内还是在本国领域外，都适用本国刑法。

### （三）保护原则

保护原则以保护本国利益为标准，凡侵害本国国家或者公民利益的，不论犯罪人是本国人还是外国人，也不论犯罪地在本国领域内还是在本国领域外，都适用本国刑法。

### （四）普遍原则

普遍原则以保护各国的共同利益为标准，凡发生国际条约所规定的侵害各国共同利益的犯罪，不论犯罪人是本国人还是外国人，也不论犯罪地在本国领域内还是在本国领域外，都适用本国刑法。

上述原则都有其合理性，也都有其局限性：①属地原则直接维护了国家领土主权，但无法解决本国人在本国领域外犯罪或外国人在本国领域外侵害本国国家或公民利益的犯罪的刑事管辖问题。②属人原则对本国公民实行管辖而言无可非议，但根据这一原则，外国人在本国领域内犯罪，不能适用本国刑法，显然有悖于国家主权原则。③保护原则能够有效地保护本国利益，但如果犯罪人是外国人，犯罪地又在国外，这就涉及本国与他国之间的主权交叉与刑法冲突问题，因此实行这一原则存在一定的限制。④普遍原则的法律基础不是本国刑法，而是国际公约、条约，涉及国际犯罪，诸如劫持航空器、侵害外交人员等，其适用范围本身就是狭窄的，只能是刑事管辖的补充原则。由此可见，上述原则不能只取其一，而排斥其他。尽管从历史传统上看，英美法系国家大多采取属地原则，大陆法系国家大多采取属人原则。但至近代，世界大多数国家的刑法，都是以属地原则为主，兼采其他原则。我国刑法关于空间效力的规定，采取的也是这种以属地原则为主、兼采其他原则的刑事管辖体制。

## 二、刑法的属地管辖

刑法第六条第一款规定："凡在中华人民共和国领域内犯罪的，除法律有特别规定的以外，都适用本法。"这是我国刑法关于刑法空间效力的基本原则，包括以下两项主要内容。

### （一）中华人民共和国领域内的含义

所谓中华人民共和国领域内，是指我国国境以内的全部空间区域，具体包括：①领陆，即国境线以内的陆地及其地下层，这是国家领土的最基本和最重要的部分。②领水，即国家领陆以内和与陆地邻接的一定宽度的水域，包括内水、领海及其地下层。内水包括内河、内湖、内海以及同外国之间界水的一部分，通常以河流中心线或主航道中心线为界。领海即与海岸或内水相邻接的一定范围的水域，包括海床和底土。根据我国政府 1958 年 9 月 4 日发表的声明，我国的领海宽度为 12 海里。③领空，即领陆、领水的上空。

同时，根据国际条约和惯例，以下两部分属于我国领土的延伸，适用我国刑法：①我国的船舶、飞机或其他航空器。刑法第六条第二款规定，“凡在中华人民共和国船舶或者航空器内犯罪的，也适用本法。”这里所说的船舶、航空器，可以是民用的，也可以是军用的；可以是航行途中的，也可以是处于停泊状态的，可以是航行或停泊于我国领域内的，也可以是航行或停泊于我国领域外或公海及公海上空的。这些船舶、飞机或其他航空器，必须在我国登记注册，悬挂我国国旗、国徽或军徽等标志。②我国驻外使领馆。根据我国承认的《维也纳外交关系公约》的规定，各国驻外大使馆、领事馆不受驻在国的司法管辖而受本国的司法管辖。这些地方亦视同为我国领域，在其内发生的任何犯罪都适用我国刑法。

除此之外，根据犯罪行为与犯罪结果在时间或地点方面存在跨越国界等情况，我国刑法又进一步明确了属地管辖的具体标准。刑法第六条第三款规定：“犯罪的行为或者结果有一项发生在中华人民共和国领域内的，就认为是在中华人民共和国领域内犯罪。”这里包括三种情况：①犯罪行为与犯罪结果均发生在我国境内，这是通常的情况；②犯罪行为在我国领域内实施，但犯罪结果发生于国外。例如，在我国境内向被害人食物中投毒，被害人坐飞机到境外后中毒身亡；③犯罪行为在国外实施，但犯罪结果发生在我国境内。例如，在我国境外开枪，打死境内居民。

### （二）法律有特别规定的含义

刑法第六条在确立属地管辖基本原则的同时，还对例外情况作了特别规定。这些特别规定主要是指以下内容。

刑法第十一条规定：“享有外交特权和豁免权的外国人的刑事责任，通过外交途径解决。”外交特权和豁免权是指根据国际公约，在国家间互惠的基础上，为保证驻在本国的外交代表机构及其工作人员正常执行职务而给予的一种特别权利和待遇。1961 年在联合国主持下签订的《维也纳外交关系公约》，是关于外交特权和豁免权的基本法律文件。我国于 1975 年加入该公约，并于 1986 年 9 月 5 日通过了《中华人民共和国外交特权与豁免条例》，详细规定了外交特权与豁免权的具体内容，涉及刑事、民事、行政等诸方面。与刑事有关的规定主要包括：使馆馆舍不受侵犯，外交代表、外交信使人身不受侵犯、不受逮捕或者拘留，外交代表享有刑事管辖豁免权，非中国公民的外交代表的配偶及未成年子女，来中国访问的外国国家元首、政府首脑、外交部长及其他具有同等身份的官员等，也享有与外交代表相同的特权与豁免权。上述人员均不受我国刑法管辖。但需要注意的是：①外交代表和非中国公民的与外交代表共同生活的配偶及未成年子女所享有的豁免权，可以由派遣国政府明确表示放弃。如果那样，将可以适用我国刑法。②享有外交特权和豁免权的有关人员承担着尊重我国法律法规的义务，不得侵犯我国国家主权，违反我国法律。一旦发生违法犯罪现象，我们会通过外交途径加以解决，如要求派遣国召回、宣布其为不受欢迎的人、限期离境等。

刑法第九十条规定：“民族自治地方不能全部适用本法规定的，可以由自治区或者省的人民代表大会根据当地民族的政治、经济、文化的特点和本法规定的基本原则，制定变通或者补充的规定，报请全国人民代表大会常务委员会批准施行。”这是为了照顾少数民族的风俗习惯和文化传统，切实保证民族自治权的行使，巩固多民族国家的团结、稳定与发展。但在实施这一例外规定时，应注意以下几点：①少数民族地区对刑法效力的限制不同于外交特权和豁免权，它不是完全排斥刑法的适用，而仅仅是不适用其中的一部分，即与少数民族特殊的风俗习惯、宗教文化传统相关的部分。这种变通或补充规定相对于刑法全文而言，只是一小部分。因此，从总体上看，刑法基本上适用于少数民族自治地区。②免于适用刑法的部分必须有明确的法律依据，即由自治区或者省的国家权力机关制定变通或补充规定，并报请全国人民代表大会常务委员会批准，而不能由有关当事人、各级司法机关或行政机关随意解释，随意行事。③少数民族地区制定的变通或者补充规定不能与刑法的基本原则相冲突。

刑法施行后国家立法机关制定的特别刑法的规定，包括单行刑法和附属刑法。若出现新法与旧法对同一事项的规定相矛盾，而新法又未明令废止旧法时，应当按照新法优于旧法的原则适用新法。

### （三）刑法的属人管辖

刑法第七条第一款规定："中华人民共和国公民在中华人民共和国领域外犯本法规定之罪的，适用本法，但是按本法规定的最高刑为三年以下有期徒刑的，可以不予追究。"第七条第二款规定："中华人民共和国国家工作人员和军人在中华人民共和国领域外犯本法规定之罪的，适用本法。"根据上述规定，在我国领域外犯罪的我国公民，无论按照当地法律是否认为是犯罪，也无论罪行是轻是重，以及是何种罪行，也不论其所犯罪行侵犯的是何国或何国公民的利益，原则上都适用我国刑法。只是按照我国刑法的规定，该中国公民所犯之罪的法定最高刑为三年以下有期徒刑的，才可以不予追究。所谓可以不予追究，不是绝对不追究，而是保留追究的可能性。此外，如果是我国的国家工作人员或者军人在域外犯罪，则不论其所犯之罪按照我国刑法的规定法定最高刑是否为三年以下有期徒刑，我国司法机关都要追究其刑事责任。这主要是考虑到对国家工作人员和军人在域外犯罪管辖应从严要求。

刑法第十条规定："凡在中华人民共和国领域外犯罪，依照本法应当负刑事责任的，虽然经过外国审判，仍然可以依照本法追究，但是在外国已经受过刑罚处罚的，可以免除或者减轻处罚。"这条规定表明，我国作为一个独立自主的主权国家，其法律具有独立性，外国的审理和判决对我国没有约束力。但是，从实际情况及国际合作角度出发，为了使被告人免受过重的双重处罚，又规定对在外国已经受过刑罚处罚的犯罪人，可以免除或者减轻处罚。这样既维护了我国的国家主权，又从人道主义出发对被告人的具体情况做了实事求是的考虑，充分体现了原则性与灵活性的统一。

### （四）刑法的保护管辖

刑法第八条规定："外国人在中华人民共和国领域外对中华人民共和国国家或者公民犯罪，而按本法规定的最低刑为三年以上有期徒刑的，可以适用本法，但是按照犯罪地的法律不受处罚的除外。"根据这一规定，外国人在我国领域外对我国国家或者公民犯罪，我国刑法有权管辖，但是，这种管辖权有一定限制：①这种犯罪按照我国刑法规定的最低刑必须是三年以上有期徒刑；②按照犯罪地的法律也应受刑罚处罚。要实际行使这方面的管辖权存在一定的困难，因为犯罪人是外国人，犯罪地点又是在国外，如果该犯罪人不能依法引渡，或者没有在我国领域内被抓获，我国就无法对其进行刑事追究。但是，如果刑法对此不加以规定，就等于放弃自己的管辖权。因此，作出这样的规定，是为了在法律上表明我国的立场，这对于保护我国国家利益，保护我国驻外工作人员、考察访问人员、留学生、侨民的利益是完全必要的。[①]

### （五）刑法的普遍管辖

刑法第九条规定:“对于中华人民共和国缔结或者参加的国际条约所规定的罪行，中华人民共和国在所承担条约义务的范围内行使刑事管辖权的，适用本法。”根据这一规定，凡是我国缔结或者参加的国际条约中规定的罪行，不论罪犯是中国人还是外国人，也不论其罪行是发生在我国领域内还是领域外，在我国所承担条约义务的范围内，如不引渡给有关国家，我国就应当行使刑事管辖权，依照我国刑法的有关规定对罪犯予以惩处。

为惩治国际犯罪，保护国际社会秩序，在有关国际组织的主持下，国际上先后制定了一系列旨在加强国际合作,有效防止和惩处国际犯罪的国际条约。例如，1970 年 12 月 16 日在海牙签订了《关于制止非法劫持航空器的公约》(简称《海牙公约》)，1971 年 9 月 23 日在蒙特利尔签订了《关于制止危害民用航空安全的非法行为的公约》(简称《蒙特利尔公约》)，1973 年 12 月 4 日联合国大会通过了《关于防止和惩处侵害应受国际保护人员包括外交代表的罪行的公约》,1979 年 12 月 17 日联合国大会通过了《反对劫持人质国际公约》等。我国于 1980 年 10 月和 1987 年 6 月加入了上述公约。这些公约强调各缔约国应将非法劫持航空器、危害国际民航安全、侵害应受国际保护人员等行为定为国内法上的犯罪，予以惩处；有关缔约国应采取必要措施，对任何这类犯罪行使刑事管辖权，而不论罪犯是否为其本国人，罪行是否发生于其国内。这些国际条约在实质上确立了普遍管辖权原则。我国既然批准或加入了这些条约，就应当承担起打击条约所规定的犯罪的义务。

① 方鹏.国家司法考试 名师课堂 方鹏刑法真题 2017 年版 [M]. 北京: 北京理工大学出版社，2017.

# 第二篇　刑事犯罪

# 第五章　犯罪概述

## 第一节　犯罪的概念

犯罪概念是刑法学中的一个基本理论问题。通说认为，犯罪概念有形式概念、实质概念以及混合概念之分。

犯罪的形式概念是指犯罪是触犯刑律的行为，即符合刑法规定的犯罪构成要件的行为。这样给犯罪下定义只是揭示了犯罪的法律特征，而没有揭示犯罪的危害社会的特征。大陆法系中的资本主义国家刑法多数是这样规定犯罪定义的。这种规定方式虽然能够在某种程度上体现罪刑法定原则，但掩盖了犯罪的反社会性的本质。

犯罪的实质概念是指犯罪是危害社会的行为。刑事古典学派创始人贝卡里亚在其所著的《论犯罪与刑罚》一书中写道："什么是衡量犯罪的真正标尺，即犯罪对社会的危害。"这样的犯罪定义虽然揭示了犯罪的反社会属性，但是却漏掉了犯罪的法律属性。

犯罪的混合概念是指犯罪是危害社会并且触犯刑律的行为。这种定义是将犯罪的形式定义与实质定义统一起来的一种概括。

我国刑法对犯罪的概念从形式与实质的统一上作出了科学的界定。刑法第十三条规定："一切危害国家主权、领土完整和安全，分裂国家、颠覆人民民主专政的政权和推翻社会主义制度，破坏社会秩序和经济秩序，侵犯国有财产或者劳动群众集体所有的财产，侵犯公民私人所有的财产，侵犯公民的人身权利、民主权利和其他权利，以及其他危害社会的行为，依照法律应当受刑罚处罚的，都是犯罪，但是情节显著轻微危害不大的，不认为是犯罪。"这一犯罪概念是对各种犯罪现象的理论概括，它不仅揭示了犯罪的法律特征，而且阐明了犯罪的本质，从而为区分罪与非罪的界限提供了原则标准，是一个完整而科学的犯罪概念。

关于犯罪的特征有哪些，理论界一直存在不同的认识。有人主张"两特征说"，有人主张“三特征说”，也有人主张“四特征说”甚至“六特征说”。根据上述犯罪概念，笔者认为犯罪主要具有以下三个特征。

## 一、社会危害性

行为具有一定的社会危害性，是犯罪的本质特征。犯罪的社会危害性是指行为对刑法所保护的社会关系所造成的实际或者可能的损害。犯罪的本质特征是它危害国家和人民的利益，危害社会主义社会。如果某种行为根本不可能对社会造成危害，刑法就没有必要把它规定为犯罪，也不会对它进行惩罚。某种行为虽然具有一定的社会危害性，但是情节显著轻微危害不大的，也不认为是犯罪。由此可见，没有社会危害性的行为，就不存在犯罪；行为的社会危害性没有达到相当的程度，也不构成犯罪。

我国刑法第十三条通过列举犯罪所侵犯的主要客体，揭示了犯罪的社会危害性的各个方面的表现。概言之，它表现在以下几个方面：①危害社会主义制度的政治基础；②侵犯国家所有、集体所有以及个人所有的财产权利；③侵犯公民的人身权利、民主权利和其他权利；④破坏社会主义的社会管理秩序和经济秩序；⑤破坏公共安全；⑥玷污职权和亵渎职责。危害其中的任何一个方面，都是对我国社会主义社会关系的侵犯，都是在不同程度上妨害了我国社会的正常发展。如果只看到犯罪人给个人、个别单位造成这样或者那样的损害，而看不到犯罪是对我国社会主义社会关系的危害，就没有真正认识犯罪的本质。

宏观上而言，社会危害性的轻重主要由以下几个方面决定：①决定于行为侵犯什么样的客体；②决定于行为的方式、手段、后果以及时间、地点；③决定于行为人的一些主观因素。

可以从以下几个角度考察行为的社会危害性：①要坚持历史的观点；②要坚持全面的观点；③要坚持本质的观点。

## 二、刑事违法性

在我国，一切犯罪都由刑法加以规定，因此，刑事违法性之法，应当是指刑法。这里的刑法是指广义的刑法，除刑法典外，还包括单行刑法和附属刑法。刑事违法性是犯罪的法律特征，即犯罪的基本特征，是刑法对具有社会危害性行为的否定性法律评价。简单地说，刑事违法性是指行为触犯了刑法的规定。具体而言，刑事违法性是指某行为符合刑法分则所规定的某一犯罪构成要件的情形或者状态。刑法不会将危害性较小的行为规定为犯罪，这也意味着一旦被规定为犯罪，该行为的社会危害性就较大。从这一意义上讲，刑事违法性和社会危害性是统一的。社会危害性是刑事违法性的基础，刑事违法性是社会危害性在刑法中的表现，是刑法在众多社会危害性行为中选择的结果。社会危害性大的行为不一定规定在刑法中，于是出现法无规定的有害行为是可能的，这就要求在认定犯罪行为是否存在时，只要把握刑事违法性就足够了。认识这一点有助于克服认定犯罪时的危害决定论，从而树立符合罪刑法定原则的规范决定论。在 1979 年刑法中，存在类推制度。类推制度的存在实际上意味着社会危害性就是刑事违法性，社会危害性的范围有多大，刑事违法性的范围就有多大。修订后的刑法废除类推制度，在刑法中明确地规定了罪刑法定原则，因此刑事违法性就成为一切犯罪必不可少的基本特征。从罪刑法定原则的意义上说，没有刑事违法性，也就没有犯罪。因此，刑事违法性对于犯罪的认定具有决定性的意义。①

## 三、应受刑罚惩罚性

犯罪不仅是具有社会危害性、触犯刑律的行为，而且是应受刑罚处罚的行为，即具有应受刑罚惩罚性。任何违法行为，都要承担相应的法律后果。对于违反刑法的犯罪行为而言，则要承担刑罚处罚的法律后果。犯罪是适用刑罚的前提，刑罚是犯罪的法律后果。因此，应受刑罚处罚也是犯罪的一个基本特征。这一特征将犯罪与刑罚联系起来。这一特征表明如果一个行为不应当受刑罚处罚，也就意味着它不是犯罪。

应受惩罚不能仅仅理解为应受刑罚方法的处理，还包括非刑罚方法的处理，因为有些行为构成犯罪，但是按照情节不需要刑罚方法处理，但是又不能不处理，否则违反罪责刑相适应原则，既然非刑罚方法也是对应犯罪行为的处理方式，也可理解为是应受惩罚的一种方式。

不应受惩罚和不需受惩罚是两层不同的含义，应当加以区分。不应受惩罚是指行为人的行为根本不构成犯罪，当然就不存在应受惩罚的问题。不需受惩罚则是指行为人的行为已经构成了犯罪，本应惩罚，但考虑到具体情况，如犯罪情节轻微，或者有自首、立功等表现，从而免予刑事处分。免刑说明行为是犯罪的，

① 刘宪权．刑法学名师讲演录 [M]. 上海：上海人民出版社，2021.

只是不予刑罚处罚而已，它与不应当受惩罚具有性质上的不同。

以上三个基本特征是紧密结合的。一定的社会危害性是犯罪最本质的属性，是刑事违法性和应受刑罚惩罚性的基础。社会危害性如果没有达到违反刑法的程度，也就不构成犯罪；同样，不受惩罚的犯罪是不存在的。因此，这三个特征是相辅相成的具有内在逻辑联系的统一体，也就是说，刑事违法性包容了社会危害性和应受刑罚惩罚性。

## 第二节　犯罪的分类

犯罪可以从不同的角度、不同的侧面进行分类。对犯罪进行分类，不仅是对正确定罪量刑有意义，还给刑事司法带来适用上的便利。

### 一、犯罪在理论上的分类

#### （一）身份犯与非身份犯

身份犯是指法律规定必须由具有一定身份的人实施才能构成某种犯罪的犯罪，如贪污罪、受贿罪、徇私枉法罪、刑讯逼供罪等。非身份犯是指法律规定不需要具备一定身份的人即可构成的犯罪，如故意伤害罪、盗窃罪、妨害公务罪等。

在我国刑事立法中，身份犯所具有的身份主要包括职务上的身份、职业上的身份、职责上的身份和其他基于一定的法律关系而产生的身份等情况。对于法律规定只能由特殊主体才能构成的身份犯，在认定时必须注意查明犯罪主体的身份。如贪污贿赂罪的主体为具有国家工作人员身份的人才能构成，若系国家工作人员利用职务之便实施，则应当以贪污罪定性处罚；若系非国家工作人员所为，则只能以盗窃罪定性处罚。

#### （二）初犯、惯犯与累犯

初犯是指第一次实施犯罪行为，依照刑法的规定应当对自己的行为负刑事责任的人。惯犯是指以某种犯罪为常业或者以犯罪所得为主要生活来源或腐化生活来源，或者犯罪已成习性，在较长时间内反复多次实施某种犯罪的人。累犯是指受过一定的刑罚处罚，于刑罚执行完毕或者赦免之后，在法定期限内再犯应当判处有期徒刑以上刑罚的罪行的犯罪分子。

由于初犯、惯犯与累犯行为人在主观恶性以及人身危险性上具有很大的差别，因此，在对他们进行处罚时也应当有所不同。一般而言，初犯系初次涉足犯罪，行为人的主观恶性较浅，尽管其行为给社会造成了一定的危害，但根据其具体情况，可以酌情从宽处理。

惯犯与累犯犯罪行为具有反复性的特征，说明行为人的主观恶性已经达到相当顽固的程度。这表明行为人无论在社会危害性与人身危险性方面均已非初犯所能比，因此，根据我国刑法规定，对于累犯应当从重处罚。惯犯虽然没有明确规定从重处罚，但是有时在处理时由于数额是累计计算的（针对犯罪对象是可计量的犯罪），有可能比从重处罚还要重。①

### （三）自然犯与法定犯

自然犯又称传统犯，是指违反公共善良风俗和人类伦理，由刑法典和单行刑法所规定的传统性犯罪，如故意杀人、抢劫、强奸、放火等。法定犯又称行政犯，是指违反行政法规中的禁止性规范，并由行政法规中的刑事罚则（附属刑法）所规定的犯罪，如职务犯罪、经济犯罪等。

一般认为，从行为人的主观恶性程度上看，自然犯比法定犯严重得多。正因为如此，自然犯的社会危害性的变易性较小，而法定犯的社会危害性的变易性较大。

### （四）重罪与轻罪

以法定刑为标准，将犯罪分为重罪与轻罪。根据刑法第七条、第八条以及第六十七条等条文的规定精神，可以将犯罪分为重罪与轻罪。区分重罪与轻罪应以法定刑为标准，而不能以现实犯罪的轻重为标准。一般认为，将法定最低刑为3年以上有期徒刑的犯罪称为重罪，将法定最高刑为3年以下有期徒刑的犯罪称为轻罪。

## 二、犯罪在立法上的分类

### （一）国事犯罪与普通犯罪

刑法分则规定了十类犯罪，其中，第一章所规定的“危害国家安全罪”属于

① 中国行为法学会．刑法研学录 总则描红版[M]．北京：中国民主法制出版社，2022.

国事犯罪，第二章至第十章规定的犯罪，相对于国事犯罪而言，属于普通犯罪。

### （二）亲告罪与非亲告罪

亲告罪是告诉才处理的犯罪。对于告诉才处理的犯罪，必须有刑法的明文规定。刑法没有明文规定为告诉才处理的犯罪，均属于非亲告罪，即不问被害人是否告诉、是否同意起诉，人民检察院均应提起公诉的犯罪。

### （三）基本犯、加重犯与减轻犯

基本犯是指刑法分则条文规定的不具有法定加重或者减轻情节的犯罪，如故意伤害（致人死亡）罪等。

加重犯是指刑法分则条文以基本犯为基础规定了加重情节与较重法定刑的犯罪，其中又可以分为结果加重犯与情节加重犯，如抢劫罪等。

减轻犯是指刑法分则条文以基本犯为基础规定了减轻情节与较轻法定刑的犯罪，如行贿人在被追诉前主动交代行贿行为的，可以减轻、免除处罚。

### （四）老年犯与未成年犯

根经过《中华人民共和国刑法修正案（八）》的规定，老年犯从理论上的犯罪分类转化为立法上的犯罪分类，如刑法第十七条之一："已满七十五周岁的人故意犯罪的，可以从轻或者减轻处罚；过失犯罪的，应当从轻或者减轻处罚。"与此相对，未成年犯在刑法中也有从宽处罚的规定，如刑法第十七条："已满十四周岁不满十六周岁的人，犯故意杀人、故意伤害致人重伤或者死亡、强奸、抢劫、贩卖毒品、放火、爆炸、投放危险物质罪的，应当负刑事责任。"因此，老年犯和未成年犯也应构成法定的犯罪类型。

除上述立法上分类外，还可以将犯罪分为故意犯罪与过失犯罪、作为犯罪与不作为犯罪等。

## 第三节　犯罪的认定

犯罪的认定是指罪与非罪界限的正确区分。严格区分罪与非罪的界限，是刑事司法活动中一个极其重要的问题，它直接关系到刑法适用的准确性，因此在理论上也须予以重视。犯罪概念是一切犯罪共同基本特征的高度概括和抽象，是犯罪认定的法律根据，因此也是区别罪与非罪的总标准。我国刑法（包括司法解释）关于罪与非罪的界限主要是从以下三个方面规定的。

## 一、根据刑法第十三条的但书规定加以区分

我国刑法第十三条在但书中明确规定："但是情节显著轻微危害不大的，不认为是犯罪。"这里是指行为虽具有一定的社会危害性，但情节明显不严重、不恶劣，危害很小，因此不构成犯罪。"不认为是犯罪"不是主观判断的范畴，不能理解为不以犯罪论处，而应当理解为不构成犯罪。

## 二、根据分则条文关于具体犯罪构成要件的规定加以区分

从主观罪过上区分，如有无预见义务和能力。

从责任年龄上区分，如是否达到法定责任年龄。

从责任能力上区分，如是否有辨别和控制能力。

从行为性质上区分，如行为是否具有正当性。

从犯罪主体上区分，如行为人是否具有特定身份、有无特定职务或职责。

从犯罪主观方面区分，如行为人是否有特定目的、动机以及认识错误等。

从犯罪对象上区分，如有无法定的犯罪对象（是否妇女、是否刑法意义上的物还是财产性利益等）。

从犯罪客观方面区分，如有无刑法意义上的行为（是否超自然行为），数额大小，有无法定结果，有无特定手段、方式、时间、地点，违法行为的次数，受行政处罚的次数，民事（侵权）违法的次数，损失大小，有无特定危险状态，有无刑法上的因果关系。

从犯罪客体方面区分，如行为虽然违法，但是否具备某罪的犯罪客体；再如，债权不能成为侵犯财产罪的犯罪客体等。

从情节上区分，情节是否严重或者恶劣。

## 三、犯罪故意的认定

要寻找犯罪故意的认定途径，应首先考虑与犯罪故意认定有关的各种因素，这些因素应是通过某种方式为人们所能感知的，因此它们必然是客观存在的事实。这些因素包括以下内容。

### （一）对危害行为的分析

对危害行为的分析，主要看行为人所采取的具体危害行为。例如，行为人实施危害行为时是否使用了工具？如果使用了工具，还得考虑这种工具的性质和其对该工具具体的使用方法。比如行为人使用了枪支，从枪支这种工具的性质上，我们知道它可以导致自然生命的终结。从使用方法上，我们还得从危害结果看行为人是否开了枪；如果开了枪，还得从危害结果看开枪的具体目标。这种目标可能是被害人的头颅、胸腹部、四肢或天空，不同的目标可以反映出行为人不同的意图。尽管如此，这种反映出的意图也不是绝对准确的。比如行为人只打伤被害人，但在开枪时被害人的身体发生移动或行为人的枪支突然受到外力影响导致伤害部位偏离原定目标，从而造成受害人死亡。在这种情况下，认定行为人具有杀人故意显然是不妥当的。

### （二）对实际危害结果的分析

对实际结果的分析，实际上还是分析这种危害结果与行为人危害行为间的因果关系。在故意犯罪的情况下，行为人的危害行为通常会直接导致危害结果的发生。但在有些情况下，实际的危害结果虽然由行为人的危害行为直接引起，但该行为不是造成危害结果的主要原因。

### （三）对与危害结果有关的时空条件的分析

对这种时空条件的分析，对行为人犯罪故意的认定虽不直接但十分重要。这种重要性体现在，它有助于我们分析实际危害结果与危害行为之间因果关系的直接性。

### （四）对侵害对象具体情况的分析

对于不同的侵害对象，同样的危害行为将会产生完全不同的危害后果，尤其在侵害对象对危害行为的承受能力或防御技能不同的情况下。侵害对象对危害行为的承受能力或防御技能（比如侵害对象是否会游泳）以及行为人对侵害对象相应能力的了解或“明知”，对认定行为人的犯罪故意同样具有重要意义。

### （五）对行为人的智力水平的分析

对行为人的智力水平的分析，对认定行为人对其行为造成危害结果的认知程度，即其对危害是否“明知”具有决定意义。[①]

## 四、犯罪过失的认定

与犯罪故意需要认定一样，犯罪过失同样需要认定。在过失的罪过形式当中，无论从主观意识还是意志，过失犯罪的行为人与故意犯罪的行为人都有所不同。从行为人的意识上看，故意犯罪要求行为人对危害行为产生的结果是“明知”的，过失犯罪则要求行为人“应当预见”到危害结果，但由于他的疏忽大意而“没有预见”，或者虽然预见到，但他又“轻信”这种结果能够避免；从行为人的意志上看，故意犯罪的行为人是希望或者放任危害结果的发生，过失犯罪的行为人既不希望也不放任危害社会结果的发生。因此，认定过失犯罪主要从以下几个方面着手。

犯罪动机和目的仅存在于故意犯罪形态当中。过失犯罪的行为人是没有犯罪动机的，因此他与被侵害者是没有利害关系的；行为人没有犯罪目的，因为他并不追求或者放任危害结果的发生。因为行为人并不追求危害结果，所以行为人实施的具体行为并不直接指向这种结果，并且危害结果可能不是该行为产生的唯一结果。如果是唯一结果，那么这种结果不一定超出了行为人所追求的危害程度，比如一般互殴导致的重伤害或死亡。因为行为人并不追求危害结果的发生，因此在过失犯罪过程中，不存在行为人有预谋以及与此相关的犯罪预备情形。

实际发生的结果，可能有行为人追求的良性结果，也可能有与此相伴的危害社会的结果；或者只发生了危害结果而没有发生良性结果，这就可能构成了过失；如果只发生了良性结果而没有发生危害结果，公诉人一般不会以过失犯罪为由提起诉讼，更不存在犯罪过失的认定问题。

在认定犯罪过失时，同样要考虑发生危害结果时与发生该结果有关的时空条件，这些条件对于危害结果的发生所起的作用，以及这种作用是否行为人所“应当预见”，或者在他看来在这种条件下“可以避免”危害结果的发生等情况。

对侵害对象的具体情况进行考察，也会影响到行为人是否应当预见危害结果，或者就该具体侵害对象而言，行为人认为危害能够避免。

行为人的智慧或学识将决定他对危害结果是否应当预见，或者他已经预见到了，他能否避免危害结果的发生。

① 焦阳．刑法分析与适用 [M]．北京：中国法制出版社，2018.

对于如何认定过失犯罪的行为人在主观上不希望或不放任危害结果的发生，需要考察行为人所实施的行为与危害结果之间是否存在直接且必然的因果关系。若因果关系直接且必然，行为人的罪过形式可能就不是过失，而是故意。有时，尽管行为与危害结果之间存在直接的因果关系，但危害结果超出了行为人所追求的程度，这种情况下也是一种过失。

# 第六章　犯罪构成

## 第一节　犯罪构成概述

### 一、犯罪构成的概念

#### （一）犯罪构成的定义和特征

犯罪构成是指刑法规定的、反映某一行为的社会危害性及其程度，而为该行为成立犯罪所必须具备的一切客观要件和主观要件的统一体。根据这一定义，犯罪构成具有以下特征。

1. 犯罪构成的整体性

犯罪构成的整体性是指犯罪构成是一系列主客观要件的有机整体。犯罪构成是由一系列主客观犯罪构成要件组成的，各个要件之中又包含若干要素（犯罪构成要件要素）。从性质上看，这些要件包括反映行为客观方面特征的客观要件和反映行为人主观方面特征的主观要件；从数量上看，犯罪构成并不是由单个客观要件或者主观要件组成的，而是一系列主客观要件的结合；从组成上看，犯罪构成也不是犯罪客观要件与犯罪主观要件的简单相加，而是相互联系、相互作用、协调一致，形成一个说明犯罪规范与标准的有机整体。例如，刑法第一百三十一条的规定：“航空人员违反规章制度，致使发生重大飞行事故，造成严重后果的，处三年以下有期徒刑或者拘役；造成飞机坠毁或者人员死亡的，处三年以上七年以下有期徒刑。”根据该规定，重大飞行事故罪必须是：①行为人侵犯的是航空运输安全；②行为人实施了违反规章制度，致使发生重大飞行事故，造成严重后果的行为；③行为人是航空人员；④行为人基于过失实施该行为。这四个要件结合在一起，就是重大飞行事故罪的犯罪构成。缺乏其中任何一个要件，重大飞行事故罪的犯罪构成均不成立。

犯罪构成之所以必须是主观要件的有机统一体，既有事实根据又有法律根据。犯罪是一种行为，而行为本身就是主客观的统一体，故犯罪构成必须从主客观方面说明犯罪是如何构成的；犯罪构成是认定犯罪的法律根据，如果不全面考虑主客观要件，则必然导致主观归罪或客观归罪，必然造成对公民自由的恣意侵犯。

2. 犯罪构成的关联性

犯罪构成的关联性是指犯罪构成对行为的性质及其社会危害性程度具有决定意义，而为该行为成立犯罪所必需的那些事实特征。任何一种犯罪都可以由诸多事实特征而言明，但并非每一个事实特征都是犯罪构成的要件。只有对行为的危害性及其程度具有决定意义的，而为该行为成立犯罪所必需的事实特征，才是犯罪构成的要件。具体到某一事实特征，其能否成为犯罪构成的要件，关键在于其对行为的性质及其社会危害性程度有无决定意义，即有无直接关联性。如果有，则是该罪成立的事实特征；如果没有，则不是。

犯罪构成与犯罪构成事实有所区别：前者是法律规定，后者是具体事实。具体的犯罪事实符合法定的犯罪构成时，才能称为犯罪构成事实。仅有犯罪构成还难以追究行为人的刑事责任，只有具体事实符合犯罪构成时才能追究行为人的刑事责任。犯罪构成事实与案情也是两个虽有联系但不等同的概念。犯罪构成事实是案情中最重要的部分，是基本的案情；然而，还有些案件情况不一定是犯罪构成事实。刑法在众多的犯罪事实特征中进行筛选、提炼和抽象，把其中对行为成立犯罪所必需的那些主客观事实特征加以总结和概括，并将其确定为犯罪构成要件的内容。因此，犯罪构成是由成立犯罪所必需的一些最基本的事实要件组成的。

3. 犯罪构成的法定性

犯罪构成的法定性是指犯罪构成所必须具备的各个要件必须由刑法规定。我国刑事法律虽然没有使用“犯罪构成”的概念，但是刑法规定了构成犯罪必须具备的要件，刑法理论将刑法的这种规定概括为犯罪构成。在诸多事实特征中，哪些可以作为犯罪构成的要件，是由立法者经过选择之后，以法律形式加以规定的。当行为人的行为符合刑法规定的某一犯罪的构成要件时，也就意味着触犯了刑法。罪刑法定原则要求“罪之法定”和“刑之法定”，犯罪构成的法定性正体现了罪之法定的要求。应当指出，出于立法技术的考虑，刑法对犯罪构成的规定，是通过总则性规范和分则性规范共同实现的。刑法总则规定一切犯罪必须具备的共同要件，刑法分则规定各种具体犯罪所必须的特定要件，它们之间是一般与特殊、抽象与具体的关系。通常，刑法分则规定了某一具体犯罪的犯罪客体、犯罪客观方面和犯罪主观方面要件，犯罪主体要件则一般要结合刑法总则的有关规定来确定。某一行为只有既符合刑法分则规定的犯罪构成要件，又符合刑法总则规定的犯罪构成要件，才能认定为成立犯罪，才能据此追究行为人的刑事责任。例如，刑法第二百四十三条规定了诬告陷害罪，其客体为公民的人身权利和司法机关的正常活动；其客观方面为捏造犯罪事实诬陷他人，情节严重；其主观方面为故意；至于其主体，条文未加规定，需要根据总则的规定来认定。刑法总则对主体的刑事责任年龄、刑事责任能力、单位犯罪主体等均进行了规定。根据总则的相关规定，诬告陷害罪的犯罪主体为已满 16 周岁具有刑事责任能力的自然人。此外，修正的犯罪构成要件也必须结合总则的有关规定才能最终确定。[①]

### （二）犯罪概念与犯罪构成的关系

犯罪概念与犯罪构成是两个既密切联系又有显著区别的概念。弄清两者之间的关系，不仅有助于加深对犯罪构成与犯罪概念的理解，也有助于全面把握犯罪概念与犯罪构成的功能。

犯罪概念与犯罪构成的联系主要表现为：犯罪概念是犯罪构成的基础，犯罪构成是犯罪概念的具体化。犯罪构成是根据犯罪概念所揭示的犯罪的本质特征与法律特征确定的，同时又通过一系列主客观要件使犯罪的本质特征和法律特征具体化、类型化。离开了犯罪概念，犯罪构成就失去了立法和理论上的依据。犯罪概念通过犯罪构成来阐明，离开犯罪构成，行为是否构成犯罪也就难以具体认定。犯罪概念所揭示的犯罪行为的本质特征和法律特征都必须通过犯罪构成要件才能得以具体体现。犯罪概念决定犯罪构成，犯罪构成体现犯罪概念，两者之间是内容与形式、抽象与具体的关系。行为符合犯罪构成，也就构成犯罪，两者之间无须再增加其他要件。这一点与大陆法系国家刑法中构成要件与犯罪概念的关系是不同的。在大陆法系国家，犯罪概念通常被定义为，符合构成要件的、违法的、有责的行为，符合构成要件只是犯罪概念的一个特征，两者是部分与整体的关系。

犯罪概念与犯罪构成的区别主要表现为：犯罪概念揭示犯罪的本质特征和法律特征，它回答的是“什么是犯罪”的问题；犯罪构成说明成立犯罪所必须具备的要件，它回答的是“具备哪些条件才能成立犯罪”的问题。犯罪概念具有一般

① 范雪峰．职务犯罪概论 修订本 [M]. 北京：中国政法大学出版社，2021.

性，能够体现犯罪的共性，可以适用于不同性质的犯罪；犯罪构成具有特殊性，能够体现犯罪的个性，某种特定的犯罪构成只能适用于性质相同的犯罪，不适用于性质不同的犯罪。犯罪概念本身不能直接解决认定犯罪的具体标准问题，而只是从原则上划清罪与非罪的界限；犯罪构成则确定了认定犯罪的具体标准，不仅可以划分具体犯罪的罪与非罪的界限问题，还可以划分此罪与彼罪的界限。

## 二、犯罪构成的分类

根据不同的标准，从不同的角度，可将犯罪构成分为以下几类。

### （一）基本的犯罪构成与修正的犯罪构成

以所表明的犯罪形态为标准，可以将犯罪构成分为基本的犯罪构成与修正的犯罪构成。

#### 1. 基本的犯罪构成

基本的犯罪构成是指刑法条文就某一犯罪的基本形态（既遂形态）所规定的犯罪构成。基本的犯罪构成通常是指刑法分则或单行刑法所规定的单独犯既遂形态的犯罪构成，如刑法第二百二十六条规定的强迫交易罪、第二百三十六条规定的强奸罪等。

#### 2. 修正的犯罪构成

修正的犯罪构成又称为扩张的犯罪构成，是指以基本的犯罪构成为基础，适应故意犯罪过程中的犯罪形态的变化或者共同犯罪各类形式的需要，而对基本的犯罪构成加以修改变更的犯罪构成。预备犯、未遂犯、中止犯和主犯、从犯、胁从犯、教唆犯的犯罪构成，就是两类不同的修正的犯罪构成。由于修正的犯罪构成规定在刑法总则规范之中，同时又以基本的犯罪构成为基础，因此在确定这类犯罪构成时，要把分则规范和总则规范结合起来加以认定。如为了盗窃而事先踩点，这是盗窃罪的预备犯，应当根据刑法第二百六十四条的规定和总则第二十二条犯罪预备的规定来确定它的犯罪构成。

这种分类的意义在于说明，预备犯、未遂犯、中止犯和主犯、从犯、胁从犯、教唆犯等类型的犯罪也有犯罪构成，只是在实际认定时，要同时引用刑法总则和分则的有关规定。

### （二）封闭的犯罪构成与开放的犯罪构成

以法律条文对犯罪构成要件表述的情况为标准，可以将犯罪构成分为封闭的犯罪构成和开放的犯罪构成。

1. 封闭的犯罪构成

封闭的犯罪构成又称为完结的犯罪构成、叙述的犯罪构成，是指刑法条文对犯罪构成要件予以简单或者详细描述，完整地表明该犯罪事实特征的犯罪构成。刑法规定的犯罪构成，绝大多数属于封闭的犯罪构成。

2. 开放的犯罪构成

开放的犯罪构成又称为待补充的犯罪构成、空白的犯罪构成，是指刑法仅规定了部分要件，其他要件在适用时还需进行补充的犯罪构成。在刑法分则条文中，这种犯罪构成通常是用“违反……法规”“违反……规定”等形式来表述的。如刑法第三百四十四条规定：“违反国家规定，非法采伐、毁坏珍贵树木或者国家重点保护的其他植物的……”在确定该条规定的犯罪构成时，就必须根据森林法等有关法律规定，确定珍贵树木或国家重点保护的植物的范围，补充相关的要件。

这种分类的意义在于，了解刑法条文的相应规定，熟悉有关的经济、行政等方面的法律法规，以确定某些犯罪的犯罪构成，以更好地确定某些犯罪的犯罪构成。

### （三）普通的犯罪构成与派生的犯罪构成

以行为的社会危害性程度为标准，可以将犯罪构成分为普通的犯罪构成和派生的犯罪构成。

1. 普通的犯罪构成

普通的犯罪构成是指刑法条文对具有社会危害程度的行为所规定的犯罪构成。相对于危害严重或者危害较轻的犯罪构成，这是犯罪构成的基本形态或原始形态。如刑法第二百五十七条第一款规定的暴力干涉婚姻自由罪，就是虐待罪的普通的犯罪构成。

2. 派生的犯罪构成

派生的犯罪构成是指以普通的犯罪构成为基础，由于具有严重或较轻社会危害程度的情节而从普通的犯罪分化出的犯罪构成。它包括加重的犯罪构成和减轻的犯罪构成。加重的犯罪构成，是指由于犯罪主体、犯罪情节或危害结果不同，行为的社会危害性因此增大，相应地规定加重刑罚或从重处罚的犯罪构成。如刑法第二百五十七条第二款规定，“犯前款罪，致使被害人死亡的”，就是虐待罪的加重的犯罪构成。减轻的犯罪构成，是指由于犯罪情节较轻，行为的社会危害程度较小，相应地规定减轻刑罚的犯罪构成。如刑法第二百三十二条后半段规定，“……情节较轻的”，就是故意杀人罪的减轻的犯罪构成。

这种分类的意义在于，正确地认定同一犯罪的不同构成，从而适用轻重不同的刑罚。

### （四）简单的犯罪构成和复杂的犯罪构成

以犯罪构成内部的结构状况为标准，可以将犯罪构成分为简单的犯罪构成和复杂的犯罪构成。

1. 简单的犯罪构成

简单的犯罪构成又称单一的犯罪构成，是指刑法条文规定的犯罪构成的各个要件均属单一的犯罪构成。如刑法第一百一十四条规定的放火罪,其客体单一(公共安全)、行为单一（放火）、主观罪过单一（故意），因此属于单一的犯罪构成。

2. 复杂的犯罪构成

复杂的犯罪构成又称混合的犯罪构成，是指刑法条文规定的犯罪构成各个要件并非均属单一，而是有可供选择或重叠的犯罪构成。复杂的犯罪构成可以划分为两类：一类是选择的犯罪构成，另一类是重叠的犯罪构成。

可供选择的犯罪构成是指刑法条文规定有两种以上供选择的要件的犯罪构成。其特点在于，就该种犯罪构成，刑法条文规定了若干供选择的要件，但对于犯罪构成而言，并不需要具备所列举的供选择的全部要件，而只要具备其中一个即可。按照选择要件的不同，可以分为行为、对象、结果、目的等为选择要件的犯罪构成。如刑法第二百六十三条规定，“以暴力、胁迫或者其他方法抢劫公私财物的，处三年以上十年以下有期徒刑，并处罚金”。其中“暴力”“胁迫”“其他方法”就是选择的要件，具备三者之中任何一个要件都能满足抢劫罪的客观要件。

重叠的犯罪构成是指刑法条文规定的一个犯罪构成包含两个或者两个以上的犯罪客体、行为，罪过形式的情形。如刑法第二百四十三条规定的诬告陷害罪，就同时侵犯了公民的人身权利和司法机关的正常活动这两个客体。

这种分类的意义在于，有利于正确地认识犯罪构成的内部结构，防止混淆罪与非罪和一罪与数罪的界限。

# 第二节　犯罪构成要件

## 一、犯罪构成要件的概念

犯罪构成要件，是指组成犯罪构成内容的部件，或者说是犯罪构成的组成部分。如刑法第四百条规定的私放在押人员罪，条文规定的“司法工作人员”是犯罪主体，“故意”是罪过形式，“私放在押的犯罪嫌疑人、被告人或者罪犯”是客观行为，“国家监管制度”是犯罪客体，这些构成成分的有机统一整体，就是私放在押人员罪的犯罪构成，其中的各个组成部分，就是犯罪构成要件。

根据我国刑法理论的共同认识，犯罪构成要件包括以下四个部分。

### （一）犯罪客体

犯罪客体是指我国刑法所保护而为犯罪行为所侵犯或者威胁的社会关系。刑法总则第二条、第十三条概括地列举了我国刑法所保护的社会关系的各个方面，分则条文则规定了各个具体犯罪所侵犯的社会关系的某一方面。如故意伤害罪侵犯的是他人的健康权，抢夺罪侵犯的是公私财产的所有权等。由于犯罪的社会危害性集中表现在犯罪对社会关系造成或者可能造成的侵害上，不侵害任何客体的行为是不会构成犯罪的，因此，犯罪客体是任何犯罪成立都不可缺少的要件，只不过不同犯罪所侵犯的具体客体有所不同而已。由于犯罪对社会关系的侵犯通常通过对一定的人或物（犯罪对象）体现出来，因此犯罪对象也是许多犯罪成立的必备要件要素。犯罪分子的行为作用于犯罪对象只是一种表面现象，其背后体现的仍是具体的社会关系。如盗窃罪，表面上看盗窃行为是作用于特定的财物，表现为财物在空间上的位移，实际上则是使财产所有权受到侵犯。

### （二）犯罪客观方面

犯罪客观方面是指犯罪活动的外在表现，包括危害行为、危害结果以及危害行为与危害结果之间的因果关系。因此，犯罪客观方面是表明犯罪活动在客观上的外在表现的要件。犯罪客观方面的事实特征是多种多样的。

1. 危害行为

只有通过危害行为，社会关系才会受到侵犯。犯罪是具有严重社会危害性的行为，犯罪构成的其他要件都是说明行为的社会危害性极其严重程度的事实特征，因此，危害行为是犯罪构成的核心要件要素。如走私贵重金属的行为，生产、销售有毒、有害食品的行为等。

2. 危害结果

危害结果即危害行为对社会造成或者可能造成的危害。如果行为不可能给社会造成危害的，则不属于犯罪行为。

3. 行为的伴随情状

除危害行为和危害结果外，有些行为还必须在特定的时间、地点实施或者采取特定的方法实施，才能构成犯罪。如刑法第三百四十条规定的非法捕捞水产品罪，刑法第三百四十一条第二款规定的非法狩猎罪，对时间、地点和方法均有特殊的要求。不在特定的时间和地点，不使用特定的方法捕捞、狩猎的，不构成犯罪。因此，就这些犯罪而言，特定的时间、地点或方法也是其犯罪构成客观方面的要件要素，对犯罪成立具有决定性的意义。

### （三）犯罪主体

犯罪主体是指达到刑事责任年龄、具有刑事责任能力，实施了危害行为的自然人或者单位。犯罪主体主要是表明行为必须由什么人实施才能成立犯罪的要件。犯罪主体主要是自然人，除自然人外，单位也可以成为某些犯罪的主体。根据刑法规定，未达到刑事责任年龄或者不能辨认、控制自己行为的精神病人不具备犯罪主体资格，达到相对负刑事责任年龄或者具有不完全的辨认、控制能力的精神病人只能成为某些性质严重的犯罪的主体，达到刑事责任年龄、具备刑事责任能力的自然人被称为一般主体。此外，有些犯罪还要求行为人具有特定的身份或者职务才能构成，这类犯罪主体被称为特殊主体。如贪污罪的主体，只能由国家工作人员构成。

### （四）犯罪主观方面

犯罪主观方面是指行为人对于危害社会的结果所持的主观心理状态。它是表明在实施危害行为时行为人主观心理状态的要件。根据刑法第十四条和第十五条的规定，犯罪主观方面首先包括罪过，即犯罪故意或者犯罪过失。刑法第十六条规定:“行为在客观上虽然造成了损害结果，但是不是出于故意或者过失，而是由于不能抗拒或者不能预见的原因所引起的,不是犯罪。”此即意外事件或不可抗力排除行为的违法性。因此,罪过是一切犯罪成立所必备的主观方面的要件。此外,刑法规定某些犯罪必须具备一定的目的才能构成，因此，犯罪目的是某些犯罪主观方面不可缺少的内容。如赌博罪，必须以行为人有营利目的为条件等。

## 二、犯罪构成要件的分类

根据不同的标准，可以对犯罪构成要件作以下分类。

### （一）客观的构成要件与主观的构成要件

以构成要件内容的属性为标准，可以将犯罪构成要件分为客观的构成要件与主观的构成要件。

客观的构成要件是指表现于外界的、显示犯罪构成内容外部存在的要件。这种构成要件能够脱离行为人的意识而独立存在。犯罪客体和犯罪客观方面都属于客观的构成要件。

主观的构成要件是指说明实施犯罪的行为人和存在于行为人内部心理的犯罪构成内容的要件。犯罪主体和犯罪主观方面都属于主观的构成要件。

客观的构成要件与主观的构成要件虽然是互相区别的，但又是紧密联系的。客观的构成要件是主观的构成要件的外在表现。换言之，犯罪行为是行为人的犯罪意思的外化。行为人的犯罪意思，可以通过行为人实施的危害行为以及与该行为有关的客观事实揭示出来。因此，客观的构成要件，是认定主观构成要件的科学根据。主观的构成要件则是客观的构成要件的内部动因。换言之，行为人的犯罪意思是支配、决定其实施犯罪行为的原因或动力，行为人有什么样的犯罪意思,就会实施什么样的犯罪行为。因此，查明行为人的主观意思，才可能对其行为的性质作出正确的判断。[①]

### （二）具体的构成要件与一般的构成要件

以构成要件的地位为标准，可以将犯罪构成要件作为具体的构成要件与一般的构成要件。

具体的构成要件是指某一具体的犯罪构成所必须具备的要件。如刑法第

① 韩玉胜，王达．监察机关职务犯罪调查法律实务 [M]. 北京：中国法制出版社，2019.

三百八十二条规定的贪污罪，其犯罪构成的要件为：①国家工作人员；②利用职务上的便利；③侵吞、窃取、骗取或者以其他手段非法占有；④公共财物；⑤总则规定的刑事责任年龄、刑事责任能力、故意等内容。社会上的犯罪多种多样，刑法上规定的具体犯罪的构成要件也相应地是多种多样的。可以说，有多少种犯罪，就有多少种具体的构成要件。罪与非罪的区分，此罪与彼罪的界限，关键是根据各个具体的犯罪构成的不同要件来确定。具体的构成要件主要是由刑法分则的条文规定的，但也有些要件是在刑法总则中规定的。

一般的构成要件，又称为一般的构成要件、共同的构成要件，是指任何犯罪的成立都必须具备的要件。一般的构成要件是对具体的构成要件予以提炼、概括而形成的。犯罪构成的具体要件形形色色、千姿百态，但根据普遍与特殊、共性与个性的原理，可以从各种犯罪的具体构成要件中，科学地概括出各种不同犯罪构成的共同组成要件，这就是犯罪的一般的构成要件。一般的构成要件包括以下四个方面的要件：犯罪客体、犯罪客观方面、犯罪主体和犯罪主观方面。研究一般的构成要件，主要是刑法总论的任务。

一般的构成要件与具体的构成要件的关系，是一般与特殊、共性与个性的关系。一般的构成要件寄寓于具体的构成要件之中，是具体的构成要件的高度概括，反映了各种具体的构成要件的共性。具体的构成要件则通常有自己的特点，因此较一般的构成要件更为复杂多样、丰富多彩。如危害行为是一般的构成要件，杀人行为、伤害行为、抢劫行为、盗窃行为等则是具体的构成要件。虽然这些具体的危害行为各自不同，但都具有危害行为的共性。作为一般的构成要件的危害行为，正是通过各种各样的具体的构成要件得以表现出来，但不能说具体的危害行为就是一般的构成要件。这种划分有助于深化犯罪构成要件理论。一般的构成要件虽然不是认定具体犯罪的法律依据，但对认定具体犯罪的成立又起着重要作用：某一行为要成立犯罪，只有具备一般的构成要件才有可能；不具备一般的构成要件，则不可能符合具体的构成要件，因此不可能成立犯罪。

# 第三节　犯罪构成要件要素

## 一、犯罪构成要件要素的概念

犯罪构成要件要素是指组成犯罪构成这一主客观要件有机整体的最基本单元，是组成各个犯罪构成要件的具体元素。犯罪构成包括犯罪客体、犯罪客观方面、犯罪主体和犯罪主观方面四个要件，同样地，各个犯罪构成要件也是由不同要素所组成，即各个犯罪构成要件要素。如行为、结果和行为对象属于犯罪客观方面要件的要素，刑事责任年龄、辩护控制能力、身份等属于犯罪主体要件的要素，故意、过失、目的、动机等属于犯罪主观方面要件的要素。犯罪构成要件与犯罪构成要件要素不是等同的概念。犯罪构成要件是指犯罪客体、犯罪客观方面、犯罪主体、犯罪主观方面等构成犯罪的一般要件；犯罪构成要件要素则是指组成各个犯罪构成要件的具体元素。

传统刑法理论界往往将犯罪构成要件、犯罪构成要件要素这两个概念混为一谈，并未加以区分。例如，传统刑法理论界把犯罪主体等几个方面视为犯罪共同要件，在认为犯罪主体等几个方面是犯罪构成的必备要件或不可缺少的要件的同时，又指出犯罪主体之下还有共同要件或必要要件，如自然人、刑事责任能力、刑事责任年龄等。犯罪主观方面这一共同要件之下还有罪过这一必备的主观方面要件和犯罪目的这一选择性要件。客观方面的要件之下，也可分为危害行为这一必备要件和危害结果、犯罪的特定时间、地点、方法或手段等选择要件两大类。这种对犯罪构成要件与犯罪构成要件要素不作区分的做法，不仅造成在论述犯罪构成要件的内容时产生逻辑性和本体性错误，还造成理论体系的混乱，因为组成犯罪构成有机整体的最基本的元素（犯罪构成要件要素）和这些元素的集合体（犯罪构成要件）在犯罪构成系统内属于不同的层次，均称为“要件”，无疑没有注意到各自在犯罪构成体系中的不同地位和作用。如故意杀人未致人死亡的行为，传统理论认为这一行为具备故意杀人罪的客观方面要件，但由于欠缺死亡结果这一选择要件，因此仅符合故意杀人罪修正的构成要件。然而，构成要件又是成立犯罪的必备条件，既然欠缺某一构成要件，何以又能成立犯罪？难道说还有缺少犯罪构成要件的犯罪？

这就令人费解。如果将危害结果理解为构成要件要素，则可以较好地解决这一矛盾。因为构成要件要素有共同要素和选择要素之分。前者是组成犯罪构成要件的必备要素，后者则并非犯罪构成要件的必备要素；缺乏前者，犯罪构成要件不齐备，犯罪不成立；缺乏后者，不影响犯罪构成要件的齐备，犯罪仍然成立。

近年来，我国不少学者对犯罪构成的结构层次进行了有效的探讨。通说将犯罪构成的结构分为四个层次：①第一个层次为犯罪构成；②第二个层次基于主客观相统一原则在犯罪构成之下，将各种犯罪构成的要件划分为客观要件与主观要件；③第三个层次进一步将客观要件分为犯罪客体与犯罪客观方面，将主观要件划分为犯罪主体与犯罪主观方面；④第四个层次是在各个要件之下再划分出单个的构成要件，即在犯罪客体之下划分出犯罪客体和犯罪对象；在犯罪客观方面之下划分出危害行为、危害结果、犯罪方法、犯罪时间、犯罪地点；在犯罪主体之下划分出一般主体、特殊主体、单位；在犯罪主观方面之下划分出犯罪故意、犯罪过失、犯罪目的。这些单个的犯罪构成要件是犯罪构成的最基本的单位。事实上，第四层次的内容，称为犯罪构成要件要素更加恰当。

## 二、犯罪构成要件要素的分类

根据不同的标准，可以对构成要件要素做以下分类。

### （一）客观的构成要件要素与主观的构成要件要素

以犯罪构成要件要素的属性为标准，可将其分为客观的构成要件要素与主观的构成要件要素。

1. 客观的构成要件要素

客观的构成要件要素是指表明行为及其外部特征的犯罪构成要件要素，如危害行为。危害结果，行为对象，行为的特定时间、地点和方法等。

2. 主观的构成要件要素

主观的构成要件要素是指表明行为人内部心理态度以及主观心理事实的犯罪构成要件要素，如故意、过失、目的、动机等。此外，刑事责任年龄、刑事责任能力、身份等一般也归入主观的构成要件要素。

### （二）记述的构成要件要素与规范的构成要件要素

以犯罪构成要件要素在认定上是否需要加入价值判断为标准，可将其分为记述的构成要件要素与规范的构成要件要素。

1. 记述的构成要件要素

记述的构成要件要素是指在构成要件要素存在与否的认定上，不需要加入价值判断，仅凭解释者或司法者的解释或者认识活动就能确定的犯罪构成要件要素。如刑法第三百二十条规定的提供伪造、变造的出入境证件罪的客观要件为“为他人提供伪造、变造的护照、签证等出入境证件”。对这里的“提供”“伪造、变造”“护照、签证等出入境证件”的理解，以及对客观事实是否符合这些要素的判定，都只需要一般的认识活动与基本的对比判断就可以得出结论，因此这些均属于记述的构成要件要素。①

2. 规范的构成要件要素

规范的构成要件要素是指在构成要件要素存在与否的认定上，必须经过解释者或司法者的规范判断或价值判断才能确定的构成要件要素。这种价值判断标准的根据，有文化的价值判断标准与法律的价值判断标准。文化的价值判断标准是指在对构成要件要素存在与否的认定上，必须根据一般人的文化和伦理观念加以判断。如刑法第二百三十七条规定的强制猥亵、侮辱罪的客观构成要件要素中的“猥亵”“侮辱”，刑法第三百六十五条规定的组织淫秽表演罪中的“淫秽表演”等，都必须根据一般人的文化和伦理的价值判断才能认定。法律的价值判断是指对构成要件要素存在与否的认定上，必须根据法律的规范才能加以判断。如刑法第二百六十三条抢劫罪中的“公私财物”、第二百六十条虐待罪中的“家庭成员”、第二百六十一条遗弃罪中的“扶养义务”，都必须经过司法者或解释者规范的判断才能认定。

记述的构成要件要素是对事实的叙述或者描述，司法者的价值观的差异不会影响对它的理解与适用，故通常不存在争议。司法者易于判断客观事实是否符合构成要件，因此不会因理解不同而得出不同的判决结论。规范的构成要件要素是一种规范的表态，其中包含价值判断，司法者的价值观的差异必然会影响对它的理解与适用，因此经常会存在争议。司法者难以判断客观事实是否符合构成要件，因此往往会因理解不同而得出不同的判决结论。记述的构成要件要素与规范的构成要件要素的区分是相对的，两者之间的差异不是质的差异，而是量的差异。如故意杀人罪中的杀“人”这一要素，盗窃罪中的“财物”这一要素，一直被认为

① 彭文华．犯罪构成的经验与逻辑 [M]. 北京：中国政法大学出版社，2021.

是记述的构成要件要素，但随着脑死亡概念的产生，已经脑死亡但心脏尚在跳动者是否属于“人”；随着财产现象的复杂化，何种价值、何种形式的物才是盗窃罪中的“财物”，在具体认定上也复杂起来，需要司法者的评价的、规范的理解。

从罪刑法定原则的要求来看，立法者应当尽量采用记述的构成要件要素，以排除司法者主观认定上的随意态度。由于规范的构成要件要素在适用上需要价值判断，而价值判断毕竟属于判断者的主观心理活动，其判断的随意性、差异性大，有损于法制的统一性和权威性，因此对规范的构成要件要素应尽可能较少采用。但是，由于社会生活现象的复杂性，完全将规范的构成要件要素从刑法中驱逐出去是不可能的。因此妥当的做法是，在确定规范的构成要件要素时，应当以社会观念为基础，尽可能客观、严格对其解释适用，同时力求通过判例的积累，将规范的构成要件要素类型化。

### （三）积极的构成要件要素与消极的构成要件要素

以犯罪构成要件要素对犯罪成立的作用不同，可将其分为积极的构成要件要素与消极的构成要件要素。

#### 1. 积极的构成要件要素

积极的构成要件要素是指从正面肯定犯罪成立的要素，一般构成要件要素都属于积极的构成要件要素。如刑法第三百一十条规定：“明知是犯罪的人而为其提供隐藏处所、财物，帮助其逃匿或者作假证明包庇的，处三年以下有期徒刑、拘役或者管制；情节严重的，处三年以上十年以下有期徒刑。”就客观要件要素看，有“窝藏”“包庇”“犯罪分子”等，这些均属于积极的构成要件要素。

#### 2. 消极的构成要件要素

消极的构成要件要素是从反面否定犯罪成立的要素。如刑法第二百四十三条第三款规定：“不是有意诬陷，而是错告，或者检举失实的，不适用前两款的规定。”这便是诬告陷害罪中消极的构成要件要素。这是强调，非故意的错告或者检举失实，不构成诬告陷害罪。刑法第三百八十九条第三款规定：“因被勒索给予国家工作人员以财物，没有获得不正当利益的，不是行贿。”这便是行贿罪中消极的构成要件要素。这是强调，没有获得不正当利益的被动给予财物的行为，不是行贿。在解释论上，消极的构成要件要素也可以转换成积极的构成要件要素。即在被勒索给予国家工作人员以财物的情况下，只有在获得不正当利益时，才可能成立行贿罪。虽然消极的构成要件要素是因为规定方式不同而产生的，其意义与积极的构成要件要素没有本质的区别，但两者对相关行为的评价存在细微的差别。

积极的构成要件要素与消极的构成要件要素的分类不同于积极的犯罪构成与消极的犯罪构成的分类。积极的犯罪构成与消极的犯罪构成是大陆法系国家犯罪构成理论中的一种划分。其基本思路是：①通常情况下行为符合构成要件，违法性和有责性就被推定存在，从而犯罪成立条件得以肯定表述（积极的犯罪构成）；②有时行为符合构成要件，却不一定成立犯罪，刑法条文规定了某些否定犯罪成立的要件，从而犯罪成立条件得以否定表述（否定的犯罪构成）。消极的犯罪构成并不等同于消极的构成要件要素。消极的犯罪构成，意味着在符合构成要件的场合，基于阻却违法性事由的存在，从而否定犯罪的成立；而消极的构成要件要素，意味着刑法条文以否定的表达形式，直接排除了行为的犯罪性。消极的犯罪构成，无法融入我国四要件犯罪构成理论模式。按照我国刑法理论通常说，犯罪构成是以整合的规范形式所构建的一种融形式与内容为一体的犯罪成立判断。行为符合构成要件，即符合犯罪的构成要件，也就意味着行为符合犯罪成立的条件。因此，也就难以存在该当构成要件的行为基于违法阻却而不成立犯罪的理论逻辑。

### （四）必备的构成要件要素与选择的构成要件要素

以犯罪构成要件要素是否属于成立任何犯罪的必要要素为标准，可将其分为必备的构成要件要素与选择的构成要件要素。

#### 1. 必备的构成要件要素

必备的构成要件要素是指任何犯罪成立都必须具备的构成要件要素。如危害行为是犯罪客观方面要件要素，也是任何犯罪成立都必须具备的要素；又如故意或过失，属于主观方面要件的要素，也是任何犯罪成立都必须具备的要素。

#### 2. 选择的构成要件要素

选择的构成要件要素是指并非任何犯罪，而只是部分犯罪成立所必须具备的构成要件要素。如危害结果属于犯罪客观方面要件的要素，但只是某些犯罪既遂犯罪的构成要件要素，该类犯罪的预备犯罪、未遂犯罪、中止犯罪的成立则不需要具备这一要素；又如犯罪目的属于犯罪主观方面要件的要素，但通常犯罪的成立并不需要这一要素，只有个别犯罪的成立才需要这一要素，如刑法第三百六十三条规定的制作、复制、出版、贩卖、传播淫秽物品牟利罪要求行为人主观上必须“以牟利为目的”，因此牟利目的就成为该罪的构成要件要素。

## （五）成文的构成要件要素与不成文的构成要件要素

### 1. 成文的构成要件要素

成文的构成要件要素是指刑法条文明文规定的构成要件要素。绝大多数构成要件要素都是成文的构成要件要素。

### 2. 不成文的构成要件要素

不成文的构成要件要素是指刑法条文没有明文规定，而是通过对刑法条文的阐释而确定的构成要件要素。如刑法第二百六十三条规定的抢劫罪、第二百六十四条规定的盗窃罪，都没有明文规定“非法占有的目的”，但理论界一直认为，抢劫罪、盗窃罪的主观方面应当包含“非法占有的目的”这一构成要件要素。又如刑法分则第三章第五节规定的是金融诈骗罪，但只有第一百九十二条规定的集资诈骗罪和第一百九十三条规定的贷款诈骗罪规定了行为人主观上须以“以非法占有为目的”，而刑法第一百九十四条规定的票据诈骗罪和金融凭证诈骗罪、第一百九十五条规定的信用证诈骗罪、第一百九十六条规定的信用卡诈骗罪、第一百九十七条规定的有价证券诈骗罪以及第一百九十八条规定的保险诈骗罪均没有相应的规定，这是否意味着后面五个犯罪主观上不需要“非法占有目的”这一构成要件要素呢？显然，不能得出这一结论。这是因为，刑法对诈骗罪也没有明文规定非法占有为目的，但诈骗罪主观上必须具备这一目的是刑法理论界的共识，否则不能将诈骗行为与一般的骗用行为区别开来。金融诈骗罪在刑法没有作特别规定的情况下原本属于诈骗罪，在刑法特别将金融诈骗作为独立犯罪单独规定的情况下，规定普通诈骗罪的条文与规定金融诈骗罪的条文是普通法条与特别法条之间的关系，即金融诈骗首先是符合普通诈骗罪构成要件的行为。因此，非法占有目的应当是所有金融犯罪主观方面的构成要件要素。

应当指出，承认不成文的构成要件要素的存在，并不违反罪刑法定原则。因为不成文的构成要件要素不是进一步扩大成文的构成要件要素，而是对成文的构成要件要素作出限定，其结果是有利于被告人的，因此并不会导致侵犯人权。如刑法第二百六十四条规定，“盗窃公私财物，数额较大的，或者多次盗窃、入户盗窃、携带凶器盗窃、扒窃的”，成立盗窃罪。在解释论上要求盗窃罪的成立，行为人主观上必须具有“非法占有的目的”这一不成文的构成要件要素。这缩小了盗窃罪的成立范围，符合“有利被告原则”。

# 第七章　阻却事由

## 第一节　违法阻却事由

### 一、违法阻却事由概述

违法阻却事由又称正当化行为。对于符合构成要件的行为，刑法推定其具有违法性，但如果这种行为按照社会伦理是正当的，就不应以违法行为论处，而应视为正当行为。因此，在违法性层次上，主要是从消极方面看是否具有违法阻却事由。

### 二、正当防卫

正当防卫是指为了保护国家、公共利益、本人或者他人的人身、财产和其他权利免受正在进行的不法侵害，采取对不法侵害人造成损害的方法，制止不法侵害的行为。2020 年 8 月，最高人民法院、最高人民检察院、公安部发布了《关于依法适用正当防卫制度的指导意见》(以下简称《指导意见》)，对认定正当防卫具有重要的指导作用。

#### （一）正当防卫的成立条件

1. 防卫意图

正当防卫必须具备正当化的意图。防卫意图包括防卫认识与防卫意志。防卫认识是指防卫人认识到不法侵害正在进行；防卫意志是指防卫人具有保护国家利益、公共利益、本人或他人的人身、财产和其他权利免受正在进行的不法侵害的目的。其中，防卫认识是基础，没有防卫认识，就不可能有防卫意志。动机不影响防卫意志的成立，出于不高尚的动机也可能成立正当防卫。

以下几种情况由于缺乏正当化的意图，不成立正当防卫：①防卫挑拨。这是指故意挑拨对方对自己进行不法侵害，然后借机加害对方。这是一种自招防卫，在主观上缺乏防卫意图，不成立正当防卫。②滥用防卫权。对于显著轻微的不法侵害，行为人在可以辨识的情况下，直接使用足以致人重伤或者死亡的方式进行制止的，不应认定为防卫行为；不法侵害系因行为人的重大过错引发，行为人在可以使用其他手段避免侵害的情况下，仍故意使用足以致人重伤或者死亡的方式还击的，不应认定为防卫行为。③互相斗殴。斗殴双方无论谁先动手、谁后动手，都是违背法律要求的，因此，一般不成立正当防卫。但是，在斗殴过程中或结束时，在特殊情况下也可能成立正当防卫。例如，在相互斗殴中，一方求饶或者逃走，另一方继续侵害的，前者可以出于防卫意图进行正当防卫。

《指导意见》也特别强调要区分防卫行为与互相斗殴。防卫行为与相互斗殴具有外观上的相似性，准确区分两者要坚持主客观相统一原则，通过综合考量案发起因、对冲突升级是否有过错、是否使用或者准备使用凶器、是否采用明显不相当的暴力、是否纠集他人参与打斗等客观情节，准确判断行为人的主观意图和行为性质。

以下几种情况成立正当防卫：①因琐事发生争执，双方均不能保持克制而引发打斗，对于有过错的一方先动手且手段明显过激，或者一方先动手，在对方努力避免冲突的情况下仍继续侵害的，还击一方的行为一般应当认定为防卫行为。[①]②双方因琐事发生冲突，冲突结束后，一方又实施不法侵害，对方还击，包括使用工具还击的，一般应当认定为防卫行为。不能仅因行为人事先进行防卫准备，就影响对其防卫意图的认定。③偶然防卫。行为人主观上并无正当的防卫意图，但客观上符合了正当防卫的其他条件，制止了不法侵害。比如，某甲与某乙素有仇隙，某日晚，某甲酒后决意杀某乙，便携枪到某乙住处，从门缝见一人背影确认是某乙，于是举枪射击，而恰逢某乙刚劫持了一名过路的妇女，正要对其实施暴力强奸。结果，某甲将某乙打死，同时也阻止了其正在实施的强奸犯罪行为。在上述案例中，某甲的行为客观上偶然地制止了正在进行的暴力犯罪行为，但并非正当防卫。

法益侵犯说排斥主观的正当化要素，认为偶然防卫也属于正当防卫。根据规范维护说，防卫意图是必要的，认为偶然防卫不能成立正当防卫，可以按未遂犯论处。

2. 防卫起因

正当防卫的前提条件是存在不法侵害，因此，要注意如下问题。

---

① 倪楠．论违法阻却事由 [D]. 哈尔滨：黑龙江大学，2016.

（1）精神病人与未成年人的侵害

精神病人与未成年人所实施的危害行为也属于不法侵害，故可对其进行正当防卫。如果防卫人知道进行侵害的人是未成年人或者精神病人，首先应尽量采取其他方法躲避侵害，只有在迫不得已的情况下才允许实行正当防卫。《指导意见》第七条规定：“明知侵害人是无刑事责任能力人或者限制刑事责任能力人的，应当尽量使用其他方式避免或者制止侵害；没有其他方式可以避免、制止不法侵害，或者不法侵害严重危及人身安全的，可以进行反击。”

（2）动物侵袭

动物侵袭一般不属于不法侵害，将动物打死可按紧急避险论处。但是，如果饲养人唆使其饲养的动物侵害他人的，此种情况下，动物是饲养人进行不法侵害的工具，防卫人将该动物打死打伤的，事实上属于以给不法侵害人的财产造成损害的方法进行的正当防卫。如果直接攻击唆使者，由于他是不法行为的直接发出源，也可成立正当防卫。

（3）对于社会利益、国家利益的侵害

对于社会利益、国家利益的侵害，也可能属于不法侵害，但只有这种社会利益和国家利益与个人利益有密切关系且对个人利益有紧迫的危险时，才可进行正当防卫。比如，对他人偷越国家边境的行为，就不能进行正当防卫。但是，对于小偷盗窃国有企业财产，他人可以进行正当防卫，因为国有企业的财产必须由个人进行监管，这同样可以理解为是对个人监管权的一种侵犯，故可以进行正当防卫。

（4）假想防卫的处理

如果没有发生不法侵害，行为人误以为发生了不法侵害，从而采取了自以为是正当防卫行为的，属于假想防卫。假想防卫的处理在学说上有很大的争议，我国刑法通说认为，假想防卫不是正当防卫，通常按过失犯罪处理；如果确实没有过失的，则按意外事件处理。

3. 防卫时间

正当防卫必须发生在不法侵害正在进行时，否则就是防卫不适时。

一般情况下，只有当不法侵害人着手实行不法侵害时，才能进行防卫，对于预备行为不能进行正当防卫。但是如果不法侵害的现实危险十分明显、紧迫，待其着手实行后，来不及减轻或者避免危害结果时，也应认为不法侵害已经开始。

关于不法侵害结束的时间，可以采取“危险排除”的理论认定，即只要合法权益不再处于紧迫、现实的侵害、威胁之中，或者说不法侵害已经不可能继续，就认为不法侵害已经结束。通常表现为：①不法侵害人已经被制服；②不法侵害人已经自动中止不法侵害；③不法侵害人已经逃离现场；④不法侵害行为已经造成了危害结果，并且不可能继续造成更严重的危害结果。在不法侵害结束后，就不能再进行正当防卫。

但是，在判断不法侵害是否结束时，必须站在一般人立场从大众的角度来看是否具有紧迫性，而不能按照理性人的事后标准。换言之，我们要代入防卫人的角色，设身处地综合考虑他所处的情境来判断他是否依然处于紧迫的危险之中。例如，在众人皆知的昆山持刀砍人案中，如果你是防卫人，你是否会认为“龙哥”已经丧失反抗能力，自己已经不再处于紧迫的危险之中？有许多法律人喜欢做理性人的假设，喜欢站在事后角度开启上帝视角，但是没有人是完全的理性人，法律必须考虑民众朴素的道德情感，而不能动辄以事后诸葛亮的冷漠与傲慢来忽视民众的声音。

在引起极大争议的于欢案中，一审法院曾经错误地认为于欢的行为不具有防卫属性，因为不法侵害已经结束，于欢没有遭受紧迫的危险。但二审法院改变了这种错误观点，认为于欢依然面临着不法侵害，其行为具有防卫性质。该案例后成为最高人民法院发布的第 93 号指导案例，用来指导全国司法工作。该指导案例认为：“于欢是在人身自由受到违法侵害、人身安全面临现实威胁的情况下持刀捅刺，且捅刺的对象都是在其警告后仍向其靠近围逼的人。因此，可以认定其是为了使本人和其母亲的人身权利免受正在进行的不法侵害，而采取的制止不法侵害行为，具备正当防卫的客观和主观条件，具有防卫性质。”

《指导意见》明确指出，对于不法侵害是否已经开始或者结束，应当立足防卫人在防卫时所处情境，按照社会公众的一般认知，依法作出合乎情理的判断，不能苛求防卫人。对于防卫人因为恐慌、紧张等心理，对不法侵害是否已经开始或者结束产生错误认识的，应当根据主客观相统一原则，依法作出妥当处理。这里尤其需要注意以下问题。

整体性判断：如果防卫行为从整体上看是一体的，应当认为不法侵害没有结束。“一体”一般指的是同一机会、同一场合、同一动机，中间没有明显中断。犯罪达到既遂状态，并不必然意味着不法侵害已经结束。就继续犯而言，犯罪既遂后，犯罪行为与不法状态在一定时间内同时处于继续状态，此种情形下显然不宜以犯罪既遂作为不法侵害的结束时间。针对财产的不法侵害，侵害人取得财物后，不宜一概认定不法侵害已经结束，而应当根据案件具体情况作出判断。《指导意见》第六条认为，“在财产犯罪中，不法侵害人虽已取得财物，但通过追赶、阻击等措施能够追回财物的，可以视为不法侵害仍在进行”。例如，盗窃犯窃得财物，盗窃罪既遂，但当场对盗窃犯予以暴力反击夺回财物的，一般都可认定为正当防卫。

防卫不适时：包括事先防卫和事后防卫。事先防卫是在不法侵害还未开始时进行防卫；事后防卫是在不法侵害已结束时，继续加害不法侵害人的，不成立正当防卫。需要注意的是，由于防卫不适时不符合正当防卫的时间条件，也就不存在防卫过当的问题。因为防卫过当的前提是存在正当防卫，但超过必要限度。

预先安装防卫装置不属于事先防卫。如为了防范小偷，在围墙上插上玻璃碎片，当防卫效果发生时正好遭遇不法侵害，这也成立正当防卫。但是，如果预先安装的防卫装置具有危害公共安全的性质，即使出于防卫动机，也不属于正当防卫。如为了防止他人偷窃，在果树上投毒，这不属于正当防卫，而因此造成他人伤亡的，应该直接以投放危险物质罪论处。如果预想到有犯罪行为会发生，而提前准备武器防身，在遭遇不法侵害时，使用武器，这在实质上属于对正在进行中的不法侵害的防卫行为，可以成立正当防卫。

事后防卫在司法实践中比较常见，可以分为故意的防卫和出现认识错误的事后防卫两种。

故意的防卫又分为没有正当防卫前提的事后防卫和具有正当防卫前提的事后防卫。前者是指在不法侵害中，行为人没有防卫，但在不法侵害终止后，才对不法侵害人实施所谓的“防卫”，这属于典型的事后报复。例如，女方被强奸后，面对扬长而去的犯罪人，非常生气，于是拾起砖头朝犯罪人头部猛击。后者是指在实行正当防卫过程中，不法侵害人已经丧失了侵害能力或者终止了不法侵害，或者已经被制服，但行为人仍不罢手，继续加害。例如，宋某持三角刮刀抢劫王某财物，王某夺下宋某的三角刮刀，并将宋某推倒在水泥地上，宋某头部着地，当即昏迷，王某随后持三角刀将宋某杀死。显然，王某与宋某争斗的行为属于正当防卫，但在宋某昏迷后的行为则转化为事后防卫的故意杀人。

出现认识错误的事后防卫是指不法侵害已经终止，但防卫人出现认识错误，误认为不法侵害仍然存在，而对其实施了所谓的“防卫”。这其实属于事后防卫与假想防卫的竞合，应当适用假想防卫的处理原则。如果对于认识错误存在过失，则应以过失犯罪论处；如果没有过失，则属于意外事件。

4. 防卫对象

正当防卫只能针对不法侵害人本人的人身或财物进行防卫。

（1）对第三人防卫的处理

如果故意针对第三人进行防卫，就应作为故意犯罪处理；如果误认为第三人是不法侵害人而进行所谓的“防卫”，则以假想防卫来处理，即如果行为人主观上有过失，且刑法规定为过失犯罪，就按过失犯罪来处理；如果行为人主观上没有过失，就按意外事件来处理。

（2）损害第三人的财物

为制止正在进行的不法侵害，使用第三人的财物反击不法侵害人，对于防卫人而言，这可能成立紧急避险，但是如果同时对不法侵害人造成了人身损害，是可以成立正当防卫的。

（3）对第三人防卫与打击错误

在正当防卫过程中，如果出现打击错误，导致不法侵害人以外的第三人伤亡，该如何处理？这在刑法理论中也存在很大的争议。大致有三种观点：①成立正当防卫；②成立假想防卫；③成立紧急避险。第①种、第②种观点遵循的是法定符合说的立场。法定符合说认为，不同的具体人在人的本质上可以等价，因此，不法侵害人与第三人之间在价值上具有等同性，既然对不法侵害人的攻击进行防卫成立正当防卫，那么由于打击错误对第三人进行防卫也可成立正当防卫。此外，法定符合说认为，在正当防卫过程中，对象错误与打击错误的处理结论是一致的，如果防卫人出现对象错误，误认为第三人是不法侵害人而进行所谓防卫的，属于假想防卫，那么根据法定符合说，在打击错误的情况下，也有观点认为属于假想防卫。

5. 防卫限度

正当防卫不能明显超过必要限度造成重大损失。在刑法理论中，对于“必要限度”，通说采用了基本相适应说和客观需要相统一说。判断正当防卫是否超过了必要限度，关键看其是否属于有效制止不法侵害行为所必需的，而认定“是否必需”则需要综合考虑不法侵害的强度、不法侵害的缓急、不法侵害的权益与防卫手段是否基本相适应，是否具有社会相当性。

正当防卫行为客观上造成了损失，如果损失不是行为人的行为所导致的，或者行为根本没有造成损失，则自然不属于正当防卫。比如小偷偷东西，主人大叫抓小偷，小偷慌忙逃跑，掉到水沟溺毙。主人的行为与小偷的死亡之间没有因果关系，其行为并未导致小偷死亡，所以不属于正当防卫。

### （二）防卫过当与特殊防卫

#### 1. 防卫过当

符合正当防卫的前四个要件而不具备第五个要件的，才是防卫过当。假想防卫、防卫不适时并非防卫过当。防卫过当在主观上一般是过失，但也不排除故意。例如，甲遭受乙正在进行的不法侵害，在防卫过程中一棒将乙打倒，致乙跌倒时脑部磕在一块石头上而死亡。甲的防卫行为明显超过必要限度，造成了重大损害，应以防卫过当追究刑事责任，构成过失致人死亡罪。防卫过当应当负刑事责任，但是应当减轻或者免除处罚。

《指导意见》指出：防卫是否“明显超过必要限度”，应当综合不法侵害的性质、手段、强度、危害程度和防卫的时机、手段、强度、损害后果等情节，考虑双方力量对比，立足防卫人防卫时所处情境，结合社会公众的一般认知作出判断。在判断不法侵害的危害程度时，不仅要考虑已经造成的损害，还要考虑造成进一步损害的紧迫危险性和现实可能性。不应当苛求防卫人必须采取与不法侵害基本相当的反击方式和强度。通过综合考量，对于防卫行为与不法侵害悬殊、明显过激的，应当认定防卫明显超过必要限度。

“造成重大损害”是指造成不法侵害人重伤、死亡。造成轻伤及以下损害的，不属于重大损害。防卫行为虽然明显超过必要限度但没有造成重大损害的，不应认定为防卫过当。

根据刑法第二十条第二款的规定：“正当防卫明显超过必要限度造成重大损害的，应当负刑事责任，但是应当减轻或者免除处罚。”因此，认定防卫过当应当同时具备“明显超过必要限度”和“造成重大损害”两个条件，缺一不可。“明显超过必要限度”可谓行为不当，“造成重大损害”可谓结果不当，只有行为和结果都不当，才属于防卫过当。例如，当相对弱小的不法侵害人徒手侵害，体格强壮的防卫人持械还击时，符合“明显超过必要限度”要件，但只要没有造成重大损害，则不构成防卫过当。

#### 2. 特殊防卫

刑法第二十条第三款规定：“对正在进行行凶、杀人、抢劫、强奸、绑架以及其他严重危及人身安全的暴力犯罪，采取防卫行为，造成不法侵害人伤亡的，不属于防卫过当，不负刑事责任。”关于这一条款，学界有一些争论。首先，关于它的称谓，有人称其为无限防卫，还有人称其为特别防卫。这种观点认为，该条款规定的防卫权并非一概无限制或无限度，其次，这种称谓可以同刑法第二十条前两款规定的一般防卫权相对应，便于区别二者，另外，特别防卫权的称谓有利于群众正确认识这种防卫权只能发生在针对特殊犯罪的场合，避免因发生误解而导致滥用这种防卫权。还有人称其为无过当之防卫。

称谓的问题其实需要考虑这一条款与刑法第二十条前两款的关系。有人认为，第三款的规定是一种独立的防卫形式，与前两款联系不大；而另一种观点则认为，虽然第三款的规定有一定的特殊性，但是它与前两款的联系是十分紧密的。

具体到司法实践中，这两种观点的直接对立体现在第三款所规定的防卫权是否要受前款主观要件和时间要件的约束。

对于主观要件，有人主张第三款所规定的防卫权与正当防卫的主观要件不同，如有人认为，“新刑法关于特别防卫权的规定是单纯地以特定的犯罪客观条件为前提的，而不是以防卫人特定的主观心理状态作为特别防卫权的前提”。有的人则认为，对特别防卫权的主观条件“不可一概而论，要区别对待”“不能过分要求其有制止不法侵害的决议”。有的人虽然承认特别防卫权要有主观防卫意图，但又认为特别防卫是“允许防卫意图与义愤伤害不法侵害人的故意共同存在”。

而另一种观点则认为，虽然刑法第二十条第三款没有特别规定主观要件，但第一款与第三款是一般与特殊的关系，第一款所规定的正当防卫的主观意图是“为了使国家、公共利益、本人或者他人的人身、财产和其他权利免受正在进行的不法侵害”。这一防卫意图的规定当然也适用于特别防卫权。如果对特别防卫采取客观主义，那必然导致将互相斗殴、防卫挑拨等不具备防卫条件的情形纳入特别防卫，这就有扩大特别防卫的危险。

关于时间条件，有人认为特殊防卫并不需要特定的时间条件，但多数论者认为，该条款必须针对正在进行中的暴力犯罪。如果某种特定暴力犯罪行为还没有开始或者已经终止，就不能再进行防卫。

需要说明的是：特殊防卫是一种特殊正当防卫，它必须具备正当防卫的四个前提条件，只不过在防卫限度要件上略有放宽。特殊防卫的实质条件是“严重危及人身安全的暴力犯罪”，因此，要注意如下几点。

对于轻微暴力犯罪或者一般暴力犯罪，不适用上述规定。只有对于严重危及人身安全的暴力犯罪进行正当防卫，才存在特殊防卫权的问题。这里的“行凶”，一般是指杀人与重伤界限不清楚的暴力犯罪。《指导意见》第十五条指出，下列行为应当认定为“行凶”：①使用致命性凶器，严重危及他人人身安全的；②未使用凶器或者未使用致命性凶器，但是根据不法侵害的人数、打击部位和力度等情况，确已严重危及他人人身安全的。虽然尚未造成实际损害，但已对人身安全造成严重、紧迫危险的，可以认定为“行凶”。

并非对于任何正在进行的行凶、杀人、抢劫、强奸、绑架以及其他暴力犯罪都可以采取特殊防卫，只有当暴力犯罪达到实质标准，严重危及人身安全时，才适用上述规定。《指导意见》第十六条指出：“刑法第二十条第三款规定的‘杀人、抢劫、强奸、绑架’，是指具体犯罪行为而不是具体罪名。”在实施不法侵害过程中存在杀人、抢劫、强奸、绑架等严重危及人身安全的暴力犯罪行为的，如以暴力手段抢劫枪支、弹药、爆炸物或者以绑架手段拐卖妇女、儿童的，可以实行特殊防卫。有关行为没有严重危及人身安全的，应当适用一般防卫的法律规定。如对于迷药型抢劫，就不应该适用特殊防卫。

严重危及人身安全的暴力犯罪不限于刑法条文所列举的上述犯罪，还包括其他严重危及人身安全的暴力犯罪，如劫持航空器、组织越狱等。《指导意见》第十七条指出：“刑法第二十条第三款规定的‘其他严重危及人身安全的暴力犯罪’，应当是与杀人、抢劫、强奸、绑架行为相当，并具有致人重伤或者死亡的紧迫危险和现实可能的暴力犯罪。”

在严重危及人身安全的暴力犯罪结束后，行为人将不法侵害人杀死的，不适用上述规定。但是，暴力犯罪是否结束，应当站在事中的一般人立场来看待，即站在防卫人的角度来进行整体化判断，而不能在事后站在圣人立场进行割裂的判断。

在判断正当防卫时，应注意一般防卫与特殊防卫的关系。对于不符合特殊防卫起因条件的防卫行为，导致不法侵害人伤亡的，如果没有明显超过必要限度，也应当认定为正当防卫，不负刑事责任。换言之，一般防卫也可能出现致人伤亡的结果。

## 三、紧急避险

紧急避险是指为了使国家、公共利益、本人或者其他人的人身、财产和其他权利免受正在发生的危险，不得已对另一较小合法权益造成损害的行为。

## （一）紧急避险的成立条件

### 1. 避险意图

紧急避险也必须具备正当化的意图，具备避险认识和避险意志，即必须是为了使国家、公共利益、本人或者其他人的人身、财产和其他权利免受正在发生的危险而实施避险行为，至于动机则在所不论。如果是为了保护非法利益，则不成立紧急避险。比如，为了躲避公安机关抓捕，闯入民宅，仍然成立非法侵入他人住宅罪。

### 2. 避险起因

紧急避险要求合法权益必须遭受危险。这里的危险范围要大于正当防卫中的不法侵害的范围。避险起因包括以下内容。

（1）不法侵害

如在被杀人犯追杀的过程中，将路人的摩托车抢走。对合法行为则不能够进行紧急避险。

（2）自然力的侵害

如台风、地震、海啸等。

（3）动物侵袭

这里需要注意的是，如果动物是他人犯罪的工具，对动物的打击行为不属于紧急避险，而是正当防卫。

（4）假想避险

如果不存在危险，而行为人误认为有危险，这属于假想避险，其处理结果与假想防卫相同。

（5）自招危险

比较复杂的是自招危险，如果危险是行为人自己导致的，那么他可否避险呢？本书认为，在自招危险的场合，应当从社会相当性的角度分析是否可以进行避险。如行为人为了达到某种不法目的而故意招致危险，危险发生后借口实施紧急避险而损害第三人合法权益的，这样的行为就不能认定为紧急避险。

### 3. 避险时间

正在发生的迫在眉睫的危险是紧急避险的时间条件。对于尚未到来或者已经过去的危险，都不能进行紧急避险。

4. 避险客体

紧急避险是采取损害一个合法权益的方法来保全另一个合法权益，它是“正对正”，区别于“正对不正”的正当防卫。因此，法律对紧急避险的限制要远远大于正当防卫。

需要注意紧急避险与义务冲突的区别：紧急避险是“权利”与“权利”的冲突，如果是“义务”与“义务”的冲突，则非紧急避险，而是另一种违法阻却事由——义务冲突。比如，律师在法庭上为了维护被告人的合法权益，不得已泄露他人隐私的，这就属于义务冲突。

5. 避险可行性

紧急避险必须是在迫不得已、别无选择的情况下才允许进行。紧急避险不适用于职务上、业务上负有特定责任的人。如发生火灾时，消防队员不能因有危险而拒绝救火。这一规定也并非绝对，往往会考虑社会相当性的需要。如消防队员于火灾中为了逃生而将他人的窗户打碎进行避险。

6. 避险限度

紧急避险所保全的利益必须大于所损失的利益。在进行利益权衡时，应当根据社会规范，按照社会一般观念，进行相当性的衡量。如果无视社会道德规范的制约，单纯的利益权衡会得出许多荒谬的结论。如为了不让自己身上名贵的西装被雨淋湿就夺过穿着破衣烂衫的穷人的雨伞，或者为了挽救重病患者的生命而强行从旁边经过的第三人身上采血，这些情形纯粹按照优越利益衡量说，都会得出紧急避险的结论，而这一结论是明显错误的。

为了保全自己的生命而牺牲他人生命的行为，不能成立违法阻却的紧急避险。但在极为特殊的情况下，有可能属于缺乏期待可能性的责任阻却事由。

### （二）避险过当

紧急避险超过必要限度造成不应有的损害的，应当负刑事责任，但是应当减轻或者免除处罚。避险过当包括两种情况：①保护较小利益牺牲较大利益；②保护利益与牺牲利益相等或无法衡量。

避险过当和防卫过当都可以视为责任减免事由。因此，无论是对防卫过当还是避险过当本身，都可以进行正当防卫。

# 第二节　责任阻却事由

## 一、责任概说

构成要件该当性和违法性的判断是一种客观的、一般人的判断。如果行为具备构成要件该当性、违法性，那么就要深入行为人的内心深处，进行有责性的判断。如果责任被排除，自然也就不构成犯罪。因此，判断行为人是否有责任阻却事由，是一种主观化的个别判断。这属于被告人所独知的事项，如果被告方提出这种抗辩，他必须承担优势证据的说服责任。

关于责任的本质，在刑法理论中也一直存在争论，不同的学说对于责任的本质有着不同的理解。

### （一）心理责任论和规范责任论

心理责任论认为，故意和过失只是行为人的一种心理状态，只有在行为人与危害结果之间存在这种主观的心理联系时，才可追究行为人的刑事责任。规范责任论则认为，责任并非一种单纯的心理事实，必须从规范的角度对心理事实进行评价。只有既具备故意、过失的心理要素，又能够期待行为人在具体情况下可以实施适法行为时，才能够在责任上进行否定评价。规范责任论是当前的主流观点，根据这种观点，责任既要考虑作为心理要素的故意和过失，也要考虑作为规范要素的期待可能性等因素。

规范责任论是比较合理的，故意和过失并非一种单纯的心理事实，还必须从规范上进行理解。只有当行为人具有实施适法行为的可能性时，对其进行谴责才是有意义的。因此，如果行为人无法避免法律上的认识错误、不具备实施合法行为的期待可能性，则不能以犯罪论处。

### （二）道义责任论、社会责任论和法律责任论

关于责任非难的本质，道义责任论、社会责任论和法律责任论之间的争论也很重要。

1. 道义责任论

道义责任论是旧派的观点。这种观点认为，人具有自由意志，除未达到一定的年龄，或者精神残缺的人以外，都能够根据理性作出抉择。因此，如果行为人根据其自由意志实施了犯罪行为，就应该受到道义的谴责。根据道义，国家可以对实施了犯罪行为的人进行惩罚，惩罚的轻重与犯罪行为应受道义谴责的程度相当。

2. 社会责任论

社会责任论则是新派的观点，这种观点认为，人并没有自由意志，犯罪是环境或生理因素的产物，具有必然性。鉴于犯罪人对社会有危险，因此，为了防卫社会应当对其施加惩罚。按照这种观点，为了防卫社会，甚至可以惩罚仅有犯罪危险但没有犯罪的人。当前很少有学者主张此种观点。

3. 法律责任论

法律责任论认为，责任非难是一种法律上的责难，而不是道德审判和伦理评价，因此，只能根据法律判断行为人是否具有责任。主张法益维护说的学者一般都采取这种观点。但是，法律责任论和法益一样很容易导致立法的独断和司法的机械。如果不考虑道德规范的制约，凭空产生的法律如何确保它的正当性呢？如果仅仅按照法律的规定来进行责任判断，司法也就无法对立法进行任何有效的监督。

基于规范维护说，道义责任论虽然古老，但却是一种合理的观点。犯罪在本质上是一种在道德规范上值得谴责的行为。因此，犯罪与否并非一个单纯的专业问题，大众都有发声的权利，刑法不能超越社会良知的约束。从某种意义上看，如果脱离道德规范的制约，法律责任论在实际后果上可能与社会责任论没有区别。

## 二、责任能力的阻却

刑事责任能力是指主体构成犯罪和承担刑事责任所必需的辨认和控制自己行为的能力。不具备刑事责任能力的人不能被追究刑事责任，刑事责任能力减弱者，其刑事责任应相应地适当减轻。

### （一）年龄与责任能力

1. 无刑事责任年龄阶段

未满 14 周岁的人不构成犯罪，一般不负刑事责任。

2. 相对刑事责任年龄阶段

已满 14 周岁而未满 16 周岁的人仅对故意杀人、故意伤害致人重伤或者死亡、强奸、抢劫、贩卖毒品、放火、爆炸、投放危险物质8种犯罪负刑事责任。这里需要注意的是,8种犯罪是指具体犯罪行为而不是具体罪名。如果已满14周岁不满16周岁的人实施刑法第十七条第二款规定以外的行为，且同时触犯了刑法第十七条第二款规定，应当依照刑法第十七条第二款的规定确定罪名，定罪处罚。因此，如果年龄为15岁的孩子在绑架他人后杀死被绑架人的，可以直接对其定故意杀人罪。

3. 完全刑事责任年龄阶段

已满16周岁的人犯罪，应当负刑事责任，无论是故意犯罪还是过失犯罪，都应当承担刑事责任。

4. 减轻刑事责任年龄阶段

未满18周岁的人犯罪，应当从轻或减轻处罚，同时不能适用死刑。应当从轻或者减轻处罚，在我国刑法中只有两个，那就是一老（过失）一小。《刑法修正案（八）》增加了对老年人犯罪的从宽规定。已满75周岁的人故意犯罪的，可以从轻或者减轻处罚；过失犯罪的，应当从轻或者减轻处罚。同时，《刑法修正案（八）》还规定，审判时已满75周岁的人，不适用死刑，但以特别残忍手段致人死亡的除外。[①]

5. 恶意年龄补足制度

《刑法修正案（十一）》吸收了恶意年龄补足制度，作为刑事责任年龄的一种例外性下调："已满十二周岁不满十四周岁的人，犯故意杀人、故意伤害罪，致人死亡或者以特别残忍手段致人重伤造成严重残疾，情节恶劣，经最高人民检察院核准追诉的，应当负刑事责任。"

在刑事责任年龄中，还需要注意以下几个问题。

刑法第十七条规定的"周岁"，按照公历的年、月、日计算，从周岁生日的第2天起算。此外，应从行为时起算，而非从结果时计算年龄。

对于没有充分证据证明被告人实施被指控的犯罪时已经达到法定刑事责任年龄且确实无法查明的，应当推定其没有达到相应的法定刑事责任年龄。相关证据足以证明被告人实施被指控的犯罪时已经达到法定刑事责任年龄，但是无法准确查明被告人具体出生日期的，应当认定其达到相应的法定刑事责任年龄。

行为人在达到法定刑事责任年龄前后均实施了犯罪行为，只能依法追究其达到法定刑事责任年龄后实施的犯罪行为的刑事责任。行为人在年满18周岁前后实施

① 罗翔．刑法学总论 第2版[M]．北京：中国政法大学出版社，2021.

了不同种犯罪行为，对其年满 18 周岁以前实施的犯罪应当依法从轻或者减轻处罚。行为人在年满 18 周岁前后实施了同种犯罪行为，在量刑时应当考虑对年满 18 周岁以前实施的犯罪，适当给予从轻或者减轻处罚。

未达刑事责任年龄之人，虽不负刑事责任，但要责令他的家长或者监护人加以管教，必要时依法进行专门矫治教育。《刑法修正案（十一）》的规定与《中华人民共和国预防未成年人犯罪法》保持一致，取消了收容教育制度，将其改为矫治教育制度。可见，这些人所实施的危害行为虽非犯罪行为，但系不法侵害，可以进行正当防卫。

行为人主张实际年龄与身份证件年龄不符，实际年龄小于身份证件年龄，必须承担优势证据的说服责任。

### （二）生理与责任能力

刑事责任能力是指行为人对自己行为的辨认和控制能力。除年龄要素，有些群体还可能由于生理等方面的特殊原因，导致刑事责任能力的丧失或减弱。

#### 1. 精神病人

间歇性精神病人在精神正常时犯罪，应当负刑事责任，而且从法律规定看，其属于完全刑事责任能力的人。如果其实施行为时精神不正常，不具有辨认或控制能力，则不负刑事责任。在行为时尚未完全丧失辨认或控制能力的精神病人犯罪的，属于限制刑事责任能力人，应当负刑事责任能力，但是可以从轻或者减轻处罚。

对于精神病人，还需注意以下几个问题。

精神病人的鉴定必须由精神病专家经过法定程序确认，然后由司法工作人员进行最后判断。并非所有的精神病人都不负刑事责任，只有当某种精神病导致行为人完全丧失辨认能力或控制能力时，才不负刑事责任。精神病人由于患病程度不同，他们并不必然缺乏辨认能力或控制能力。精神病人的疾病成因很复杂，但一般可以归结为大脑某一部位的器质性损坏或发育不足。由于疾病成因和表现的复杂性，许多精神病人虽然在某些方面存在缺陷，但是在另外一些方面则完全可能是正常的，甚至还有可能优于一般人。因此，不能认为只要是精神病人就缺乏理解能力，更不能纯粹从医学角度来看待责任能力问题。精神病人是否有责任能力不是一个单纯的事实问题，而是一个需要规范判断的问题。

注意，精神病人在“不能辨认或者不能控制”自己的行为时造成危害结果的，不负刑事责任，而非“不能辨认和不能控制”，因此，只要丧失辨认能力或控制能力中的任何一种能力均可导致无刑事责任能力。

根据2001年通过的《(CCMD-3)中国精神障碍分类与诊断标准》(第3版)的规定，痴呆(智力残疾)属于精神发育迟滞，是一种特殊的精神疾病。

精神病人必须是在犯罪行为时无辨认能力或控制能力才是无刑事责任能力，如果在犯罪时是正常人，但在犯罪后成为精神病人的，不能免除其刑事责任。

行为人(比如间歇性精神病人)在精神正常时犯罪，实行犯罪过程中精神病发作，丧失责任能力，该如何处理？关于这一问题，至少有三种学说：①原因自由行为。行为人属于自陷危险，一般都按照故意犯罪的既遂处理；②行为一体论。将具有责任能力时的实行行为与陷入无责任能力的实行行为作为一个行为来处理；③作为因果关系的错误来处理。在陷入无责任能力状态前，就已经存在犯罪的未遂，对行为人是否适用既遂的刑法，取决于无责任能力状态的出现是否对因果关系有重大偏离；如果有，那就不属于既遂。在这类案件中，偏离不重大，一般都成立既遂。换言之，对此类案件应追究故意犯罪既遂的责任。

以精神病作为辩护理由，被告方必须承担优势证据的说服责任。

2. 醉酒

醉酒的人虽然辨认能力或控制能力可能有所减弱，但这属于自招危险，一般不能减轻其刑事责任。需要注意的是，醉酒有两种：①生理性醉酒，即我们通常说的“喝醉酒”，这应负刑事责任。但在特殊情况下，也可以作为酌定的从宽情节加以考虑。②病理性醉酒，这是一种精神病，如果非自愿地导致这种疾病发作，不负刑事责任。但如果明知自己有此精神病，仍然自愿醉酒，这属于下文要讨论的原因自由行为，即虽然在行为时无辨认能力或控制能力，但导致这情况的原因是可控的(自由的)，这属于自招风险，也要承担刑事责任。

在英美法系中，醉酒一般可以区分为自愿醉酒和非自愿醉酒。前者是指行为人知道饮用的酒或毒品、药物可能导致醉态，仍主动饮用从而导致的醉态；后者是指行为人没有意识到其所饮用的酒类等物品及会导致的后果。在饮用后引起的醉态分为遵照医嘱而引起醉态，被告人误将致人醉态物认为非致人醉态物而引起醉态，他人在被告人饮料中掺入酒精而被告人不知引起醉态或未成年人被诱骗饮酒而陷入醉态等。非自愿醉酒可以免责，而自愿醉酒一般都不能免责。

3. 又聋又哑的人、盲人可以从轻或减轻、免除处罚

这些人由于生理上的原因，无法像正常人一样形成辨别是非的观念，因此可以从宽处罚。“又聋又哑的人”仅指既聋且哑的人，“盲人”仅指双目失明的人，所以通常指天生的聋哑人、盲人或从小就失聪、失明的人。如果生理因素对其是非辨认能力没有影响，则不宜从宽处理。

### （三）原因自由行为

原因自由行为是指行为人实施行为时，虽然没有辨认能力或控制能力，但是能力丧失是自身罪过所致。原因自由行为与醉酒犯罪有密切的关系。

原因自由行为可以分为故意的原因自由行为和过失的原因自由行为。

1. 故意的原因自由行为

故意的原因自由行为是指行为人故意让自己陷入无责任能力状态，并决定利用自己的无责任能力状态追求一个犯罪行为的发生（直接故意）或放任一个犯罪行为的发生（间接故意）。对于这种现象，应当直接以故意犯罪论处。

2. 过失的原因自由行为

过失的原因自由行为是指行为人陷入无责任能力状态，预见自己有可能在无责任能力的状态下实施犯罪，但轻信能够避免，或者应当预见而没有预见陷入无责任能力状态可能出于故意也可能出于过失。例如，行为人故意喝醉，但轻信自己不会去驾驶车辆，或者预见自己即便驾车也不会出事。再如，行为人因为身体状况不能喝酒，但疏忽大意喝酒，然后过失肇事。对此情况，应当以过失犯罪论处。

## 三、责任过失的阻却

具备构成要件过失就应推定具备违法过失和责任过失，因此，在责任过失中，不宜考虑入罪要素，而应考虑责任阻却事由。在过失犯罪中，如果行为人的注意能力低于一般人，应当按照行为人的自身能力确定其注意义务。这是一种责任过失的阻却。例如，由于行为人是盲人或者偶然地在行为时非常疲劳，而不具有一般人所具有程度的注意能力，因此不能指望其遵守注意义务时，就可以否定其责任过失的存在。一般而言，这种情况是比较罕见的，此时被告人提出此抗辩，需要承担优势证据的说服责任。

如果行为人的注意能力低于一般人是因为其自身的不当行为所导致的，这不能作为责任过失的阻却事由。例如，眼睛近视的驾驶员某日夜里驾驶汽车外出时

忘记戴眼镜，又遇有薄雾，虽然非常小心地驾驶，但终因视力欠佳，以致没有看到穿越公路的行人而相撞，造成行人死亡。对于此案，行为人应当知道不戴眼镜达不到正常驾驶所要求的注意能力标准，因为自身的错误行为使得其驾驶时注意能力低于一般人，这不能否定过失的成立。

# 第八章　共同犯罪

## 第一节　共同犯罪概述

### 一、共同犯罪的概念

共同犯罪属于犯罪形态。在现实生活中，有些犯罪是单个人实施的，但也有的犯罪是两个或两个以上犯罪主体在犯罪故意的心态下共同实施的，这就是共同犯罪。相较而言，共同犯罪更加复杂，这种复杂性主要体现在两个方面。首先，共同犯罪中参与犯罪的主体有二人以上，在很多场合中各个犯罪主体发挥的作用、所处的地位各不相同，如何解决各犯罪主体的刑事责任则成为必须解决的问题；其次，共同犯罪的结构即共同犯罪主体的结合方式有简单、复杂之分，因此其社会危害也存在极大差异，应该予以法律上不同的区分，以达到合理打击共同犯罪的效果。因此，共同犯罪是刑法立法、司法上的重要问题。

我国刑法第二十五条第一款规定："共同犯罪是指二人以上共同故意犯罪。"该条文是合理认定共同犯罪内涵的法律依据。①

### 二、共同犯罪的成立要件

根据刑法第二十五条第一款的规定，构成共同犯罪，必须具备如下要件。

共同犯罪的主体，必须是两个以上达到刑事责任年龄、具有刑事责任能力的人或单位。

共同犯罪的犯罪主体从数量上来讲必须是两个以上，可以是自然人和自然人犯罪主体的结合，也可以是单位与单位犯罪主体的结合，还可以是单位和自然人犯罪主体的结合。

在两个以上自然人共同犯罪的情形下，各个自然人必须是达到刑事责任年龄、

① 黄佳宇．刑法总则适用疏议 [M]. 长春：吉林人民出版社，2021.

具有责任能力的人。刑法第十七条将刑事责任年龄分为若干阶段，在认定行为人能否成为某一犯罪的共同犯罪主体时，应当根据该条的规定进行。因此，一个有责任能力的人和一个未达到刑事年龄的人，或者与一个由于精神障碍而无刑事责任能力的人共同实施危害行为，不能构成共同犯罪。

应注意司法实践中所谓间接正犯问题。即一个有刑事责任能力的人，教唆或者帮助一个未达到刑事年龄的人，或者由于精神障碍无刑事责任能力的人实施危害行为的，不构成共同犯罪。因为在这种情形下，教唆者或帮助者不过是将被教唆或被帮助者作为自己实施犯罪的工具使用罢了，教唆者或帮助者应直接作为该危害行为构成犯罪的实行犯来处理，这就是间接正犯。例如，具有刑事责任能力的人教唆未满 14 周岁的儿童实施盗窃行为，则该教唆人直接构成盗窃罪的个人犯罪。

在共同犯罪中，各犯罪主体的身份对是否成立共同犯罪、成立何种共同犯罪有很大的影响。一般来讲，我国刑法理论和司法实践的通说认为，不具有特定身份的人与具有特定身份的行为人共同故意实施以主体的特定身份为构成要件的犯罪时，可以成立共同犯罪。如受贿罪的犯罪构成要求主体必须是国家工作人员，非国家工作人员不能构成受贿罪，但这是针对单个人犯罪而言的。就共同犯罪而言，不具有国家工作人员身份的人完全可以与具有国家工作人员身份的人一起成为受贿罪的共同犯罪人。不具有国家工作人员身份的家属可以和具有国家工作人员身份的配偶一起共同实施受贿行为，从而构成受贿罪。

从犯罪的客观方面来看，构成共同犯罪必须是二人以上具有共同的犯罪行为。

所谓共同的犯罪行为，是指各行为人的行为都指向同一犯罪，互相联系，互相配合，形成一个统一的犯罪活动整体。

“共同的犯罪行为”包含以下两层含义：①各行为人所实施的行为，必须都是犯罪行为。这就要求各个行为都必须达到犯罪程度。②各个共同犯罪行为都必须指向同一罪名。我国刑法要求犯罪共同，而不仅仅是行为共同。例如，一个具有牟利目的的人和一个不具有牟利目的的人共同实施了传播淫秽物品、情节严重的行为，虽然从客观方面二人所实施的行为相同，但前者的行为构成传播淫秽物品牟利罪，后者的行为构成传播淫秽物品罪，由于二人行为最终所指罪名不同，因此二者不能构成共同犯罪。

刑法上危害行为的基本形式有作为与不作为。因此，共同犯罪行为可以表现为三种形式：①共同的作为，如甲、乙共同伪造信用卡进行诈骗活动，这是共同犯罪行为的主要形式。②共同的不作为，如甲、乙夫妻二人共同遗弃幼儿，造成幼儿健康严重受损。③作为与不作为的结合。如妻子明知丈夫要下毒毒死智障幼儿而不加劝阻，导致幼儿被毒死。

从共同犯罪行为的具体内容来看，实践中根据分工不同，共同犯罪行为表现为以下四种方式：①实行行为，即实施符合犯罪构成客观方面要件的行为。②组织行为，即组织、领导、策划、指挥共同犯罪的行为。③教唆行为，即故意劝说、收买、威胁或者采用其他方法唆使他人故意实施犯罪的行为。④帮助行为，即故意提供信息、工具或者排除障碍协助他人故意实施犯罪的行为。

实践中存在对所谓共谋共同正犯如何处理的问题。即对仅参与共谋而未参与犯罪的实行行为的，是否构成共同犯罪的问题。从国外刑法理论和司法实践来看，符合一定条件的共谋共同正犯均应承担刑事责任。我国刑法理论和司法实践的通说也认为，共谋是指二人以上为了实施特定的犯罪而进行的谋议，可能是策划实施犯罪，也可能是商讨如何实施犯罪，或者二者兼而有之，可见共谋本身就是共同犯罪（预备）行为，所以参与犯罪谋议而未参与犯罪实行，应当认为构成共同犯罪。

主观上二人以上具有共同犯罪故意，即成立共同犯罪故意，要求各共同犯罪人都明知自己所实施的共同犯罪行为的性质及其行为将会导致危害社会的结果，并且希望或者放任这种危害结果的发生。这种故意的相同仅仅是指在罪名的意义上相同，而不要求各自故意的形式与具体内容完全一致。也就是说，在共同犯罪人意图实施相同罪行时，可以是直接故意和间接故意的结合，在故意的具体内容上，各个行为人的认识因素和意志内容也并不完全相同。

共同犯罪故意还要求共同犯罪人主观上相互沟通、彼此联络、互相配合，即有“意思联络”。共同犯罪人之间的意思联络在不同的共同犯罪中表现不同。一般来讲，这种沟通、联络、配合要求非常明确，只要各犯罪人意识到自己不是一个人在实施犯罪，而是和其他犯罪人一起相互配合共同实施相同的犯罪即可。

根据上述共同犯罪故意的要求，下列情况不属于共同犯罪。

共同过失犯罪的不成立共同犯罪。我国刑法第二十五条明确规定：“二人以上共同过失犯罪，不以共同犯罪论处；应当负刑事责任的，按照他们所犯的罪分别处罚。”这是由于共同故意犯罪中，由于各行为人的意志指向相同的犯罪行为，因此其社会危害性较单独犯罪大得多，这也是立法予以专门打击的一个重要理由；而在过失心态下，行为人之间的意思联络不可能发生，因此，共同过失犯罪不属于我国共同犯罪的范围。

实施犯罪时，故意内容不同，不构成共同犯罪。例如，甲、乙共同用铁棍打击丙，甲是伤害的故意，乙是杀人的故意，结果由于乙打击丙的要害部位致丙死亡，由于没有共同的犯罪故意，不能按共同犯罪处理，只能按照各人的主客观情况分别定罪，即甲定故意伤害罪，乙定故意杀人罪。

二人以上同时或先后故意实施某种相同犯罪，且各自行为侵犯同一对象，但彼此间没有意思联络的不成立共同犯罪。例如，在没有预谋的情况下，二人分别从城东和城西来到同一家超市同时行窃，二人虽然犯罪时间、地点、行为完全相同，但由于没有意思联络，因此不构成共同犯罪。

超出共同故意之外的犯罪，不是共同犯罪。例如，甲、乙合谋入室盗窃，而乙在盗窃时还对被害人实施了强奸行为，而甲对乙的强奸行为毫不知情。在这种情况下，甲、乙二人只成立盗窃罪的共同犯罪，就强奸罪而言，只能由乙个人单独承担刑事责任。

事前无通谋的窝藏、包庇行为及窝赃、销赃行为，不属于共同犯罪，应单独予以定罪处罚。由于犯罪人犯罪前之间没有彼此的意思联络，因此虽在犯罪实施完毕后有窝藏、包庇行为及窝赃、销赃等帮助行为，也不能构成共犯。但是，如果事前有通谋的，则应成立共同犯罪。

司法实践中比较复杂的是片面共犯的处理问题。即在他人并不知情的情况下以共犯的意思参与实施其犯罪的行为如何处理的问题。例如，甲明知乙正在追杀丙，但由于自己也与丙结怨很深，于是便暗中设置障碍将乙绊倒，从而使乙顺利地杀死丙。这一是单方面地帮助对方实施犯罪，实践中还存在单方面共同实施犯罪实行行为的情况。前者称为片面帮助犯，后者称为片面实行犯。对此能否适用共同犯罪的原理处理，中外刑法理论上都存在极大争议。我国有一些学者承认片面帮助犯。

## 三、共同犯罪中的因果关系

共同犯罪中的因果关系具有一定的复杂性和特殊性。在共同实施的犯罪是结果犯并发生危害结果时，每一共同犯罪人的行为与危害结果之间都应存在因果关系。这种因果关系与单独犯罪中一个人的行为与危害结果之间的因果关系相比有其特殊性。其特殊性在于：共同犯罪行为是围绕一个犯罪目标、互相配合、互为条件的犯罪活动整体，正是这一行为的整体导致了危害结果的发生，是典型的多因一果。

在共同犯罪人之间往往存在分工：有的人是组织者，有的人是教唆者，有的人是实行者，有的人则是帮助者。从直观来看，实行者对结果的原因力是最直接的。但实际上，每个分工者对于危害结果的发生都有原因力，只不过这一原因力都需要借助实行者实现罢了。而实行者对结果的原因力虽然最直接，但不一定是最大的。理解这一点，对于确定共同犯罪人刑事责任的大小具有重要意义。

## 第二节　共同犯罪形式

### 一、共同犯罪形式的概念及研究意义

共同犯罪的形式，是指二人以上共同犯罪的存在方式、结构状况或者共同犯罪之间的结合形态。毫无疑问，司法实践中共同犯罪存在多种形式。之所以研究共同犯罪形式的划分，其主要的意义在于通过区别不同形式的共同犯罪，了解各种不同形式共同犯罪中共同犯罪人在共同犯罪中的地位和作用，以合理确定各犯罪人的刑事责任，达到有效打击各种不同形式共同犯罪的目的。

### 二、共同犯罪形式的划分

从不同角度，根据不同的标准，可将共同犯罪的形式分为以下几种。

#### （一）任意的共同犯罪和必要的共同犯罪

以共同犯罪是否能够任意形成为标准，可将共同犯罪的形式分为任意的共同犯罪和必要的共同犯罪。

若犯罪不以多数行为人实行犯罪为必要，可以一个人实施，也可以二人以上共同实施，则由二人以上共同实施该种犯罪时即任意的共同犯罪成立。刑法理论上研究的共同犯罪，主要是这种共同犯罪。这种共同犯罪也是共同犯罪的主要组成部分。

必要的共同犯罪是指刑法分则规定以二人以上的行为为要件的犯罪。根据我国刑法的规定，这种共同犯罪有以下两种：①聚合性共同犯罪，是指以同一目标的多数人的共同行为为犯罪构成行为特征的犯罪，如聚众扰乱社会秩序罪。在这种必要共同犯罪中，各共同犯罪人的刑事责任往往已经由刑法分则明文规定。②集团性共同犯罪，是指以组织、领导或参加某种犯罪集团为犯罪构成要件行为特征的犯罪。如刑法第一百二十条第一款规定的组织、领导、参加恐怖组织罪，第二百九十四条第一款规定的组织、领导、参加黑社会性质组织罪。集团性共同犯罪人的刑事责任直接按照刑法分则规定的有关犯罪条文处理，不再适用刑法总则规定的共同犯罪的条款。

在传统刑法理论中，往往还划分出一类对行性共同犯罪，指基于二人以上的互相对向行为构成的犯罪。在这种犯罪中，缺少另一方的行为，该种犯罪便不能成立。例如，受贿罪与行贿罪中，需存在受贿者和行贿者；在重婚罪中，需存在重婚者和相婚者。但在很多情况下，受贿者和行贿者、重婚者和相婚者并不同时构成犯罪，对方的存在仅仅是构成犯罪的前提，而不是构成共同犯罪的前提。因此，所谓的对行性犯罪本身往往并不是我国刑法意义上的共同犯罪范畴。

### （二）事前通谋的共同犯罪和事中通谋的共同犯罪

以共同犯罪故意形成的时间为标准，可将共同犯罪的形式分为事前通谋的共同犯罪和事中通谋的共同犯罪。

事前通谋的共同犯罪是指共同犯罪人着手实行犯罪以前形成共同犯罪故意的共同犯罪。而事中通谋的共同犯罪则是指共同犯罪人着手实行犯罪以前并未形成共同犯罪故意，而是在共同犯罪的实行过程中形成共同犯罪故意的共同犯罪。一般来讲，事前同谋的共同犯罪由于事前策划，其社会危害性往往较事中通谋的共同犯罪更大。

### （三）简单的共同犯罪和复杂的共同犯罪

以共同犯罪人之间有无分工为标准，可将共同犯罪的形式分为简单的共同犯罪和复杂的共同犯罪。

简单的共同犯罪是指二人以上共同故意实行某一具体犯罪客观要件的行为。在这种共同犯罪形式中，每一个共同犯罪人都是实行犯。每个共同犯罪人实行行为的具体内容可能各不相同，但可以肯定的是，每个共同犯罪人实行行为必然是刑法规定的共同犯罪行为的部分或全部。例如，甲、乙共同实施抢劫行为，甲制伏被害人、压制被害人的反抗，乙则专门抢走被害人的财物，事后二人分赃。甲和乙都是抢劫罪的实行犯，但二人实行行为的具体内容并不相同，但都是抢劫罪实行行为的一部分。

在对简单共同犯罪人追究刑事责任时应遵循以下几个原则：①部分实行负全部结果责任原则。共同实行犯的各行为人相互利用、彼此补充他方的行为，使得各自的行为形成统一整体，因此，各共同犯罪人应对共同实行的犯罪行为整体负责，而不仅仅对自己实行的犯罪行为负责。例如，甲、乙二人以杀人的共同故意而一起朝丙开枪射击，甲开枪打中被害人并实际导致了丙的死亡，而乙由于惊慌过度在开枪前将猎枪失手跌下山崖，在这种情况下，虽然乙并未打中被害人也应负故意杀人既遂的责任。②区别对待原则。即虽然坚持部分实行负全部结果责任，但由于每个实行犯在共同犯罪中所起的作用不同及各自具有不同的处罚情节，因此对各共同实行犯也应当区别处理，量定不同的刑事责任。也就是说，虽然部分实行负全部结果责任，但是各犯罪人独特的量刑情节则各人专享。如一人自首不等于全部自首。③罪责自负原则。这是指各共同犯罪人只能对基于共同故意实施的犯罪行为负责，而对他人超出共同故意实施的其他犯罪行为则不能承担责任。也就是在“实行行为过限”的场合，超出共同犯罪范围以外的其他犯罪行为的刑事责任，由实施该犯罪的犯罪人自己承担。

复杂的共同犯罪是指各共同犯罪人之间存在教唆、帮助、实行等不同分工的共同犯罪。我国刑法中的教唆犯就是按照分工所独立出的一种共犯类型。[①]

### （四）一般的共同犯罪与特殊的共同犯罪

根据共同犯罪有无组织形式，可将共同犯罪的形式分为一般的共同犯罪与特殊的共同犯罪。

一般的共同犯罪是指共同犯罪人之间不存在组织形式的共同犯罪。一般的共同犯罪也没有人数的特殊要求。其最明显的特征是共同犯罪人之间往往是为了实施一个或数个犯罪而临时结伙，共同犯罪人之间没有组织性。

特殊的共同犯罪，又称有组织的共同犯罪，是指各共同犯罪人之间建立起组织形式的共同犯罪，也就是犯罪集团。我国刑法第二十六条第二款规定：“三人以

① 徐松林．刑法学[M]．广州：华南理工大学出版社，2016.

上为共同实施犯罪而组成的较为固定的犯罪组织，是犯罪集团。”据此，在我国，成立犯罪集团必须符合以下要求。

共同犯罪人在三人以上，即必须是三名以上达到刑事责任年龄、具备刑事责任能力的人才能构成犯罪集团。

犯罪集团以实施某一种或者某几种犯罪为目的而形成。实施犯罪行为是其组成集团的目的。

以犯罪为目标而形成较为固定的犯罪组织。一般来说，犯罪组织中有起组织、策划、指挥作用的首要分子，如“老大”“军师”“师爷”等，也有骨干成员和积极分子，还有普通成员、内部成员之间往往等级森严，形成组织严密的团体。

我国法律明文规定的犯罪集团主要有黑社会性质组织和恐怖组织。这也是我国目前级别较高、危害性较大的两类犯罪集团，因此刑法分则中均有专门的条款规定其犯罪构成和刑事责任。司法实践中大量存在的是普通犯罪集团。对于犯罪集团的不同成员，应按照刑法总论和分论的具体规定分别量定刑事责任。

司法实践中还有结伙犯罪、犯罪结伙、团伙犯罪、犯罪团伙等不同称谓。关于各自的内涵，理论界的意见并不统一。但可以肯定的是，这些都不是严格意义上的法律概念。应该说，结伙犯罪、犯罪结伙、团伙犯罪、犯罪团伙都是共同犯罪的不同表现方式，在司法实践中应当严格按照法律规定将其定性为一般共同犯罪或犯罪集团，进而确定各共犯人的刑事责任。同时，处理这类案件时，在判决、裁定及其他法律文书中要避免使用结伙犯罪、犯罪结伙、团伙犯罪、犯罪团伙的提法，以免造成混淆。

## 第三节　共同犯罪人的刑事责任

### 一、共同犯罪人的分类标准

对共同犯罪人进行分类主要是为了准确量定各共同犯罪人的刑事责任。从各国刑法关于共同犯罪的立法例来看，主要有两种分类方式，即分工分类法和作用分类法。

分工分类法即按照共同犯罪人在共同犯罪活动中的分工为标准，对共同犯罪人进行分类。采用这种标准分类的国家中，有的采用二分法，分为正犯与从犯，如《法国刑法典》。其所谓从犯又包括教唆犯和帮助犯。有的则采用三分法，分为实行犯、教唆犯和帮助犯，如《德国刑法典》。实质上这种分类的结果是一样的。基本上传统的大陆法系国家，其共同犯罪是以正犯为核心的，因此采用这种分类的较多。分工分类法的优点是可以较直观地判断各共犯人在共同犯罪中的地位，可以很好地解决定罪问题；缺点是难以确定各共同犯罪人的刑事责任大小，因为即使是正犯，其在共犯中所起的作用也是可大可小的。

作用分类法即以共同犯罪人在共同犯罪活动中所起的作用为标准，一般划分为主犯和从犯。我国立法上主要是采用作用分类法进行分类。也就是说，主犯是我国刑法共同犯罪的核心概念。以作用为标准的分类，可以比较客观地反映共同犯罪人在犯罪中所起作用的大小，从而确定其刑事责任。它的问题在于有些情况下，难以准确量定罪名，且分类标准比较模糊，有些情况下难以比较准确地把握。

根据我国刑法的有关规定，我国共同犯罪人的分类，主要是采用作用分类法，即将共同犯罪人分为主犯、从犯和胁从犯，同时考虑到以分工为标准分类的教唆犯的复杂性，也将其作为特殊的一类共同犯罪人而规定在胁从犯之后。也就是说，刑法中的共同犯罪人包括主犯、从犯、胁从犯和教唆犯四种类型。分类的最终目的是确定刑事责任，下面主要就我国刑法对共同犯罪人的法定分类分别对主犯、从犯、胁从犯和教唆犯的特征及其刑事责任进行探讨。

## 二、主犯

### （一）主犯的概念、类型及其认定

刑法第二十六条第一款规定："组织、领导犯罪集团进行犯罪活动的或者在共同犯罪中起主要作用的，是主犯。"据此，主犯包括两种情况：一是组织、领导犯罪集团进行犯罪的犯罪分子，二是在共同犯罪中起主要作用的犯罪分子。

组织、领导犯罪集团进行犯罪活动的犯罪分子，又称犯罪集团的首要分子，这种主犯只在犯罪集团中存在，成立犯罪集团是认定本种主犯的前提。组织、领导犯罪集团进行犯罪活动，一般表现为：负责组建犯罪集团，网罗、控制犯罪集团成员，制订犯罪活动计划，布置犯罪任务，指挥犯罪集团的成员进行具体的犯罪活动等。由于这种主犯是犯罪集团的核心，具有特别严重的社会危害性，是我国刑法打击的重点中的重点。

在共同犯罪中起主要作用的犯罪分子有以下两种：①在犯罪集团中起主要作用的犯罪分子，即在犯罪集团中，除组织、领导犯罪集团进行犯罪活动以外，在犯罪集团中起主要作用，如积极参加犯罪集团的犯罪活动，担任小头目，实施多起重大的犯罪集团活动等。②在一般共同犯罪中起主要作用的犯罪分子，即在一般共同犯罪中起主要作用的实行犯或者教唆犯。具体表现为，在共同犯罪中直接造成严重危害结果、罪行重大或有其他特别严重情节，在完成共同犯罪中起关键作用等。

### （二）首要分子、聚众犯罪与主犯的关系

与主犯联系密切的是首要分子的概念。刑法第九十七条规定："本法所称首要分子，是指在犯罪集团或者聚众犯罪中起组织、策划、指挥作用的犯罪分子。"从这一规定可以看出，首要分子有两种。

第一种是在犯罪集团中起组织、策划、指挥作用的犯罪分子，即犯罪集团的首要分子，这种首要分子就是主犯，直接按照刑法总则和分则的规定确定其刑事责任。但当刑法分则直接规定了某些犯罪集团首要分子的刑事责任时，应当直接引用刑法分则的有关条文。如刑法第二百四十条规定："拐卖妇女、儿童的，处五年以上十年以下有期徒刑，并处罚金；有下列情形之一的，处十年以上有期徒刑或者无期徒刑，并处罚金或者没收财产；情节特别严重的，处死刑，并处没收财产：①拐卖妇女、儿童集团的首要分子；②拐卖妇女、儿童三人以上的；③奸淫被拐卖的妇女的；④诱骗、强迫被拐卖的妇女卖淫或者将被拐卖的妇女卖给他人迫使其卖淫的；⑤以出卖为目的，使用暴力、胁迫或者麻醉方法绑架妇女、儿童的；⑥以出卖为目的，偷盗婴幼儿的；⑦造成被拐卖的妇女、儿童或者其亲属重伤、死亡或者其他严重后果的；⑧将妇女、儿童卖往境外的。拐卖妇女、儿童是指以出卖为目的，有拐骗、绑架、收买、贩卖、接送、中转妇女、儿童的行为之一的。"因此，对拐卖妇女、儿童集团的首要分子的处理，直接引用第二百四十条就可以解决。

第二种是在聚众犯罪中起组织、策划、指挥作用的犯罪分子，即聚众犯罪的首要分子。对于聚众犯罪的首要分子是否属于主犯，甚至是否应当纳入共同犯罪处理，刑法上存在争议。刑法分则中，聚众犯罪存在不同种类：①参与者均构成犯罪的情况，如刑法第三百一十七条规定的组织越狱罪、聚众持械劫狱罪；

②首要分子和积极参加者构成犯罪，其他一般参加者不成立犯罪的情况，如刑法第二百九十条规定的聚众扰乱社会秩序罪和聚众冲击国家机关罪、第二百九十二条规定的聚众斗殴罪；第三种是只有首要分子才能构成犯罪，其他参与者不成立犯罪的情况，如刑法第二百九十一条规定的聚众扰乱公共场所秩序、交通秩序罪。上述聚众犯罪的首要分子无疑都属于主犯，刑法分则也直接规定了刑事责任，无须援引刑法第二十六条的规定，但是如果存在多个主犯，也要根据各自的不同社会危害性区分彼此的刑事责任。而第三种聚众犯罪中的首要分子是否为主犯，则应视具体情况来确定。如果案件中的首要分子只有一人，则不构成共同犯罪，也不发生认定主犯的问题。如果案件的首要分子为二人以上，则有可能构成共同犯罪。若有的首要分子起主要作用，有的起次要作用，则将起主要作用的首要分子认定为主犯，应当按照主犯的处罚原则进行处罚。

### （三）主犯的刑事责任

刑法对两种不同的主犯分别进行了规定。

刑法第二十六条第三款规定：“对组织、领导犯罪集团的首要分子，按照集团所犯的全部罪行处罚。”据此，犯罪集团的首要分子，不仅对自己实施的犯罪负刑事责任，而且要对其他成员按照集团的预谋实施的犯罪负刑事责任。其他成员超出集团的预谋实施的犯罪，由其他成员自己负责，首要分子不承担刑事责任。

刑法第二十六条第四款规定：“对于第三款规定以外的主犯，应当按照其所参与的或者组织、指挥的全部犯罪处罚。”①

## 三、从犯

### （一）从犯的概念、类型及其认定

刑法第二十七条第一款规定：“在共同犯罪中起次要或者辅助作用的，是从犯。”根据此规定，从犯也分为两种：①在共同犯罪中起次要作用的犯罪分子。主要指起次要作用的实行犯，还包括一部分起次要作用的教唆犯。是否起次要作用，应综合考虑其在共同犯罪中所处的地位、参与程度、犯罪情节以及对造成危害结果产生所起作用的大小等各方面的因素来确定。②在共同犯罪中起辅助作用的犯罪分子。主要是指帮助犯，如帮助望风、踩点、排除犯罪障碍、事前答应事后窝

① 贾济东．犯罪论争议问题研究 [M]. 北京：法律出版社，2021.

藏赃物、隐匿罪犯等。不论以什么形式实施帮助，都对实行犯罪起辅助作用，且在整个犯罪实施过程中作用较小。如果行为人的辅助行为对于犯罪实施起至关重要的作用的，则也可以认定为主犯。

应该注意的是，有的共同犯罪中没有从犯，即所有犯罪人的作用大抵相等。在这种情况下，主犯、从犯的认定也就不必要了。

### （二）从犯的刑事责任

刑法第二十七条第二款规定:“对于从犯,应当从轻、减轻处罚或者免除处罚。”可见对于从犯的处罚较之主犯要轻得多。这也充分体现了我国刑法区别对待、首恶必办的刑事政策，对于分化瓦解犯罪分子具有一定的作用。

## 四、胁从犯

被胁迫参加犯罪的，是胁从犯。所谓被胁迫参加犯罪活动，指受到暴力威胁或精神威胁，被迫参加犯罪活动。应当注意的是，这时被胁迫者还是有自由意志的，其参加犯罪仍然是他自行选择的结果，这也是其承担刑事责任的重要依据。如果其行为是在身体受到强制的情况下丧失自由意志，则其行为本身不具有有体性，就不是刑法上的“行为”，更谈不上构成犯罪。

在现实生活中，有的共同犯罪人最初是被胁迫参加犯罪，后来变为自愿或积极从事犯罪活动，甚至成为共同犯罪中的骨干分子。对这种人，则不能再以胁从犯论处，而应按照他在共同犯罪中所起的实际作用以主犯或者从犯论处。从这一角度讲，胁从犯并不是基于其成为共犯人的原因所进行的分类而产生的独立共同犯罪人，而是和主犯、从犯一样，是基于作用进行分类而产生的共同犯罪人。

关于胁从犯的刑事责任，刑法第二十八条规定，对胁从犯，“应当按照他的犯罪情节减轻处罚或者免除处罚”。因此，胁从犯的刑事责任轻于从犯。

## 五、教唆犯

### （一）教唆犯概念及其认定

根据刑法第二十九条的规定，教唆犯是故意唆使他人实施犯罪的人。构成教唆犯，必须具备以下条件。

1. 主观方面

从主观方面看，行为人具有教唆他人犯罪的故意。即明知自己的教唆行为会使他人产生犯罪意图而实施犯罪，并且希望或者放任这种结果发生。亦即教唆的故意既可以是直接故意也可以是间接故意。

2. 客观方面

从客观方面看，行为人实施了教唆他人犯罪的行为即教唆行为。他人是否实施犯罪行为，不影响教唆犯的成立。理解本条件应注意以下几个方面。

第一，教唆行为必须是唆使他人实施犯罪的行为。唆使他人实施一般违法行为或者违反道德的行为，不成立教唆犯。

第二，教唆行为必须是唆使他人实施具体犯罪的行为。不以实施具体的犯罪为内容，而只是泛泛地劝他人实施犯罪行为的，一般不成立教唆犯。唆使他人实施具体的犯罪，是就犯罪性质而言的，而并不要求行为人就具体的犯罪时间、地点、方法、手段、对象等做出详尽指示。

第三，教唆行为的方式，可以是口头教唆，也可以是书面教唆，甚至在特定场合的示意性动作，如使眼色、打手势也可以成立教唆。

第四，教唆的强度。司法实践中行为人可能采取各种教唆行为，如劝告、嘱咐、哀求、指示、引诱、怂恿、命令、威胁、强制等。但无论采取什么方式，教唆的强度都必须没有达到使被教唆者失去意志自由的程度。如果强制达到一定的程度，使被教唆人完全失去意志自由时，则不成立教唆犯，而属于间接正犯。

第五，被教唆人是没有犯罪意图的人，已有犯罪意图的人不能成为教唆犯教唆的对象。为已有犯罪意图的人出谋划策从而坚定其犯罪意图的，其行为的作用属于帮助性质，也不成立教唆犯。如果教唆人发生认识错误，误将已有犯罪意图的人当作没有犯罪意图的人进行教唆的，则属于刑法上的认识错误，应当按照刑法处理此类错误的一般原则，仍然按照教唆（未遂）犯处理。

构成教唆犯，只需实施唆使他人产生犯罪故意的行为，不要求传授犯罪的方法。如果不仅教唆他人犯罪，而且传授他人犯罪的方法，应从一重罪论处。如果教唆他人的犯罪和传授他人犯罪的方法属于不同种罪名的（如传授盗窃方法），则应按照教唆犯所触犯罪名与传授犯罪方法罪数罪并罚。

## （二）教唆犯的刑事责任

关于教唆犯的刑事责任，刑法第二十九条分为如下三种情况加以规定。

“教唆他人犯罪的，应当按照他在共同犯罪中所起的作用处罚。”即在被教唆的人实施所教唆罪的情况下，对于教唆犯则依照教唆犯自身在共同犯罪中所起作用进行处罚。教唆犯在共同犯罪中如果起主要作用，就作为主犯处罚；如果起次要作用，就作为从犯处罚。实际上教唆犯是犯罪意识的发起者，没有教唆犯的教唆，实行犯就没有犯罪故意，也就不会有该种犯罪发生。因此教唆犯在共同犯罪中通常起主要作用，所以审判实践对教唆犯一般都作为主犯处罚。但在有些情况下，教唆犯在共同犯罪中起的作用也可能是次要的，这时则应按照从犯处罚。

“教唆不满 18 周岁的人犯罪的，应当从重处罚。”未成年人思想还不成熟，具有很大可塑性，极易受到不良思想的影响。因此，教唆犯对青少年的教唆极易成功，而且未成年人社会阅历浅，非常容易成为教唆犯利用的对象，教唆未成年人的危害性非常大。因此刑法规定，对教唆不满 18 周岁的人犯罪的，应当从重处罚。从条文规定和教唆犯的成立条件来看，必须是教唆未成年人犯罪，因此，作为教唆对象的未成年人必须达到所教唆犯罪的刑事责任年龄，即符合刑法第十七条的规定。教唆已满 14 周岁不满 16 周岁的人犯刑法第十七条第二款规定以外之罪，以及教唆不满 14 周岁的人犯任何罪的，不能成立教唆者所教唆罪的教唆犯，实际上他是把被教唆者当作犯罪工具来达到自己犯罪目的，符合间接正犯的特征，应当按照间接正犯并从重处罚。

“如果被教唆的人没有犯被教唆的罪，对于教唆犯，可以从轻或者减轻处罚。”所谓被教唆人没有犯被教唆的罪，包括以下几种情况：①被教唆人拒绝了教唆犯的教唆，即根本没有接受教唆犯的教唆。②被教唆人当时接受了教唆，但随后又打消了犯罪意识，没有进行任何犯罪活动。③被教唆人当时接受了教唆犯关于犯某种罪的教唆，但实际上他所犯的不是教唆犯所教唆的罪。④教唆犯对被教唆人进行教唆时，被教唆人已有实施该种犯罪的故意。在这些情况下，行为人的教唆行为并没有达到其预期的效果，社会危害性较之成功的教唆大大减少，因此，可以从轻或减轻处罚。

## 第四节 共同犯罪的认定

### 一、共同犯罪的立法目的

对于设立共同犯罪的目的，在理论上鲜有学者论及。在刑法中，每个特定的犯罪构成都是建立在单一犯罪之上，而共同犯罪则是经过修正的犯罪构成。从理论上和实际上而言，共同犯罪理论更多是一种认定路径，是方法论上的工具，可以应用于基本犯罪构成理论所不能解决的责任分配问题，应当从个人犯罪和共同犯罪的不同之处探讨设立共同犯罪目的。

#### （一）从重打击

由于大数据、天网、定位、数据恢复等高技术防范犯罪的手段日益成熟，在现代社会，个人犯罪的实现已越来越困难，而共同犯罪中多人相互合力、分工协作，例如，在电信诈骗等黑灰产犯罪案件中，四肢发达的打手，负责建立诈骗网站的技术员，负责提供各种银行卡与支付宝、微信账户的码商等，使得犯罪成功率大大增高。此外，分工意味着预先策划，这比没有计划的单个人更容易实施犯罪。再者，个人的破坏力是有限的，但如果人数众多，仅凭人力就能造成更大的破坏。最终，大家互相怂恿、相互壮胆、“称兄道弟”，让各行为人更加坚定了自己的犯罪意识，手段也越来越凶狠，无所顾忌。综上所述，各行为人通过相互之间提供心理性和物理性帮助来增加犯罪的成功率，使社会危害性大大增加，既对法益侵害的危险性、实害性大幅增加，被害人越来越担惊受怕。这些都导致了共同犯罪比单独的犯罪具有更强法益侵害性、更大的破坏力，因此，必须加大对其的处罚力度，即设立共同犯罪必须以从严从重打击共同犯罪为目标。

#### （二）法益侵害事实的连带归责

相对于单独犯罪而言，共同犯罪有众多人数，而且各个成员在共同犯罪中所起的作用也不尽相同。在司法实践中，特定案件的处理能否使每个行为人都负上相应的责任，考验着刑罚的适应性。刑法作为适用性学科，应当充分彰显合理分配责任，即法益侵害危险性事实、危害结果应由哪些行为人承担的作用。①

## 二、共同犯罪认定误区

我国共同犯罪理论传统通说认定成立共同犯罪的条件是：①各行为人主观上必须有共同的犯罪故意；②各行为人均为适格犯罪主体，均具有刑事责任能力、刑事责任年龄；③各行为人必须具有共同的犯罪客体；④各行为人在客观上必须有共同的犯罪行为。

该传统通说的误区在于，将故意、责任能力、责任年龄这些责任阶层要素当作成立共同犯罪的前提，未意识到“违法是连带的，而责任是分别的”，对违法和责任不加区分，否认无责任的违法，这导致无法处理有责任能力者与无责任能力者之间的共同犯罪、有责任年龄者与无责任年龄者之间的共同犯罪、过失共同正犯、故意犯与过失犯共同正犯、片面共犯等问题，即多项共同犯罪行为类型可能不能匹配相应的惩罚，进而放纵犯罪或得出不适当结论，影响司法公信力。

共同犯罪认定误区对四要件体系的依附性包括以下内容。

一国采用的犯罪构成体系对共同犯罪理论的影响深远，我国犯罪构成体系是四要件体系，四要件体系在认定犯罪时采用一次性、终局性、唯一性的判断模式，第一次判断即终局判断，因此得出犯罪的概念也是唯一性的终局形态，即承担刑事责任意义上的犯罪，未区分客观事实上的犯罪概念，该观念落实到共同犯罪中，自然也要求共同犯罪也是刑事责任意义上的犯罪，该种单一性理解具有显著弊端，无法处理实际问题。

我国传统通说认为成立共同犯罪的条件为：①各行为人主观上必须有共同的犯罪故意；②各行为人均为适格犯罪主体，即均具有刑事责任能力、刑事责任年龄；③各行为人必须具有共同的犯罪客体；④各行为人在客观上必须有共同的犯罪行为。不难看出，通说认为共犯必须是主客观整体具备犯罪主观方面、犯罪主体、犯罪客观方面、犯罪客体四个要件的人。很明显该传统通说是犯罪构成理论四要件体系的沿袭，换言之，四要件视角下共同犯罪认定的通说实际上沿袭的是探讨单独犯罪的故意、行为的简单套路，产生这种沿袭的原因在于将共同犯罪中的共同理解为相同、同一的，这样一来，四要件体系认定犯罪的思维落实到共同犯罪上，便自然要求各共犯人有相同的犯罪主观方面、犯罪主体、犯罪客观方面、

① 刘怡廷．共同犯罪认定研究 [D]. 株洲：湖南工业大学，2022.

犯罪客体，各共犯人触犯的罪名也自然是相同、同一的，这也直接导致我国传统共同犯罪认定的通说与完全犯罪共同说、责任共犯论、极端从属性存在观念上的暗合。

但此处有一个问题值得深入思考，四要件体系直接移植到共同犯罪理论中，要求各行为人均为适格犯罪主体、必须具有共同的犯罪客体、有共同的犯罪行为，这都不难理解，为何还要求各行为人主观上必须有共同（相同）的故意呢？过失犯罪在四要件体系亦是存在的，故意、过失要素均是四要件体系中的主观方面，那为何传统共同犯罪理论通说认为共同过失不可成立共同犯罪呢？一是我国刑法第二十五条将共同犯罪限定于共同故意犯罪，认为过失共同犯罪中行为人之间不存在共谋，不存在犯罪意识联络，不具有连带责任的可罚性；二是因为在移植的过程中只能选择犯罪共同说作为共同犯罪的本质来理解，换言之，只有犯罪共同说与四要件体系存在观念上的暗合，犯罪共同说认为成立共同犯罪必须是各行为人具有相同或重叠的故意，故意、过失要素又是四要件体系中的犯罪主观方面，而行为共同说对犯罪主观方面没有相同性要求，其仅从共同行为的角度理解共同犯罪，即不要求各行为人存在共同的犯罪主观方面，无论是共同故意、共同过失，抑或故意犯与过失犯共同正犯均能构成事实上的共同犯罪。因此，在四要件理论移植到共同犯罪理论时，选择犯罪共同说是自然的结果，并进而要求各行为人具有共同的犯罪故意。这是四要件体系对传统共同犯罪理论的影响，反观行为共同说仅从客观行为的角度理解共同犯罪的内核与四要件体系存在天然的不兼容。此外，四要件体系视角下的共同犯罪理论在狭义共犯的处罚依据、狭义共犯从属性程度领域也只能是主张责任共犯论、极端从属性说，原因在于各共犯人必须具有刑事责任能力、刑事责任年龄，这与责任共犯论、极端从属性的核心观点（教唆者欲成立教唆犯，被教唆者必须犯有违法性、责任性意义上的犯罪）是不谋而合的。

综上所述，我国四要件犯罪构成体系的缺陷在于将犯罪构成所有要素（犯罪主体、犯罪主观方面、犯罪客体、犯罪客观方面）的具备作为断定犯罪成立的唯一标准，未分阶层认定“犯罪”，对“犯罪”的理解单一，长期坚持仅从承担刑事责任意义上理解“犯罪”，而忽视事实上的犯罪成立，并在共同犯罪问题上贯彻这一标准，忽视法益因行为人“合力”而致损的共犯事实，导致了共同犯罪认定通说存在误区，推动共同犯罪理论向责任共犯论、极端从属性、犯罪共同说方向发展，导致无法解决实际问题。

# 第三篇　刑事责任

# 第九章　刑事责任概述

## 第一节　刑事责任的概念与依据

### 一、刑事责任的概念

对刑事责任概念理解的分歧，这并不是新中国刑法学界特有的现象，而是一种遍及全部法学领域的广泛现象。产生各种不同认识的原因也许是多方面的，但追根溯源，问题应该出在对刑事责任实质理解的不同。基于对刑事责任实质的理解，我们认为，所谓刑事责任是指具有刑事责任能力的人由于实施了犯罪行为而引起的，其程度与犯罪的社会危害性和犯罪人的人身危险性程度相适应的、具有应受刑事惩罚性的一种负担。根据这一定义，刑事责任作为法律责任的一种，除具有法律责任的一般性质以外，还有其自身的特殊性质。

#### （一）引起刑事责任的原因是行为人实施了犯罪行为

刑事责任是行为人基于其犯罪行为而产生的法律责任，犯罪行为是引起刑事责任的法律事实，刑事责任总是与犯罪行为联系在一起，犯罪行为的实施是产生刑事责任的前提。有犯罪就必然有刑事责任，无犯罪则不可能有刑事责任；反之，有刑事责任也就必然有犯罪。犯罪与刑事责任之间这种必然因果关系，是刑事责任区别于其他类型法律责任的重要标志，犯罪和犯罪行为是两个不同的概念。作为刑事责任产生原因的只能是犯罪，而不是犯罪行为。因为犯罪是犯罪的客观方面（行为、对象、结果）和犯罪的主观方面的有机统一。犯罪人的刑事责任只有建立在主客统一的基础之上，才具有可罚性，国家的刑事处置权才有可能行使。

#### （二）刑事责任的大小与犯罪的社会危害性和犯罪人的人身危险性程度相适应

犯罪的社会危害性和犯罪人的人身危险性越大，应受社会否定评价和谴责的严厉程度也就越大，行为人应承担的刑事责任也就越重；反之，行为人应承担的刑事责任也就越轻。这一特点表明，刑事责任有综合评价犯罪的社会危害性和犯罪人的人身危险性的功能。由于刑事责任的大小与刑事制裁的严厉程度成正比例关系，因此，犯罪人应承担的刑事责任越大，所应受到的刑事制裁的程度也就越严厉，反之亦然。

### （三）刑事责任的社会政治内容是否定评价和谴责

犯罪是一种社会现象。刑事责任以否定评价和谴责为其社会政治内容，体现了国家和法律对犯罪行为和犯罪人的基本态度。任何犯罪都是危害刑法所保护的社会关系、对统治阶级不利的行为。刑事责任作为犯罪的必然结果，表明行为人因其犯罪行为，应受到否定评价和谴责，并承担一定的外在强制，以保障正常的法律秩序和社会秩序，恢复遭受犯罪行为破坏的法律秩序和社会秩序。刑事责任无论是具体表现为刑罚，还是表现为非刑罚的处理方法，或者表现为免予刑事处分，都意味着国家和社会对行为人的行为持否定和谴责的态度。

### （四）刑事责任是一种具有最强烈的惩罚性的法律责任

从社会意义上讲，法律责任是国家和社会对违法行为的否定评价和谴责。但是违法行为的种类很多，对统治阶级利益侵害的程度各不相同，相应的统治阶级对这些违法行为否定评价和谴责的严厉程度也就不会一样，具体表现为承担法律责任上的差别。例如，民事责任是民事当事人因违反民事法规、侵犯所有权、不履行合同或侵害人身权利等而产生的责任，给予民事制裁是为了恢复被违法行为破坏的财产权利。因此，民事责任主要表现为一种财产上的责任。又如，行政责任是行政法律关系主体在国家行政管理活动中违反行政法规、不履行行政义务而产生的责任。给予行政制裁是为了维护国家的正常行政管理活动，因此它是一种工作或职务上的责任。与这些类型的法律责任不同，刑事责任是因为行为人违反刑法规定、实施了刑法所禁止的犯罪行为而引起的法律责任。由于犯罪是一种最为严重的违法行为，它直接破坏统治阶级的统治秩序，危害统治阶级的生存条件，反映在法律责任上，刑事责任具有最强烈的惩罚性。在通常情况下，刑罚是实现刑事责任的主要方法，是统治阶级用来专门对付犯罪行为的强制手段，它不仅可以剥夺犯罪人的财产和政治权利，而且可以剥夺犯罪人的人身自由乃至生命，追究犯罪人的刑事责任，一般便意味着其一定的财产权利、政治权利、人身自由甚至生命将被剥夺，这种惩罚的严厉性是其他任何类型的法律责任所无法比拟的。[①]

### （五）刑事责任是犯罪人向国家承担的法律责任

不同法律责任产生和存在于不同的法律关系之中，法律关系的性质和主体的不同，决定了责任人直接负责的对象的差异。刑事责任虽然因一定的刑法所保护的社会关系遭受严重破坏而产生，但它并不可以恢复或赔偿。以受害人的权益为目的，或不是以此作为主要的、直接的目的“犯罪——孤立的个人反抗统治关系的斗争”，是一种严重侵害国家和社会利益的行为，刑事责任正是统治阶级设置的解决它与“孤立个人”之间严重冲突的强制性保护措施。因此，刑事责任产生和存在于犯罪人和国家之间的刑事法律关系之中，犯罪人的刑事责任是向国家和社会所负的责任。在国家和社会面前，犯罪人应该负担因其犯罪行为而产生的刑事必为状态，并接受相应的法律制裁；国家和社会则有权强制犯罪人承担刑事责任，接受刑事制裁，以此来遏制它与犯罪人之间“冲突”的发生，使得遭受破坏的刑法所保护的社会关系得以恢复，或者保证这种关系不再遭到侵害。其他法律责任则不同，例如，民事责任是基于民事当事人之间的民事法律关系而发生的责任，法律关系主体双方具有平等的法律地位。民事违法人承担民事责任的直接对象是民事权利受到侵害的对方当事人，国家强制力在其中只起了保证民事责任承担者向民事权利人实际承担责任的作用。在刑事案件中，犯罪人也会对被害人负担一定的责任，如刑法第三十六条规定：“由于犯罪行为而使被害人遭受经济损失的，对犯罪分子除依法给予刑事处分外，并应根据情况判处赔偿经济损失。”但这里所规定的“赔偿经济损失”，不是刑事责任，而是由犯罪行为引起的民事责任。刑事责任的追究者，永远只能是国家或作为国家代表的司法机关。根据刑事诉讼法的规定，有权追诉刑事责任的只能是人民法院、人民检察院和公安机关，而其他任何机关、团体和个人都无权行使这些权利。

### （六）刑事责任是一种严格个人责任

连带刑事责任和集体刑事责任，曾是被奴隶主阶级和封建地主阶级用来作为维护其统治利益的有力武器，对巩固奴隶主阶级和封建地主阶级的统治地位，发挥了极为重要的作用。随着社会文明的发展，刑事责任观发生了根本的变化，各国普遍主张罪责自负，反对株连。这一原则也为我国刑法所采纳。根据我国刑法

---

① 张智辉．刑事法研究 第7卷 刑事责任论[M]. 北京：中国检察出版社，2023.

规定，任何刑事责任只能由犯罪人本人承担，不得株连未参与犯罪的任何其他人，即使犯罪人已经死亡或逃亡在外或责任能力丧失等，也不能由他的亲戚、朋友等任何其他人代其负担刑事责任。

## 二、刑事责任的依据

### （一）刑事责任的本质

#### 1. 刑事责任本质的含义

刑事责任的本质是刑事责任理论中一个带有根本性的问题，也是理解刑事责任的关键因素，具有浓厚的“刑事哲学”色彩。在哲学上，本质和现象是一对范畴。对刑事责任问题的研究，不能仅仅停留在现象上，而应该善于透过现象看其本质。

#### 2. 刑事责任本质的实质内容

刑事责任的本质是规定、确定刑事责任的统治阶级的意志和利益。马克思主义的刑事责任（本质）观，是其唯物论的必然和合理的结论，也是与其犯罪（本质）观和刑罚（本质）观一脉相承的，是马克思主义刑法学说的重要组成部分。

马克思主义的刑事责任观同以往历史上一切剥削阶级刑事责任观的根本区别在于，它将刑事责任放到整个刑事法律制度和法律秩序之中，科学地揭示、公开地承认了刑事责任的阶级属性，阐明了刑事责任中统治阶级的意志和利益因素。马克思认为，刑事责任作为对行为评价和非难的机制，从根本上说是表现统治阶级意志和利益的评价和非难，刑事责任的本质首先是统治阶级对犯罪人的强制，使得刑事责任真正回到了现实的社会关系之中。刑事责任中统治阶级的意志和利益因素，是从目的论的观念出发，把刑事责任看成防卫社会的必需手段，从阶级和社会的角度回答了行为人为什么要对自己的某种行为负担刑事责任。

犯罪和刑事责任是人类社会发展到一定历史阶段的产物，是随着阶级的产生而产生的。在人类社会初期，阶级社会产生之前，虽然普遍存在血族复仇和同态复仇的现象，但那仅仅是氏族之间以及氏族内部为了维护自身的存在和内部团结，而采取的以“私力”对抗为特征的防止侵害行为的必要手段。然而，作为对抗表现形式的犯罪和刑事责任则不存在。随着社会经济条件的发展、生产力水平的提高，社会逐渐分化为阶级，并出现了作为维护阶级统治工具的国家和法。所谓犯罪，就是公然蔑视、破坏统治秩序的行为。任何犯罪行为，不论是直接针对自然人或法人，还是针对社会或其正式代表——国家，都是对统治阶级根本利益和国家确认、保护、发展的社会关系和社会秩序的侵犯，是绝对不能容许的。也正因为如此，作为犯罪必然法律后果的刑事责任才应运而生。由此可见，阶级的产生和存在是刑事责任产生和存在的根本原因。

统治阶级的意志和利益决定着刑事责任的存在和大小。刑事责任是由体现统治阶级意志、代表统治阶级利益的刑法加以规定的。何种行为应当承担刑事责任、应当承担何种程度的刑事责任，都是统治阶级根据自身利益和维护统治秩序的需要，利用其手中掌握的国家权力而加以规定的。

犯罪和刑事责任不仅是随着阶级的产生而产生，随着阶级的存在而存在，而且将随着阶级的消亡而消亡。当生产力高度发展，社会财富极大丰富，人们的思想觉悟极大提高之后，阶级不可避免地将会自行消亡。随着阶级的消灭，作为阶级统治工具的国家和法也就自然而然地丧失了存在的根据。在无阶级的社会形态里，犯罪和刑事责任都将成为一种历史概念。

### （二）刑事责任的分类

按照不同的标准，刑事责任可以被划分为不同的种类。

1. 根据刑事责任的含义对刑事责任进行分类

（1）客观责任与主观责任

客观责任是指因违反刑法规范，实施了刑法所禁止的犯罪行为，从而引起的对行为人不利的法律效果。这种不利法律效果的具体表现形式包括刑罚、非刑罚的刑事制裁措施以及免予刑事处分，即我们通常所说的刑事责任。主观责任是指与行为相连的、构成犯罪的，并承担刑事责任的主观心理状态。这种可归责任的心理状态与刑法禁止的行为相联系，组成内在人格与外在行为的“锁链”，从而使这种行为成为有责的行为，构成犯罪并让犯罪人负担刑事责任。这种责任概念在资产阶级刑法学中运用得较为普遍。在主观责任内部，具体又可分为刑事责任与实质责任两种。刑事责任就是与刑法上不利效果相适合的心理条件，即指心理事实本身。实质责任是指根据上述心理条件，有承受刑法上效果的资格，即指责任意识与责任能力的总和。

（2）消极责任与积极责任

一般意义上的责任，其含义有积极与消极之分。但法律责任包括刑事责任，一般均指消极意义上的责任。刑事责任一般被认为是与犯罪行为有关、由犯罪人承担的对其不利的一种法律效果。但也有一些法学理论认为，法律责任是内容复杂的范畴，它不仅具有消极方面的意义，还有积极方面的意义。刑事责任也不再仅仅被理解为消极意义的责任，还有积极意义的责任。也就是说，不仅在有犯罪的情况下有刑事责任存在，在没有犯罪的情况下同样存在刑事责任。前者是指在犯罪、刑事责任和刑事制裁措施这一逻辑结构中的刑事责任；后者则是指阻止或避免犯罪行为的责任。受此理论影响，一些国家的刑事立法不仅规定了消极意义的刑事责任，而且规定了积极意义的刑事责任。积极意义的责任，实际上是指一种刑法义务，其内容作用等均与消极意义的责任有着明显的区别。

2. 根据承担刑事责任的主体对刑事责任进行分类

（1）自然人责任与法人责任

自然人是指有生命的人。人的生命始于出生终于死亡。没有独立生命的胎儿和尸体，都不属于有生命的自然人，不能作为承担刑事责任的主体。此外，各种物品、动物、植物、自然现象等，也都不属于有生命的自然人，因此不能作为承担刑事责任的主体。传统刑法理论认为，能够成为犯罪主体的只能是自然人。根据这一认识，能够作为刑事责任承担者的也只能是自然人。但是，晚近刑法理论又推出了法人犯罪的概念。虽然至今这仍然是一个存在激烈争论的问题，不过，无论是刑法理论，还是立法实践，接受这一概念似乎已呈扩大趋势。既然法人可以成为犯罪的主体，就必然可以成为刑事责任承担的主体。由于法人犯罪相对于自然人犯罪有其自身的特殊性，因此法人犯罪的刑事责任也有别于自然人犯罪的刑事责任。各国刑法理论及立法实践所主张和采纳的主要有代罚制、转嫁制和两罚制三种。其中，两罚制是一种普遍的法人犯罪的刑事责任制度。在具体承担刑事责任的方法上，法人与自然人也有所不同。法人所承担的刑事责任主要是财产刑和资格刑等，而普遍适用于自然人的自由刑和生命刑则不适用于法人。

（2）一般主体责任与特殊主体责任

根据我国刑法分则规定的各种犯罪，犯罪主体按照法律要求的要件可分为两大类：一类是犯罪主体要求具备自然人和具有刑事责任能力两大基本要件；另一类是要求在具备上述两大基本要件的基础上，行为人还必须具备特定的身份。前者是一切犯罪所必须共同具备的，称为犯罪的一般主体；后者只是某些犯罪中要求具备的，称为犯罪的特殊主体。与此相适应，承担刑事责任的主体也可以分为一般与特殊。

（3）个人责任与共同责任

在现实生活中，犯罪既可以由单个人实施，也可以由数个人共同实施。由单个人实施的犯罪，根据罪责自负的原则，刑事责任只能由实施犯罪行为的单个人承担。在二人以上的共同犯罪中，刑事责任理论一般认为，应以犯罪主体之间是否存在意思联络，即共同犯罪的故意，作为确定犯罪人负担刑事责任范围的依据。有意思联络者，二人以上的犯罪人应对共同的犯罪负担刑事责任；无意思联络者，各共同犯罪人则只对自己所实施的犯罪负担刑事责任。在有意思联络的共同犯罪中，各共同犯罪人的行为有为自己而为与为他人而为的区别。有些国家的一些刑法理论曾据此作为确定犯罪人应否负担刑事责任的依据。如行为主体说便认为，犯罪主体即行为主体，亦即实施相当于构成要件行为的人，或称行为人。共同犯罪中帮助犯、教唆犯等，由于没有实施相当于构成要件的行为，故而其行为虽然对共同犯罪的完成起到了促进作用，也不能认为是其犯罪主体，更不用说让其负担刑事责任。这种观点显然是错误的，因为它忽视了共同犯罪人主观上的共同意思联络以及犯罪行为在客观上的整体性，割裂了共同犯罪人彼此之间相互联系、相互促进的共同关系。我国刑法理论认为，共同犯罪是主观与客观的统一，只要各共同犯罪人之间存在共同的意思联络，计划、实施了共同的犯罪行为，均应对共同犯罪承担刑事责任。

## 第二节　刑事责任的地位与功能

### 一、刑事责任的立法定位

早期由于刑事责任理论研究的不足，刑事立法中刑事责任的应有地位并没有得到落实。从应然的角度来看，我国的刑事立法应以刑事责任为指导；从实然性的角度来看，刑事责任的应有地位并没有得到确认。刑事责任不仅在制定刑法的过程中作为原则性的要求和观念制约着对犯罪的确认，而且在构建刑法典体系中居于重要的地位。就现行刑法的规定而言，虽然《刑法》第二章第一节以“犯罪和刑事责任”为标题，而且刑法条文中也多次提及“刑事责任”，但关于刑事责任的规定还是十分零散的，刑事立法所采取的是犯罪—刑罚体系，导致在一些场合混淆了刑事责任与刑罚这两个概念，本应使用刑罚一词的，却使用了刑事责任一词，或者相反。就刑法的制定过程而言，刑事责任具有重要的地位，起着重要的作用。在刑事立法过程中，立法者对社会上各种各样的危害行为要通过刑事立法的途径规定为犯罪，应当如何选择，哪种危害社会的行为需要规定为犯罪，哪种不需要规定为犯罪，这需要考虑的是该种行为是否应被追究刑事责任。如果某类行为社会危害性较大，需要追究刑事责任，那么立法者就将该行为规定为犯罪；如果某类行为的社会危害性不大，不需要追究刑事责任，则不规定为犯罪。因此，在规定犯罪时，社会危害性的大小和是否被追究刑事责任，在刑事立法中对犯罪的设定过程中起了重要的作用。此外，在刑事立法方面，对于不同种类的犯罪应当如何规定相应的处罚方式，如刑罚的种类、具体的法定刑幅度等，都是由该类行为刑事责任的大小决定。对于刑法总则中的减免、从轻、从重等规定，也都是考虑到行为人应负刑事责任的程度来进行设定的，如在行为人自首的情况下，表明其主观恶性较小，所负的刑事责任也就较轻，这就是各国刑法对自首实行从宽政策的原因。我国刑法第六十七条也有相关规定："犯罪以后自动投案，如实供述自己的罪行的，是自首。对于自首的犯罪分子，可以从轻或者减轻处罚。其中，犯罪较轻的，可以免除处罚。被采取强制措施的犯罪嫌疑人、被告人和正在服刑的罪犯，如实供述司法机关还未掌握的本人其他罪行的，以自首论。犯罪嫌疑人虽不具有前两款规定的自首情节，但是如实供述自己罪行的，可以从轻处罚；因其如实供述自己罪行，避免特别严重后果发生的，可以减轻处罚。"就刑事立法方面看，刑事责任是衡量对行为是否规定为犯罪和如何配置刑罚的依据。换言之，立法者是依据自己的刑事责任观念来制定刑法，确定犯罪的范围和刑罚配置的。犯罪是危害社会的行为，但不是任何危害社会的行为都被规定为犯罪，只有那些严重危害社会、立法者认为需要追究刑事责任的行为，才会在刑法上被规定为犯罪。如果立法者认为某种行为对社会的危害算不上严重，不需要追究刑事责任，也就不会在制定刑法时将其包括在内。同时，立法者对犯罪行为配置什么样的刑罚，也是由其刑事责任观决定的，认为刑事责任重的，就配置重的刑罚；认为刑事责任轻的，则配置轻的刑罚。此外，立法者认为属于影响刑事责任的事项的，也会在法律上将其规定为从轻、减轻处罚或免除处罚的情节或者从重处罚的情节。由上述可见，刑事责任在刑法制定时起到重要的指导作用。

总体而言，就现行刑法来看，刑事责任的应有地位没有在刑事立法中得到体现。因此，笔者认为，以刑事责任在刑法理论中的地位为指导，采取“犯罪—刑事责任”的立法模式更加科学合理。一方面，是对刑事责任重要性的体现；另一方面，刑事责任在刑法中形成了体系性的地位。虽然刑罚论内容丰富，但是由于它只是刑事责任的实现方式之一，还不能与犯罪论、刑事责任论处于相提并论的层次，只能与非刑罚的处罚方法一并作为刑事责任的下位概念。在刑事立法中，我们应以刑事责任在理论中的地位为基础，将刑事理论和立法实际相结合，才能更有说服力，才能确立正确的刑事责任观。在立法过程中，一定要有正确的刑事责任观，才能形成科学的刑法体系。①

## 二、刑事责任的司法定位

刑事责任在刑法理论中的地位确定之后，应当在刑事立法中以此为指导，科学地确定刑事责任在刑法中的地位,并以此指导刑事司法实践正确认识刑事责任。由于我国现行刑事立法对刑事责任的规定有所欠缺，刑事责任的立法地位与其理论地位不匹配，刑事责任在刑事司法中的地位还没有得到应有的确认。从应然的角度来理解，刑事责任应当成为贯穿刑事司法的主线，整个刑事司法活动都是围绕刑事责任展开的，如对刑事责任的追究、确认刑事责任以及对刑事责任的实现等。在刑事司法活动中，所要解决的最中心问题就是刑事责任的问题。高铭暄教授指出，刑事责任问题是刑事司法活动要解决的最基本问题。② 整个刑事诉讼活动的出发点和目的，都是为了准确并及时地查明犯罪事实，正确地应用法律，惩罚犯罪分子，保障无罪的人不受法律追究，即为了正确、合法、及时地解决被告人的刑事责任问题。只有通过解决刑事责任问题，准确并有效地打击犯罪，保障公民的合法权利，才能圆满地完成刑事诉讼的任务。由此可见，刑事责任问题也是刑事诉讼的中心问题。离开刑事责任问题，刑事诉讼也就成了一句空话。从刑事司法活动看，它总是围绕定罪量刑来进行的。对一个人的行为为什么要定罪，就是因为该行为人具有刑事责任；对某一行为为什么要这样量刑和处罚，就是因为该犯罪人具有这样程度的刑事责任。定罪量刑的过程也就是追究刑事责任有无和大小的过程。司法机关在刑事责任个别化的过程中担负着极为重要的任务。如果不了解刑事责任的内在规定性，不熟悉刑事责任的内在规定性，不熟悉本国刑

① 郝英兵．刑事责任论 [M]. 北京：法律出版社，2016.

② 高铭暄，马克昌．刑法学 [M]. 北京：北京大学出版社，2022.

法关于刑事责任的具体规定，就不可能自觉地解决被告人的刑事责任问题，就难免出现对不该追究刑事责任的人追究了刑事责任，或者对本应追究刑事责任的人没有予以追究等偏差，使刑事责任在个别化的过程中走向自身目的的反面。由此可见，为了准确实现对应当负刑事责任的人及时地追究其刑事责任，并保障无辜的人不受刑事追究、保障被告人所受的刑事制裁与其应负的刑事责任相均衡，司法机关和司法人员在刑事司法实践中不仅应当熟悉地掌握刑事法律规范的具体内容，知道自己应当干什么、怎么干，而且应当了解刑事责任的一般原理，弄懂刑事法律法规各项规定的理论根据和精神实质，明确为什么应当这样干。只有自觉地运用刑事理论指导刑事司法实践，才能减少盲目性，提高办案质量。

从司法方面讲，刑事责任是审判机关决定是否适用刑罚和如何适用刑罚的标准。这可以从两个方面来加以说明：①刑事责任是决定适用刑罚的必要前提。某人有刑事责任，才可能对其适用刑罚；没有刑事责任的存在，就不能适用刑罚。②刑事责任的大小是判处刑罚轻重的标准。对此，刑法第五条作了明确的规定："刑罚的轻重，应当与犯罪分子所犯罪行和承担的刑事责任相适应。"按照这一规定，刑事责任小的，刑罚就轻；刑事责任大的，刑罚则重。在对犯罪人判处刑罚时，不仅应考虑犯罪行为的严重程度，而且必须考虑影响刑事责任轻重的情节。犯罪人具有可以或者应当从轻追究刑事责任或者免于追究刑事责任情节的，审判机关要对其依法从轻、减轻刑罚处罚或者免除刑罚处罚；犯罪人具有从重追究刑事责任情节的，则应对其从重处罚。总之，对犯罪人是否判处刑罚以及判处什么刑罚，一般取决于行为人的刑事责任。在刑事司法实践中，如果忽视刑事责任的地位，不以"犯罪—刑事责任"为模式去指导侦查实践、审判实践、行刑责任，而以直观的"犯罪—刑罚"为模式去处理问题，就会在确认犯罪之后直接决定应当适用的刑罚，而较少考虑影响行为人刑事责任轻重的因素，且只把刑罚作为犯罪的唯一后果，这种做法在实践中是十分有害的。人们普遍地仅仅强调刑罚的功能，忽视了刑事责任的存在，尤其在司法实践活动中，更是习惯于直接而简单地采用"定罪—量刑"的流程，对具体案件加以生硬的处置，从而使某一刑事法律关系归于消灭。至于量刑前确定刑事责任的程序，更被毫无顾忌地节省了。这样，刑罚就取代了刑事责任，成为其替代概念，使只要适用了刑法，就完成了刑事责任。正确的做法应当是在确定行为人的行为构成犯罪后，确定影响刑事责任轻重的各种因素，如犯罪人有无自首、立功等情形，是否构成累犯等，在此基础上综合考虑行为人应负刑事责任的大小，进而决定刑事责任的具体承担方式，如是否应当科以处罚、刑罚的种类、刑罚的大小等。因此，在刑事司法实践中，应当始终重视刑事责任的应有地位，以便更好地实现罪刑相适应，对犯罪分子罚当其罪。

# 第十章　刑事责任的认定

## 第一节　刑事责任的年龄的认定

### 一、刑事责任年龄概述

关于刑事责任年龄的概念，学界对其称谓稍有区别。有的学者称为“刑事责任年龄”，有的学者称为“法定年龄”（责任年龄、犯罪年龄），有的学者认为“责任年龄”是“刑事责任年龄”的简称。其中，比较普遍的称谓是“刑事责任年龄”。

### 二、刑事责任年龄认定的方法

要准确认定犯罪嫌疑人、被告人的刑事责任年龄，需要准确运用证据规则对相关证据进行审查，然后作出符合法律规定的认定（虽然这一结果并不能完全达到客观真实的标准，但符合法理和法律规定）。在认定刑事责任年龄时，特别要准确理解和运用以下两个证据原则。

#### （一）“谁主张、谁举证”原则

“谁主张、谁举证”原则是一个程序法原则，不仅是民事、行政诉讼的基本原则，也是刑事程序的基本原则。但凡有原则，就会有例外。因此，在运用该原则进行认定刑事责任年龄时，需要厘清概念、准确运用。

1.“谁主张、谁举证”原则的概念分析

自古罗马法时代开始，司法界便确立了“谁主张、谁举证”的原则。该原则将举证责任与诉讼主张联系到了一起，认为证明责任应当由要求改变现状的一方当事人承担。在所有诉讼中，提出诉讼主张的当事人都是要求改变现有状况的当事人，必须承担举证责任。举证责任涉及当事人是否提供了充足的证据，以便法官能够恰当地允许某一特定主张在庭审中继续展开。为达成其举证责任，当事人必须确立其主张或者抗辩各要件的初步证据。

《中华人民共和国刑事诉讼法》第五十一条规定，公诉案件的证明责任由人民检察院承担，自诉案件的证明责任由自诉人承担。根据该条法律规定，公诉刑事案件中证明被告人有罪的举证责任一般是由指控方、公诉方承担，被告人不承担举证责任，也就是说，根据无罪推定原则确立的刑事证明责任分配规则，被告人既没有证明自己有罪的责任，也没有证明自己无罪的责任。换言之，被告人可以不向法庭提供任何证据，仅对公诉方提出的证据进行质疑，就是完成了辩护的任务。被告人甚至可以不作任何辩护，法庭也不能因此作出对被告人不利的判决。

因此，根据这一原则和上述法律规定，实践中犯罪嫌疑人、被告人的刑事责任年龄一般应当由侦查机关取证、检察机关举证证明。侦查机关有取证的义务、检察机关有证明的义务。在刑事诉讼过程中，原则上检察官负有客观的举证责任，这种客观的举证责任不能转嫁给被告人，在不存在违法阻却事实和责任阻却事由的情况下，检察官也有举证责任。

2.“谁主张、谁举证”与证明责任并不冲突

法律规定公诉案件由检察机关承担举证责任，这并不意味着犯罪嫌疑人、被告人在任何情况下都不应当承担任何证明责任。对于案件中某些（部分）事实或者情节的证明责任，应当遵循“谁主张、谁举证”的原则，换言之，在一些特殊情形下被告人也应当承担证明责任。被告人及其法定代理人、辩护人针对刑事责任年龄提出了异议、抗辩，如提出户籍资料上登记的出生日期应当是农历、户籍资料上登记的出生日期有错误并提出了真正的出生日期，即提出了积极的主张，就应该举出相应的证据予以支持其主张。如果被告方可以随意提出关于刑事责任年龄的抗辩主张，然后由公诉方举证反驳，自己不承担证明责任，显然违反司法公正原则，也影响司法证明的效率。因此，在认定刑事责任年龄时，“谁主张、谁举证”原则与我国刑事诉讼法规定的证明责任分配并不是冲突的，而是一种补充、完善、例外，由被告方对其积极主张进行举证，是刑事证明的特殊规则。

在被告一方不能举出证据证明其主张时，其应当承担不利后果，即如果侦查机关已经调取了确实充分的证据证明犯罪嫌疑人、被告人达到相应的刑事责任年龄时，则应予认定。诚然，基于公诉方与被告方的诉讼地位、力量对比，被告方的证据要求可以低于“证据确实、充分”的标准，只要能举出证据（或者有证据）证明其没有达到相应的刑事责任年龄即可，其提出的证据只要具有客观性、真实性，就可以采信。

此外，根据举证公平、便利原则，对某一事实的证明责任应当由控制着能够证明该事实的证据或者根据适当的司法估量可能从现状中获得利益的一方当事人承担。

需要补充说明的是证明标准问题。控诉机关对刑事责任年龄举证证明的标准应当是最严格的，须达到“事实清楚、证据确实充分”的标准。对于当事人而言，特别是对于被告方而言，其提出抗辩而举证的证明标准相对较低，只要达到“有证据证明”的标准即可。

## （二）“存疑时有利于被告人”规则

在实务中证据出现矛盾时，或者司法工作人员根据自身经验认为案件事实不符合一般经验时，就认为事实存疑，即对案件事实产生了怀疑，从而适用“存疑时有利于被告人”的规则，作出对犯罪嫌疑人、被告人有利的认定。司法实务中存在滥用、错用“存疑时有利于被告人”规则的现象，因此有必要厘清该规则的具体内容，从而正确运用该规则，特别是在审查刑事责任年龄时要准确适用该规则。

### 1.“存疑时有利于被告人”的概念分析

“存疑有利于被告人”（或者说“疑点利益归于被告”）已被公认为是刑事诉讼中针对“事实存疑”的裁断规则，即证据存疑时应作出有利于被告人的选择。

该原则具体应用表现为以下几种情形：当无法确定犯罪行为是否超过了追诉时效时，应当作出不再追诉的决定；当案件事实在有罪与无罪之间存在疑问时，应该作出无罪的处理决定；当重罪与轻罪之间存在疑问时，应该按照轻罪来处理；当从重处罚情节存在疑问时，应当否认存在从重处罚情节；当从轻（减轻）处罚情节存在疑问时，应当认定存在从轻（减轻）处罚情节。

然而，在司法实践中，很多人将该原则简化成了“有利于被告人原则”，只要案件事实、情节、证据有疑问时就不分青红皂白作对被告人有利的解释，表现在刑事责任年龄认定上就是只要被告方对年龄的相关证据和事实提出异议，就认为刑事责任年龄难以认定，而以此作出存疑不捕（诉）的决定（司法实践中，无论在哪个诉讼环节认定犯罪嫌疑人、被告人没有达到刑事责任年龄而不构成犯罪，都会对此前诉讼环节的司法承办人员进行追责，因此，大多数“内心确信”为无罪的案件也“技术性”处理为“存疑”），这显然忘记了适用该原则的前提是证据存疑（至少是司法人员对证据存在合理怀疑）。[①]

2.“存疑时有利于被告人”规则的应用

要在认定刑事责任年龄时准确运用“存疑时有利于被告人”的规则，关键是要对“存疑”（对证据存在合理怀疑）有准确的理解。

英国学者史塔克于1842年首次提出排除合理怀疑为刑事诉讼证明标准，并将其解释为：具有道德上的确定性以至于排除所有的怀疑。在美国的证据程度划分中，排除合理怀疑处于九个等级中的第二等，是刑事案件作出定罪裁决的必然要求，是诉讼证明方面的最高标准。

合理的怀疑要具备以下三个条件：①合理怀疑产生的依据是客观事实，而不是随意猜测。换言之，提出怀疑是基于证据，而不是基于纯粹心理上的怀疑。②合理怀疑的判断标准是理智正常且不带偏见的一般人的认识，因此，当被告人或辩护人提出怀疑之后，要由法官根据一般人的观念、不带偏见地作出判断。只有被告人认为法官应当产生合理怀疑时，还不足以构成合理怀疑；只有当法官以中立人的身份认为未能达到确信程度时，才属于合理怀疑。③合理怀疑的成立标准是证明有罪证据尚不确实、充分。换言之，如果有罪证据已经确实、充分，那么，合理怀疑是不可能成立的。

因此，司法人员在认定刑事责任年龄时，不能在被告方仅提出异议而没有提供任何证据的情况下就产生怀疑，排除合理怀疑并非要排除一切可能的怀疑，而仅要求此种被排除的怀疑，必须能够说明理由、摆出道理，经得起理性论证，故应当以不偏不倚的立场发现现有在案证据存在矛盾和不能排除的合理疑问，才能作出犯罪嫌疑人、被告人没有达到相应刑事责任年龄的认定，从而最终认定其不构成犯罪或者具有从宽处罚的情节。

## 第二节　精神障碍者的刑事责任的认定

世界各国对精神障碍者的刑事责任能力都有相关的规定，但是各国在立法方式和判断标准上却存在着相当大的差异。目前学界主要存在着医学标准、心理学标准和混合标准三种分类标准，其中我国采用的就是混合标准。所谓混合标准模

① 王拂冉．刑事责任年龄的审查与认定[D]．长沙：湖南大学，2019.

式，不仅要求当事人要患有医学中规定的精神障碍，而且需要达到法学中法定的心理状态或者心理结果的判定标准，这样才可以对当事人判定为无刑事责任能力或者限制刑事责任能力。

## 一、医学标准

医学标准也称为生物学标准，即以单纯的生物医学为标准判定有无刑事责任能力。生物学标准是大陆法系在将精神障碍犯罪者对其刑事责任能力进行划分之初，区别对待判刑和量刑使用的标准。但随着医学和法学的不断深入研究与融合，单纯医学标准的缺陷不断使各国对此标准进行改善。即使立法中依然采用单纯生物医学的标准，但在司法实践中也不断倾向于折衷的标准。①

## 二、心理学标准

随着医学对精神疾病的深入，人们发现了纯生物学标准的不足之处，于是不再以纯医学标准对刑事责任能力作出判定。完全按照刑法中的标准，一种法定的心理状态分为有无刑事责任能力。心理学标准可以具体划分为以下三种情况：心理状态标准、心理状态兼心理结果标准、心理学折衷标准。

## 三、刑事责任能力等级分类

刑事责任能力等级同样存在着不同的划分方法，主要有二分制和三分制两种等级制。

二分制即将刑事责任能力完全划分为有或者无这两种情况。三分制则是将刑事责任能力划分在有和无的基础上，又新增加了限制刑事责任能力这一范畴。在采取三分制的国家中，对于限制刑事责任能力的精神障碍者，主要规定了减轻其刑事责任和对其予以从宽处的原则。但是减轻和从宽的程度会有所不同。减轻程度又可划分为必减制和得减制（但是最后是否减轻和从宽还是得由法官根据具体案情判断）。我国刑法第十八条第二款规定，间歇性精神病人在精神正常时犯罪，应当负刑事责任能力；第三款规定，尚未完全丧失辨认和控制自己行为的精神病人犯罪，应当负刑事责任能力但是可以从轻或者减轻处罚。由以上两款可以看出，我国刑法对精神障碍者的刑事责任能力划分采用的是三分制的划分方法，我国对

① 李亚东．论我国精神障碍者的刑事责任能力之认定[D]．北京：中国社会科学院研究生院，2018.

于精神障碍者认定后也存在负刑事责任、不负刑事责任和减轻刑事责任三种情况。事实上，无论在医学上还是法学上，精神障碍的认定都没有一个确定的标准，而是在实践中不断积累、认知和完善。同时，现实生活中还存在着大量尚未完全被定论的精神疾病。限制性精神障碍的复杂性同样需要我们在法律上对限制性精神障碍的刑事责任能力的认定与犯罪处罚进行完善，才能做到对案件的公正裁判。

# 第十一章　刑事责任的实现形式

## 第一节　刑罚

### 一、刑罚的概念与法律特征

#### （一）刑罚的概念

刑罚是指刑法规定的由国家审判机关依法对犯罪人适用的限制或剥夺其某种权益的强制方法。

#### （二）刑罚的法律特征

1. 严厉性

刑罚是一种严厉的法律制裁，它不仅可以剥夺犯罪人的财产权和政治权利，还可以限制或者剥夺犯罪人的人身自由，甚至可以剥夺犯罪人的生命。而其他法律措施绝对排除对生命的剥夺，一般也不涉及违法人的人身自由，即使是行政拘留剥夺人身自由，时间也极为短暂。

2. 适用对象的特定性

刑罚只适用于触犯刑法构成犯罪的人，对其他违法者不得适用刑罚。而其他法律制裁主要适用于仅有一般违法行为但没有构成犯罪的人，同时在一定条件下也可以适用于犯罪人。

3. 适用机关的唯一性

刑罚只能由国家刑事审判机关适用，在我国只能由人民法院适用。而民事制裁由国家审判机关中的民事审判部门适用，行政制裁一般由行政执法机关适用。

4. 制定机关的唯一性

刑罚只能由国家最高立法机关确立，即只能由全国人民代表大会及其常务委员会规定刑种与刑度，而其他法律制裁可以由其他有关机关确立。如行政法规可以设立除限制人身自由以外的行政处罚，地方性法规可以设立除限制人身自由、吊销企业营业执照以外的行政处罚，但行政法规与地方性法规的制定机关都无权规定刑罚。

## 二、刑罚的目的

### （一）刑罚目的的概念

刑罚目的是指国家制定、适用、执行刑罚的目的，即国家的刑事立法采用刑罚作为对付犯罪现象的强制措施及其具体适用和执行所预期实现的效果。

刑罚目的是国家刑事法律价值选择的反映，决定和制约着刑罚的其他全部问题，包括作为科处刑罚根据的事实、受刑罚处罚的主体、刑罚的体系与种类、量刑的原则与标准、刑罚的执行制度与执行方法等。

### （二）刑罚目的的内容

1. 特殊预防

特殊预防是指预防犯罪人重新犯罪。特殊预防的对象是已经实施了犯罪行为的人。就故意犯罪人而言，他们往往因为犯罪而得到了物质上、生理上、精神上的某种满足，如果不对其进行特殊预防，他们就可能为了获得某种满足而再次犯罪。就过失犯罪人而言，他们常常因懈怠注意义务而放松对自己行为的要求，如果不对之进行特殊预防，他们也可能再次犯罪。

特殊预防通过如下两个途径实现：①通过对罪行极其严重的犯罪人适用死刑，永远剥夺其重新犯罪的能力。这种方式虽然简单、有效，但在现代社会不应成为实现特殊预防的主要途径。②通过对犯罪人适用刑罚，使犯罪人不能犯罪、不敢犯罪乃至不愿犯罪。例如，通过剥夺犯罪人的人身自由，使其终身或在一定期间内与社会隔离，从而无法实施犯罪行为；通过限制犯罪人的人身自由，使其在一定期间内难以实施犯罪行为；通过剥夺犯罪人的财产，使其在一定时间内丧失再犯罪的物质条件；通过剥夺犯罪人的某种权利，防止其利用这些权利再次犯罪。而这些方法对犯罪人具有威慑与教育改造作用，迫使他们认识到，如果再犯罪就必将承担惩罚性后果，只有不再犯罪才能享受本来具有的合法权益，于是，他们不敢重蹈覆辙、不愿再陷囹圄，从而实现特殊预防目的。[①]

① 向准．我国刑罚体系研究 [M]. 北京：中国政法大学出版社，2019.

### 2. 一般预防

一般预防是指预防尚未犯罪的人实施犯罪。一般预防的对象不是犯罪人，而是犯罪人以外的社会成员。主要包括以下内容。

（1）危险分子

危险分子即具有犯罪危险的人。如尚未得到有效改造的刑满释放人员，多次实施违法行为的人，多次受到刑罚处罚的人。这些人无疑是一般预防的重点。

（2）不稳定分子

不稳定分子即容易犯罪的人。这主要是指法治观念淡薄、自制能力不强、没有固定职业、容易受犯罪诱惑或容易被犯罪人教唆拉拢的人。不稳定分子主要存在于不良群体与失业者中，也是一般预防的重点。

（3）犯罪的被害人

犯罪的被害人即直接或间接受到犯罪行为侵犯的人。这些人虽然是犯罪受害者，但因为往往具有报复性倾向，也容易通过犯罪手段达到报复目的，故属于一般预防的对象。

（4）一般预防的途径

通过对犯罪人判处刑罚，向社会成员宣告：任何人犯罪都将受到刑罚处罚，都将承受惩罚性后果。这对社会成员起到警诫与抑制作用，使社会成员不敢或者不愿意实施犯罪行为。

通过对犯罪人判处刑罚，向社会成员宣告：任何犯罪都是侵犯合法权益的行为，与犯罪作斗争是社会成员的义务，号召社会成员防止和抵制犯罪发生，以利于预防可能犯罪的人实施犯罪行为。

上述特殊预防与一般预防是一个整体，密切联系，不可分割。任何犯罪行为都侵犯了合法权益，都预示着犯罪人有再次犯罪的现实可能性；同时，表明我国还存在各种诱发犯罪的原因以及可能实施犯罪行为的人，通过制定、适用和执行刑罚，防止已经犯罪的人再次犯罪，是保护合法权益最实际、最紧迫的任务；通过制定、适用和执行刑罚，警告、教育社会上其他人不犯罪和抵制他人犯罪，则是防患于未然，保证社会长治久安的战略要求。

因此，特殊预防的实现，有利于一般预防的实现；一般预防的实现，也有助于特殊预防的实现。

## 三、刑罚的功能

刑罚的功能是指刑罚的制定、裁量和执行对人们可能产生的积极作用。刑罚的功能有以下内容。

### （一）对犯罪人的功能

1. 惩罚功能

刑罚对犯罪人的行为作否定评价和谴责，并使用刑罚来限制或剥夺其某种权益，必然给犯罪人带来痛苦，这是刑罚固有的属性。

2. 教育改造功能

通过强迫劳动，伴之以教育，使他们认识自己的罪行，认罪服罪，改造自己的恶习，学习一定生产技能，以便复归社会。

### （二）对被害人的功能

刑罚对被害人具有安抚功能，即能够树立国家法律公平正义和抑恶扬善的形象，平息被害人及其亲属的愤怒和仇恨，不至于发生私力报复，从而起到平衡和安抚作用。

### （三）对社会的功能

1. 威慑功能

威慑功能是针对社会上的危险分子所起作用，分为：①立法威慑。刑法规定了犯罪及刑事责任，就会使人望而生畏。②司法威慑。对特定的犯罪人适用和执行刑罚，使意图犯罪的人目睹他人受刑之苦而得到警诫。

2. 教育功能

通过对犯罪分子适用刑罚，让公民树立一个守法光荣、犯罪可耻的信念，自觉地遵纪守法，维护法制，鼓励公民坚决同犯罪行为作斗争。

# 第二节　非刑罚处罚方法

## 一、非刑罚处罚方法的概念

从字面意义上来理解，非刑罚处罚方法首先是一种方法。“方法”一般是指为达到某种目的或者为了实现某种愿望而采取的办法。刑罚是一种应对犯罪的方法，刑罚之外的应对犯罪的手段可以称为非刑罚的方法。其次，非刑罚处罚方法是一种处罚方法。“处罚”是指依据法令规章对违反相关规定的人予以惩罚，使犯了错误的人或者违反法律的人受到某种利益上的损失而有所反省，应对犯罪的方法有很多种，但不是每一种方法都具有处罚的属性，有的方法是出于隔离需要，如将精神病犯罪人送交强制医疗，有的方法是出于保护、教育与矫正的目的，如对一些不满刑事责任年龄的未成年犯人收容教养，这些都不是处罚方法，非刑罚方法是一种非刑罚的方法，非刑罚处罚方法是一种非刑罚处罚的方法，非刑罚处罚方法是非刑罚方法的下位概念。“非”意指否定，非此即彼，刑罚方法与非刑罚方法是一种对立的关系，刑罚方法与非刑罚处罚方法也有着对立的关系。总结起来，非刑罚处罚方法是相对于刑罚而言的，是对犯罪人予以的刑罚以外的其他处罚方法的总称。

## 二、刑法设置非刑罚处罚方法的依据

### （一）非刑罚处罚方法的理论根据

非刑罚处罚方法有助于刑罚目的的实现。目的是全部法律的创造者，每条法律规则的产生都源于一种目的，即一种实际的动机。目的是一种主观上的存在，可以有效地指导客观实践。刑罚的目的，一般认为是国家制定、适用与执行刑罚所希望达到的结果。关于刑罚的目的，历来就有着激烈的争论，主要学说有报应刑论、目的刑论以及折衷论。

报应刑论将报应视为刑罚唯一的目的，追求一种抽象的正义。在报应刑论者看来，人的意志是自由的，在自由意志主导下的犯罪行为必须受到刑罚的制裁，有犯罪则必有刑罚，刑罚是犯罪的唯一后果，刑罚除报应犯罪人以外不应该有别的目的。

目的刑论认为刑罚的目的不应局限于报应，报应的目的决定了刑罚只是作为一种后果，这种后果是由犯罪所导致的，因此必然有着滞后性，是被动的。刑罚作为国家权力的一种表现形式，应当在应对犯罪的问题上发挥更为有力的作用，主动出击，对未然之罪进行积极预防。在目的刑论看来，施以刑罚的最终目的是没有犯罪。目的刑论否定报应，重视预防，同报应刑论否定报应以外的目的一样在后期学者看来都是片面的。

折衷论并不将报应与预防视为一对截然对立、不可调和的矛盾，认为两者完全可以同时作为刑罚的目的，其经典的表述为：因为有了犯罪而判处刑罚，判处刑罚是为了没有犯罪。虽然折衷论受到认可，但是在报应与预防之间以何者为重，持折衷论的学者并没有一致的观点。我国学者田宏杰指出，刑罚的目的应当是报应与特殊预防，一般预防不应作为刑罚的目的，对犯罪人报应本身就可以实现一般预防的效果。一般预防是伴随性的，相对于报应而言是下位的概念，同时一般预防与罪刑相称有违，有可能会导致重刑苛罚泛滥。

非刑罚处罚方法符合刑罚的目的，重视报应与特殊预防。非刑罚处罚方法的报应目的体现在惩罚性上。惩罚性是一种属性，报应是一种目的，但两者主体一致。非刑罚处罚方法并没有排斥刑罚的惩罚属性，只是出于某种刑事政策的需要而改变了以往的应对犯罪的方法。非刑罚处罚方法以罪刑相称为原则，并非重罪轻判。我国的非刑罚处罚方法的适用对象是免除刑罚的犯罪人。虽然免除刑罚，但是出于报应的目的，不能没有丝毫处罚。因此，非刑罚处罚方法担当了报应的角色，对犯罪人处以强制性的不利后果。

非刑罚处罚方法的特殊预防目的主要体现在两个方面：①刑罚处罚方法本身的产生扩充了刑事制裁的体系，这为特殊预防提供了法律支持，有些犯罪人即使是适用最轻微的刑罚也是不妥的，非刑罚处罚方法的灵活性可以有效地满足正义、公理与效益等价值对犯罪应对方法的需求；②刑罚对犯罪人特殊预防目的的实现有赖于功能的发挥，刑罚对于犯罪人的功能主要包括惩罚、改造和感化，但改造和感化功能受到很多人的质疑。刑罚的执行方式是强制的，对犯罪人处处设防，而改造和感化功能只有在信任以及缓和的气氛下才能较好地发挥作用。非刑罚处罚方法相对而言比较缓和，可以适当地降低犯罪人的心理抵触，一定程度上达到改造和感化的目的。就我国而言，我国目前的非刑罚处罚方法非常轻缓，方式温和，对于应对不同的犯罪人可以有针对性地实现特殊预防的目的。①

### （二）非刑罚处罚方法符合刑罚经济、个别化以及契约思想的要求

#### 1. 刑罚经济的要求

人们一直以来都在寻求有效的应对犯罪的方法，刑罚在初期是唯一手段。早期的刑罚表现出极其强烈的严厉性，统治者们希望借此完全消灭犯罪，但却未能如愿。随着人们对犯罪的了解不断深入，人们开始认识到犯罪的存在在社会中是不可避免

① 张适清．非刑罚处罚方法的基本问题 [D]. 昆明：昆明理工大学，2017.

的，寻求经济性的犯罪应对措施成为刑法研究的一个重要内容。

刑罚的适用可以有效地预防犯罪、保护法益，且本身具有经济价值，但刑罚的适用需要投入大量的社会资源。社会资源的有限性决定着刑罚资源的稀缺性，如何通过最少的成本投入最有效地应对犯罪是一个难题。

一般而言，刑罚的种类包括生命刑、自由刑、财产刑以及资格刑，每种刑罚都需要必要的成本投入。生命刑由于直接剥夺犯罪人的生命，后果具有无可挽回性，这决定了如果对犯罪人适用生命刑则必须投入大量的成本，其中不仅包括控辩双方在时间、精力与金钱上的消耗，还包括国家出于对生命刑的重视所造成的程序上的复杂性而导致的财力上的消耗；自由刑因其长期性与隔离的特征需要国家投入大量的资源建造配套设施，而犯罪人被施以自由刑，虽然也从事着劳动，但很难与其正常的社会分工所产生的社会财富相比较，犯罪人经历监狱生活后再社会化也是一个障碍；财产刑与资格刑相对而言需要投入的成本较小，主要在于程序上对于当事人时间与精力的耗费。

刑罚的经济性要求，在应对犯罪行为时，资源的投入既不能过量也不能不足。投入过量的资源，对犯罪分子适用过于严厉的刑罚，不仅会造成资源的浪费，还会激起社会的反感，削弱刑罚的神圣与尊严，而蔑视社会秩序的最明显、最极端的表现就是犯罪，这样势必导致新的犯罪发生。倘若投入刑罚资源不足，则不利于威慑社会上的不稳定分子，同样会助长犯罪气焰。刑罚的经济性追求一种效益上的价值，但这种价值的追求是有前提的，是遵循罪责刑相适应原则的，是以正义与公平价值作为基础的。刑罚的效益价值对犯罪应对手段的种类有所要求，只有刑事制裁方式多样，才能更好地实现刑罚资源的优化配置。

我国既有的非刑罚处罚方法能够在一定程度上满足刑罚经济性的要求，其执行方式的特点决定了对犯罪人而言既避免了程序上的负担，也不会对其再社会化构成不利影响，对被害人而言则有利于其迅速地从犯罪的不良影响中恢复过来，在经济上或心理上得到慰藉；对国家而言则实现了刑罚资源的节约。

2. 刑罚个别化的要求

刑罚个别化思想是一个发展中的思想。早期的刑罚个别化思想是针对僵化理解罪刑法定原则而提出的。罪刑法定原则是针对封建社会中法官随意出入人罪的社会现象而推出的一项重要原则，对于限制国家刑罚权，保障犯罪人权利起着重要的作用。在罪刑法定原则的指导下，立法者在立法时规定了绝对的确定刑罚，使刑法追求一般正义而忽视个别正义，导致刑罚缺乏灵活性。随着对过于僵化的罪刑法定原则的批判，刑罚的个别化思想受到人们的认可，其目的在于凸显个别正义。随着实证主义法学派的兴起，刑法研究逐渐重视犯罪人本身，刑罚的个别化强调根据犯罪人的人身危险性适用刑罚，以达到特殊预防的目的。刑罚的个别化倡导具体问题具体对待。实践中，犯罪行为类型具有相对稳定性，而背后的犯罪人却各有不同，对于不同的犯罪人应视具体情况给予相应的处罚方法。刑罚个别化思想在实证主义法学派盛行时获得了较大的发展，以往人们虽然确信法官自由裁量权的必要性，但是并没有明确的理论支持，刑罚个别化回答了为何要赋予法官自由裁量权以及该如何自由裁量。实证主义法学派作为目的刑论的支持者，其所持观点受到后期学者的批判。目的刑论是单维的刑罚目的观，排斥报应的刑罚目的。有的学者提出，不受报应制约的个别化必然导致无罪施罚，不受报应制约的个别化必然导致轻罪重罚、同罪异罚。刑罚的个别化随着折衷论的提出有了新的发展，折衷论坚持在报应的基础上考虑犯罪人的人身危险性，将犯罪行为与犯罪人二者综合考虑，作为施以刑罚的依据。

无论是目的刑论的刑罚个别化思想还是折衷论的刑罚个别化思想，都承认刑罚并非应对犯罪的唯一手段。目的刑论重视刑罚的目的，尤其是刑事人类学派与刑事社会学派的刑法学家们重视犯罪的特殊预防目的，只要有利于教育矫正犯罪人，实现社会的防卫，应对犯罪的手段可以不局限于刑罚，并在传统刑罚之外寻求有效的代用物。而折衷论在认可刑罚个别化思想价值的同时，对于刑罚个别化提出了一些限制。在折衷论看来，报应与预防都是应该受到认可的，在具体适用刑罚时，不能单方面追求特殊预防而忽视刑罚的报应目的。重罪轻判与轻罪重判都是不正义的，刑罚的报应目的为刑罚的预防目的划定了上下限，法官在行使自由裁量权时不能因为犯罪人个人情况特殊而突破报应的约束。

非刑罚处罚方法符合刑罚的个别化思想。首先，犯罪人个体数量众多，犯罪原因多种多样，而传统的刑罚种类较少，很难满足特殊预防的目的。非刑罚处罚方法相对而言则具有极大的灵活性，只要一国的社会条件允许，民众观念认可，非刑罚处罚方法的内容可以不断扩充，有效地实现应对不同的犯罪人的预防目的。其次，传统的刑罚虽然也有感化矫正的功能，但是侧重点在于惩罚，或剥夺或隔离或消灭，这是由其作用方式所决定的，而非刑罚处罚方法虽然也有着惩罚的属性，但是更显理性与人道，将教育犯罪人的目的融入执行方式中，在刑罚个别化思想看来，犯罪人如同病人，对症下药尤为重要，单纯地一关了之、一杀了之都只是对于犯罪人利益的抽象概括的做法，不仅忽视了个体正义，而且必然不会收到良好的效果。非刑罚处罚方法作为一种刑事责任的实现方式，要具有一定的稳定性。作为刑罚的补充，非刑罚处罚方法的特殊预防更多地体现在对责任承担的实现路径上与刑罚不同的倾向，这种不同的倾向表现在考虑对犯罪人的处罚方法时，不像传统刑罚那样以自由及生命的剥夺为重心，更多的是一种教育的目的，同时这种不同的倾向一改一贯的不重视被害人利益的做法，将被害人利益保护进一步纳入刑事制裁体系的内容中，体现了一种恢复性的价值理念。

我国现有的非刑罚处罚方法种类并不多，但是对于我国的刑罚而言是一个重要的补充，其对于轻微犯罪人的矫正与预防功能比较注重，体现了一种教育刑的思想。实际上，如果许多犯罪人只是出于过失，或者法律意识淡薄，对他们进行训诫、责令具结悔过、责令赔礼道歉等措施，也是非常有针对性的做法。

## 第三节　免予刑事处分

### 一、构成犯罪但情节轻微

根据刑法第三十七条规定："对于犯罪情节轻微不需要判处刑罚的，可以免予刑事处罚，但是可以根据案件的不同情况，予以训诫或者责令具结悔过、赔礼道歉、赔偿损失，或者由主管部门予以行政处罚或者行政处分。"对于法条中的"犯罪情节"中的"情节"所包含的意思，以及如何评判情节是否轻微，学界众说纷纭。

#### （一）情节的范畴

情节轻微是刑法对犯罪行为的整体评价，那么具体的情节是指什么？从最广义上说，情节是不仅表明行为是否具有社会危害性，还包括行为人是否具有程度不等的社会危害性和人身危险性主客观事实、犯罪构成的确定性要件。有学者认为，判断一个罪的基本情节，是指刑法明文规定的犯罪成立所必需的一个主观与客观的情状，表明行为的法益侵害程度，它反映行为的法益侵害程度是以综合的形式形成的。也有学者认为，在两阶层或三阶层体系中，即以违法和责任为支柱的体系中，所谓的情节并不是指任意的情节，而只能是指表明法益受伤害程度的客观方面的情节。

上述观点在学术界在情节理解方面比较有代表性。

### （二）情节是否轻微的评判

情节是否轻微，要根据案件的不同情况，综合全面地考量。“情节轻微”中的“情节”判断采用的是客观违法性论的立场。构成要件要素是代表违法性的重要标志。作为行为的外观、客观方面的构成要件内容的要素，就是客观的构成要件要素，如行为的客观面、行为主体、行为对象、结果、行为的状况。作为行为人的内心、主观方面的构成要件内容的要素，就是主观的构成要件要素。那么“情节轻微”的判断就要以客观的构成要件要素为中心，即认为行为的客观面、行为主体、行为对象、结果、行为的状况属于类型的构成要件要素。刑法第二十七条规定:“对于从犯，应当从轻、减轻处罚或者免除处罚”；第二十四条规定:“对于中止犯，没有造成损害的，应当免除处罚；造成损害的，应当减轻处罚。”对于从犯，其处罚的根据在于在共同犯罪中所起的作用比较小，对法益的侵害比较轻。对于中止犯，没有造成损害，应当免除处罚的根据在于其对法益没有侵害。

## 二、法律明文规定不需要判处刑罚

“刑罚法定”的意思是必须遵守“以事实为根据，以法律为准绳”的量刑准则。我国刑法对免予刑事处罚做了很多具体的规定。

刑法第三十七条“对于犯罪情节轻微不需要判处刑罚的，可以免予刑事处罚”这一规定在一定条件下可以独立适用一直是我国刑法理论的主流观点。最高人民法院的司法解释采取的就是这种立场。即如果法官根据全案事实认定被告人确实犯罪情节轻微不需要判处刑罚的，即使相关分则条文没有明确规定可以免予刑事处罚，也可以直接根据刑法第三十七条的规定对被告人免予刑事处罚。

# 第四篇　刑事诉讼

# 第十二章　刑事诉讼法概述

## 第一节　刑事诉讼法的基本概念

### 一、刑事诉讼

#### （一）概念

诉讼即“打官司”，是指国家审判机关即人民法院，依照法律规定，在当事人和其他诉讼参与人的参加下，依法解决讼争的活动。诉讼可分为刑事诉讼、民事诉讼和行政诉讼三大类型。

刑事诉讼法、民事诉讼法、行政诉讼法都属于程序法，它们共同构成国家司法程序的基本体系。由于三者均为法院审判案件遵循的程序，在原则、制度、审判程序等方面有许多共同之处。如以事实为根据、以法律为准绳原则，回避和辩护制度，两审终审等，但三者属于三种不同的诉讼，其区别也十分明显。

我国的刑事诉讼是指国家专门机关在当事人及其他诉讼参与人的参加下，依照法律规定的程序追诉犯罪，追究被追诉人刑事责任的活动。

刑事诉讼分广义和狭义两种类型。广义的刑事诉讼是指国家实现刑罚权的全部诉讼行为，包括立案、侦查、审查起诉、审判、执行等活动。狭义的刑事诉讼专指人民法院的审判活动。

#### （二）特征

刑事诉讼由国家专门机关主持进行，其他国家机关无权进行。

刑事诉讼是公安司法机关行使国家刑罚权的活动。

刑事诉讼是严格依照法律规定的程序进行的活动。

刑事诉讼是在当事人和其他诉讼参与人的参加下进行的活动。

### （三）阶段

我国的刑事诉讼（公诉案件）划分为立案、侦查、起诉、审判和执行五个阶段。其中，审判为核心阶段。

## 二、刑事诉讼法

### （一）概念

刑事诉讼法是规范刑事诉讼的法律。我国的刑事诉讼法是国家制定的规范人民法院、人民检察院和公安机关进行刑事诉讼，当事人和其他诉讼参与人参加刑事诉讼的法律。

刑事诉讼法有狭义和广义之分。狭义的刑事诉讼法仅指中华人民共和国刑事诉讼法典。广义的刑事诉讼法指一切有关刑事诉讼的法律规范，具体包括：宪法、刑事诉讼法典、国家立法机关制定的有关刑事诉讼程序的规定（如《中华人民共和国警察法》《中华人民共和国法官法》《中华人民共和国检察官法》《中华人民共和国律师法》《中华人民共和国人民法院组织法》《中华人民共和国人民检察院组织法》等法律中有关刑事诉讼程序的法律规范）、司法解释、我国缔结和参加的国际条约等。

### （二）刑事诉讼法的属性

按照法从不同角度的分类，刑事诉讼法分别属于程序法、公法和基本法。

### （三）刑事诉讼法的渊源

刑事诉讼法的渊源是指刑事诉讼法律规范的存在形式。我国刑事诉讼法的渊源有以下内容。

1. 宪法

宪法是我国根本大法，是制定一切法律的依据。

2. 刑事诉讼法典

现行的《中华人民共和国刑事诉讼法》于 1979 年 7 月 1 日通过，1996 年 3 月 17 日、2012 年 3 月 14 日、2018 年 10 月 26 日进行了三次修正，这是其主要的法律渊源。

3. 有关法律规定

全国人大及其常委会制定的有关刑事诉讼的法律规定。如《中华人民共和国刑法》《中华人民共和国人民检察院组织法》《中华人民共和国人民法院组织法》《中华人民共和国律师法》《中华人民共和国监狱法》《中华人民共和国国家赔偿法》等。

4. 地方性法规

地方人民代表大会及其常务委员会颁布的地方性法规中关于刑事诉讼程序的规定。

5. 国际条约

中华人民共和国缔结或者参加的国际条约中有关于刑事诉讼程序具体规定的，适用该国际条约的规定，但是我国声明保留的条款除外。

6. 其他

包括有关法律解释、行政法规等。

### （四）刑事诉讼法与刑法关系

刑事诉讼法与刑法是形式与内容的关系，两者相互依存，密不可分，都是进行刑事诉讼的法律依据。

刑事诉讼法是程序法，刑法是实体法。程序法为实现实体法而存在，程序法本身又具有独立的品格。

刑事诉讼法与刑法都以惩罚犯罪、保障人权、维护社会秩序、限制国家公权为目的。刑事诉讼法是从动态上对国家刑罚权进行程序上的限制；刑法是从静态上对国家刑罚权的限制。

刑法与刑事诉讼法相辅相成、相得益彰，构成了刑事法的整体内容。[①]

## 三、刑事诉讼法学

### （一）刑事诉讼法学的研究对象

1. 刑事诉讼法学

刑事诉讼法学是研究刑事诉讼现象和刑事诉讼客观规律的一门法学学科。

刑事诉讼法学的研究对象包括刑事诉讼法律规范、刑事诉讼实践和刑事诉讼理论。

2. 刑事诉讼法律规范

刑事诉讼法学将广义的刑事诉讼法作为自己的研究对象，其中《中华人民共

① 姚建涛．刑事诉讼法理论与实务 [M]. 武汉：武汉大学出版社，2021.

和国刑事诉讼法》是刑事诉讼法学的首要研究对象。

3. 刑事诉讼实践

刑事诉讼实践是法学研究的出发点和落脚点，也是诉讼法学理论的生长点，具体包括：①刑事司法实践中出现的法律漏洞；②刑事诉讼法律的准确性和合理性；③司法实践中执行刑事诉讼法律出现的新问题。

4. 刑事诉讼理论

刑事诉讼理论具体包括：①研究刑事诉讼法的发展趋势；②学习和借鉴国外先进、成熟的刑事诉讼理论；③深化、完善刑事诉讼理论，为实践提供可供选择的方案。

### （二）刑事诉讼法学的学习方法

1. 实证分析方法

理论从实践中来，又为实践服务，接受实践的检验。只有联系刑事诉讼立法和司法实践来思考问题，才能不断地研究和解决司法实践中出现的新情况和新问题。实证分析的具体方法包括：①理论研究应当在实践中寻找课题；②理论的合理性需要实践的检验；③通过对典型案例的分析促进理论的发展。充分运用实证分析和个案分析方法，是学习研究理论的基本途径。

2. 辩证思维方法

运用对立统一规律分析刑事诉讼中的对立规范关系。

运用归纳与演绎、分析与综合、抽象与具体、现象与本质等方法观察问题、分析问题和思考问题，以解决刑事诉讼中的问题。

3. 价值分析方法

分析刑事诉讼目的和利益的价值、不同诉讼模式的价值、刑事诉讼的当代价值取向、多元性利益的平衡、我国刑事诉讼的价值理念及调整、刑事诉讼原则、制度的调整、改革的价值要求。在具体分析研究中，注意运用利益衡量、价值权衡方法，因为刑事诉讼中涉及的利益是多元的，存在多重矛盾和冲突。要善于权衡利弊，以有限的资源投入获得最大的效益。

4. 比较研究方法

我国刑事诉讼法中许多诉讼方式、基本原理、律师提前介入等均有借鉴国外经验。对国外立法、实践、理论进行研究比较，有利于提高诉讼理论水平。

5. 综合研究方法

法学研究不能限于部门学科，应拓宽视野，涉猎有关部门法学及其他学科，综合利用各学科知识和研究方法，使刑事诉讼理论研究向更广、更深发展。

## 第二节　刑事诉讼的基本原则

### 一、刑事诉讼基本原则概述

#### （一）刑事诉讼基本原则与特点

1. 刑事诉讼基本原则

刑事诉讼基本原则是由刑事诉讼法规定的，贯穿刑事诉讼的全过程或主要诉讼阶段，公安机关、人民检察院、人民法院和诉讼参与人进行刑事诉讼活动所必须遵循的基本准则。

2. 刑事诉讼基本特点

在内容上，刑事诉讼基本原则具有根本性，是刑事诉讼立法精神的基本体现。

在效力上，刑事诉讼基本原则具有较高的法律效力，基本原则高于一般程序规则的法律效力。

在适用上，刑事诉讼基本原则具有广泛的适用性。

#### （二）我国刑事诉讼法的规定

我国刑事诉讼法在第一编第一章“任务和基本原则”第三条至第十八条规定了以下内容：①侦查权、检察权、审判权由专门机关行使；②严格遵守法律程序；③人民法院、人民检察院依法独立行使职权；④依靠群众；⑤以事实为根据，以法律为准绳；⑥对一切公民在适用法律上一律平等；⑦公检法分工负责、互相配合、互相制约；⑧人民检察院依法对刑事诉讼实行法律监督；⑨使用民族语言文字进行诉讼；⑩两审终审制；⑪ 审判公开；⑫ 犯罪嫌疑人、被告人有权获得辩护；⑬ 未经人民法院依法判决不得确定有罪；⑭ 保障诉讼参与人的诉讼权利；⑮ 实行人民陪审；⑯ 具有法定情形不予追究刑事责任；⑰ 追究外国人刑事责任适用我国刑事诉讼法。

## 二、我国刑事诉讼基本原则的内容

### （一）侦查权、检察权、审判权由专门机关依法行使原则

1. 法律依据

刑事诉讼法第三条规定："对刑事案件的侦查、拘留、执行逮捕、预审，由公安机关负责。检察、批准逮捕、检察机关直接受理的案件的侦查、提起公诉，由人民检察院负责。审判由人民法院负责。除法律特别规定的以外，其他任何机关、团体和个人都无权行使这些权力。"这一规定是侦查权、检察权、审判权由专门机关行使原则的基本法律依据，该原则简称为"职权原则"。

2. 主要内容

办理刑事案件的职权具有专属性和排他性。侦查权、检察权、审判权只能由公安机关、检察机关、审判机关等专门机关行使，其他任何机关、团体和个人都无权行使这些权力。

专门机关在办理刑事案件时有明确的职权分工。

专门机关必须依法行使侦查权、检察权、审判权。即三级机关必须按照各自的权限和职责分工进行刑事诉讼活动，不得推诿或延误。

原则中所谓"除法律特别规定的以外"的情况，具体是指刑事诉讼法第四条规定："国家安全机关依照法律规定，办理危害国家安全的刑事案件，行使与公安机关相同的职权。"第三百零八条规定："军队保卫部门对军队内部发生的刑事案件行使侦查权。中国海警局履行海上维权执法职责，对海上发生的刑事案件行使侦查权。对罪犯在监狱内犯罪的案件由监狱进行侦查。军队保卫部门、中国海警局、监狱办理刑事案件，适用本法的有关规定。"

3. 原则意义

侦查权、检察权、审判权由专门机关依法使用原则，是我国刑事诉讼法科学化、民主化的重要表现之一，该原则不仅有利于提高刑事诉讼的效率，而且有利于防止三机关滥用职权造成冤假错案，是打击犯罪与保障人权的要求。

### （二）人民法院、人民检察院依法独立行使职权的原则

1. 法律依据

刑事诉讼法第五条规定："人民法院依照法律规定独立行使审判权，人民检察院依照法律规定独立行使检察权，不受行政机关、社会团体和个人的干涉。"

2. 原则理解

人民法院、人民检察院独立行使职权是指只独立于行政机关、社会团体和个人，不独立于立法机关和权力机关。各级司法机关产生于各级人民代表大会，并对其负责并报告工作，要接受它的监督。各级人民代表大会有权对人民法院、人民检察院办理的案件提出批评和纠正意见，司法机关对此应当尊重和接受，不应把这种监督视为非法干涉。

人民法院、人民检察院独立行使职权作为整体独立，非个人独立。独立行使检察权是检察院独立行使检察权。独立行使审判权是指人民法院独立行使审判权。

审判权不独立于党的领导。中国共产党是执政党，人民的意志、党的政策和国家的法律是一致的。党的领导与人民法院、人民检察院依法独立行使职权的原则并不矛盾。我国宪法和《中国共产党章程》规定，党必须在宪法和法律范围内活动。党对司法工作的领导主要是政治领导和组织领导，党的领导不是包揽司法工作，更不是对具体案件发号施令。

人民法院、人民检察院应当自觉接受社会舆论的监督。

人民法院、人民检察院独立行使职权必须严格遵守宪法和法律各项规定。[①]

3. 原则意义

这一原则为人民法院、人民检察院正确行使审判权、检察权创造了必要的条件，排除来自社会的其他不正当干涉，保障了司法行为的纯洁性、权威性和公正性。

人民法院、人民检察院审判权、检察权的独立行使是公、检、法三机关之间的制约关系得以形成的根本前提，为准确惩罚犯罪，充分保障人权奠定了坚实的基础。

### （三）分工负责、互相配合、互相制约原则

1. 法律依据

刑事诉讼法第七条规定：“人民法院、人民检察院和公安机关进行刑事诉讼，应当分工负责，互相配合，互相制约，以保证准确有效地执行法律。”

---

① 樊崇义．刑事诉讼法学 第 4 版 [M]. 北京：中国政法大学出版社，2020.

2. 原则理解

（1）分工负责

分工负责是指人民法院、人民检察院和公安机关在刑事诉讼中应当根据法律规定的职权分工，在各自的职权范围内进行活动，各司其职，各负其责，既不能互相代替，也不能互相推诿，包括诉讼职能与职权的分工和管辖的分工。

（2）互相配合

互相配合是指人民法院、人民检察院和公安机关进行刑事诉讼，应当在分工负责的基础上，互相支持，通力合作，使案件的处理能够前后衔接，协调一致，共同完成查明案件事实，揭露、证实、惩罚犯罪的任务。

（3）互相制约

互相制约是指人民法院、人民检察院和公安机关在刑事诉讼过程中，应当按照职能的分工和程序的设置，互相制衡，互相约束，以防止发生错误或及时纠正错误，做到不错不漏，不枉不纵。

三者密切相关，缺一不可。分工负责是互相配合、互相制约的前提和基础，没有分工，配合与制约就无从谈起。互相配合、互相制约是分工负责的结果和必然要求。

3. 原则意义

分工负责、互相配合、互相制约原则是由刑事诉讼法本身的程序设计所决定的正确处理公、检、法三机关关系的原则。贯彻这一原则，对于保证法律的正确实施，正确处理案件，杜绝司法腐败都具有重要的意义。

### （四）人民检察院依法对刑事诉讼实行法律监督原则

1. 法律依据及理解

刑事诉讼法规定："人民检察院依法对刑事诉讼实行法律监督。"

2. 原则理解

刑事诉讼中的诉讼监督机关是人民检察院。

人民检察院对刑事诉讼实行法律监督，是依照法律规定的职权、范围和程序进行的。

3. 监督内容

（1）立案监督

人民检察院认为公安机关应当立案的案件而不立案侦查的，人民检察院有权要求公安机关说明不立案的理由；人民检察院认为公安机关不立案的理由不能成立的，应当通知公安机关立案，公安机关接到通知后应当立案。

（2）侦查监督

通过审查逮捕、审查起诉，监督公安机关的侦查工作；对侦查活动中的违法情况提出纠正意见；根据需要可以派员参加公安机关对于重大案件的讨论和其他侦查活动。

（3）审判监督

对人民法院确有错误的判决和裁定提出抗诉，提起第二审程序或审判监督程序；对审判活动是否合法进行监督，对违反法律规定的诉讼程序，有权向人民法院提出纠正意见。

（4）执行监督

派员临场监督死刑立即执行的案件；对刑罚执行机关的活动是否合法进行监督；对刑罚执行的变更情况进行监督。

4. 原则意义

人民检察院依法对刑事诉讼实行法律监督，对于防止或减少刑事诉讼中的违法行为，正确适用法律，惩罚犯罪分子，保障无罪的人不受刑事追究，保护当事人的诉讼权利，都具有重要意义。

### （五）未经人民法院依法判决不得确定有罪原则

1. 法律依据

刑事诉讼法第十二条规定：“未经人民法院依法判决，对任何人都不得确定有罪。”

2. 原则理解

刑事案件的定罪权统一由人民法院行使。

未经人民法院依法判决，对任何人都不得确定有罪。即在人民法院发生法律效力的判决作出之前，不能在法律上确定任何人有罪，或者说，不能在法律上将任何人作为有罪的人或罪犯看待。

法院的一切判决都必须是依法作出的。只能以判决形式，作出判决书。

犯罪嫌疑人、被告人不负举证责任。证明被告人有罪的责任由起诉一方承担，这一责任是不可转移的。

犯罪嫌疑人、被告人享有与控方对等的诉讼权利。

实行疑罪从无。凡是证据不足、事实不清的案件，在审查起诉阶段，人民检察院可以作出不起诉决定；在审判阶段，人民法院应当作出指控罪名不能成立、被告人无罪的判决。

3. 原则意义

保障了人民法院统一行使审判权，赋予了人民法院对疑难案件解决的权力，使人民法院从大量疑案、悬案中解脱出来，集中力量抓好手头案件的审理。

有效地保障了人权，尤其是犯罪嫌疑人、被告人的合法权益。

实行这一原则，有利于增强群众的法治观念，促进司法公正、民主和文明。

### （六）以事实为根据，以法律为准绳原则

1. 法律依据及理解

刑事诉讼法第六条规定，人民法院、人民检察院和公安机关进行刑事诉讼，“必须以事实为根据，以法律为准绳”。

2. 原则理解

“以事实为根据”是指必须以已经查证属实的证据为根据。它所禁止的是以主观想象和怀疑猜测等为依据对案件作出判断。“以法律为准绳”，就是以刑事诉讼法和刑法等法律规定为标准，指导刑事诉讼的进行。这一原则，从根本上说是用来约束公安机关、人民检察院和人民法院，从而维护当事人合法权益的。

3. 正确贯彻这一原则的基本要求

司法机关在办理刑事案件过程中，必须坚持辩证唯物主义认识论的要求，深入实际调查研究，客观、全面地收集证据，按照案件的本来面貌去认识案件，查清案件的客观真相，忠于案件的事实真相。

要坚持重证据，不轻信口供，严禁刑讯逼供和以威胁、引诱、欺骗以及其他非法方法收集证据。只有被告人口供，没有其他证据证实，不能对被告人定罪量刑。

要坚持依法独立行使职权，尤其对于人民法院、人民检察院而言，只有依法独立行使职权，才能在办案中为以法律为准绳创造条件。

司法人员要增强社会主义法治观念，做到有法必依，执法必严，公正司法；要忠于事实真相，忠于法律，忠于国家和人民利益，以保证法律的准确实施。

因此，以事实为根据，以法律为准绳，二者互为条件，互相联系，不可或缺，

是正确处理刑事案件最为关键的两项要求。

### （七）对一切公民在适用法律上一律平等原则

1. 法律依据及理解

刑事诉讼法第六条规定，人民法院、人民检察院和公安机关在刑事诉讼中，“对于一切公民，在适用法律上一律平等，在法律面前，不允许有任何特权。”

2. 原则理解

对一切公民，只要其行为构成犯罪，都应平等地予以追究。

对一切公民，只要其行为不构成犯罪，都不得加以罪名予以追究。

在刑事诉讼中，凡是处于同等诉讼地位的人，都依法享有同等的诉讼权利，都应同等地履行诉讼义务。

3. 正确贯彻这一原则的基本要求

司法机关在进行刑事诉讼中，必须严肃执法，公正司法，对于任何犯了罪的公民，都必须严格依法追究其刑事责任，不能以党纪行政处分代替刑事处罚，也不能“以罚代刑”，以经济制裁代替刑事处罚。

对所有诉讼参与人都应当平等对待，保障一切诉讼参与人充分行使其诉讼权利，平等履行诉讼义务。

贯彻这一原则，必须同各种特权思想、特权人物、特权行为进行坚持不懈的斗争，坚持原则，排除各种阻力和干扰。绝不允许有不受法律约束的特殊公民，绝不允许有凌驾于法律之上的特殊人物。在刑事诉讼中要执法如山，不畏权势，只有服从法律，才能使这一原则得以实施和贯彻。

### （八）依靠群众原则

刑事诉讼法第六条规定，人民法院、人民检察院和公安机关进行刑事诉讼，“必须依靠群众”。这是依靠群众原则的直接规定。

依靠群众原则要求司法人员在进行刑事诉讼活动时，要走群众路线，注意发动群众、组织群众与犯罪作斗争；要相信群众和依靠群众，发挥群众的智慧和积极性；要向群众做调查研究，听取群众的意见，反对孤立办案，反对神秘主义。但依靠群众，并不是说将司法职权交由群众去行使，或者将大量的调查取证工作交给群众去完成，而是要求司法机关办理刑事案件，不能搞“关门主义”“神秘主义”，要依靠群众，走群众路线，听取群众意见，接受群众监督。

### （九）审判公开原则思考

未成年被告人的年龄计算是指开庭审理时的年龄还是指犯罪时的年龄？

法庭审理案件时证人、鉴定人是否可以旁听？

1. 法律依据

审判公开是我国宪法规定的一项基本原则。宪法第一百二十五条规定："人民法院审理案件，除法律规定的特别情况外，一律公开进行。"刑事诉讼法重述了上述宪法要求并明确了审判公开的例外情形，确立了一系列保障性制度。

2. 主要内容

审判公开是指人民法院的审理案件和宣告判决应当向社会公开，允许人民群众旁听，允许新闻记者采访报道。审判公开具体包含以下两层含义：一是向当事人公开、向社会公开，二是包括法庭审理活动的公开与法庭宣判活动的公开。

根据我国刑事诉讼法及司法解释的规定，审判公开的例外仅限于以下案件：①有关国家秘密或者个人隐私的案件，不公开审理。②审判时被告人未满 18 周岁的，不公开审理。这里的年龄是指审理时被告人的实际年龄。③对于当事人提出申请的确属涉及商业秘密的案件，法庭应当决定不公开审理。

3. 原则意义

法院通过审判公开，将审判过程置于社会监督之下，增加诉讼的透明度，加强群众监督，防止法院执法不公。

审判公开体现了诉讼的科学性，可以促使侦查、起诉、审判机关严格依法办案和保证诉讼质量，防止片面性，客观公正地查明案件情况，正确地适用刑法。

审判公开也是法治宣传和教育的有效途径。

4. 违反公开审理原则的处理

当事人提起上诉或检察院提出抗诉的，第二审人民法院应当裁定撤销原判、发回重审。

当事人申请再审的，人民法院可以决定再审；人民检察院按照审判监督程序提起抗诉的，人民法院应当决定再审。

### （十）保障诉讼参与人的诉讼权利原则

人民法院、人民检察院和公安机关应当保障诉讼参与人依法享有的诉讼权利。

不满 18 周岁的未成年人犯罪的案件，在讯问和审判时，可以通知犯罪嫌疑人、被告人的法定代理人到场。

询问不满 18 岁的证人，可以通知其法定代理人到场。

讯问听障犯罪嫌疑人，应当有通晓哑语的人参加，并记明笔录。

诉讼参与人对于审判人员、检察人员和侦查人员侵犯公民诉讼权利和人身侮辱的行为，有权提出控告。

### （十一）使用民族语言文字进行诉讼原则

1. 法律依据及理解

宪法第一百三十九条规定："各民族公民都有用本民族语言文字进行诉讼的权利。人民法院和人民检察院对于不通晓当地通用的语言文字的诉讼参与人，应当为他们翻译。在少数民族聚居或者多民族共同居住的地区，应当用当地通用的语言进行审理；起诉书、判决书、布告和其他文书应根据实际需要使用当地通用的一种或几种文字。"

2. 原则意义

各民族公民都有用本民族语言文字进行诉讼的权利。

对不通晓当地通用的语言文字的诉讼参与人，司法机关应当为他们提供翻译。

在少数民族聚居或者多民族杂居的地区，应当用当地通用的语言进行审讯，用当地通用的文字发布判决书、布告和其他文件。

3. 用民族语言文字进行诉讼原则的意义

贯彻用民族语言文字进行诉讼原则，有利于贯彻国家主张民族平等，维护民族团结的方针；有利于各民族公民参加刑事诉讼时能够排除语言文字的障碍，平等地享有和行使各项诉讼权利；有利于司法机关讯问或者询问诉讼参与人，准确、及时地查明案件事实；有利于人民群众对刑事诉讼活动实施监督；有利于发挥刑事诉讼本身的教育作用。

### （十二）犯罪嫌疑人、被告人有权获得辩护原则

1. 法律依据

宪法第一百三十条规定："被告人有权获得辩护。"

刑事诉讼法第十一条规定："被告人有权获得辩护，人民法院有义务保证被告人获得辩护。"

2. 主要内容

犯罪嫌疑人、被告人在整个刑事诉讼过程中都有权为自己辩护。

犯罪嫌疑人在侦查阶段只能自行辩护，犯罪嫌疑人在审查起诉阶段、被告人在审判阶段既可以自行辩护，也可委托律师或法律允许的其他人为自己辩护。

犯罪嫌疑人在侦查阶段有权得到律师的法律帮助。

公安机关、人民检察院有义务保证犯罪嫌疑人在侦查阶段获得律师的法律帮助，人民检察院有义务保证犯罪嫌疑人在审查起诉阶段获得辩护；人民法院有义务保证被告人在审判阶段获得辩护。

该原则的确立是诉讼进步的体现，它反映了人权保障的理念，是追求诉讼公正的必然要求，该原则与刑事诉讼程序的控、辩、审三方诉讼构造相互依存、相互作用。

### （十三）依法不追究刑事责任原则

1. 依法不追究刑事责任原则的含义

刑事诉讼法确立了依法不追究刑事责任原则。根据该原则，具有下列情形之一的，不予追究刑事责任，已经追究的，应当撤销案件，或者不起诉，或者终止审理，或者宣告无罪：①情节显著轻微、危害不大，不认为是犯罪的；②犯罪已过追诉时效期限的；③经特赦令免除刑罚处罚的；④依照刑法告诉才处理的案件，没有告诉或撤回告诉的；⑤犯罪嫌疑人、被告人死亡的；⑥其他法律规定免予追究刑事责任的。

2. 对依法不追究刑事责任情形的处理

如果在立案阶段，应当作出不立案的决定。

如果在侦查阶段，应当撤销案件。

如果在审查起诉阶段，应当作出不起诉的决定。

如果在审判阶段，对于情节显著轻微、危害不大，不认为是犯罪的，人民法院应当作出判决，宣告无罪；对于其他几种情况，人民法院应当根据情况不同，或者裁定终止审理，或者宣告无罪（被告人死亡的）。

3. 原则意义

贯彻依法不追究刑事责任原则，不仅为公、检、法三机关正确立案提供了依据，而且为国家正确行使追诉权、防止扩大追诉范围、实现刑事诉讼的任务提供了可靠的保障。

### （十四）追究外国人刑事责任适用我国刑事诉讼法原则

1. 法律依据

刑事诉讼法第十七条规定："对于外国人犯罪应当追究刑事责任的，适用本法的规定。对于享有外交特权和豁免权的外国人犯罪应当追究刑事责任的，通过外交途径解决。"

2. 原则意义

在刑事诉讼中贯彻这一原则，有利于维护国家主权，有利于我国在和平共处五项原则基础上发展同各国的关系，有利于我国改革开放和社会主义建设事业。同时，采用外交途径来解决享有外交特权和豁免权的外国人犯罪的问题，符合国际惯例和国与国之间的平等互惠的原则，有利于开展和保持国家间的正常交往和和睦。

# 第十三章　刑事诉讼基本制度与模式

## 第一节　刑事诉讼基本制度

### 一、管辖制度

#### （一）刑事管辖概述

刑事诉讼中的管辖是指公安机关、人民检察院和人民法院在直接受理刑事案件上的权限分工，以及人民法院系统内部在审判第一审刑事案件上的权限分工。

在我国，刑事管辖主要包括立案管辖和审判管辖两部分内容。前者解决公、检、法三机关在受理刑事案件上的分工问题，后者解决人民法院审理第一审刑事案件的分工问题。审判管辖又可以划分为级别管辖、地区管辖和专门管辖。

#### （二）立案管辖

立案管辖，又称职能管辖或部门管辖，是指公安机关、人民检察院和人民法院在直接受理刑事案件上的权限分工。根据我国长期的司法实践经验，刑事诉讼法确立立案管辖的根据主要包括三点：①案件的性质和难易、复杂程度；②立案管辖有利于准确、及时地查明案情，有利于惩罚犯罪分子，并保障无辜的人不受追究；③立案管辖与公安机关、人民检察院和人民法院在刑事诉讼中的具体职责和任务相适应。

据此，我国立案管辖的具体内容包括如下四个方面。

1. 人民法院直接受理的案件

人民法院直接受理的案件被称为自诉案件。根据我国刑事诉讼法的规定，自诉案件包括下列三类。

告诉才处理的案件。这是由犯罪行为的直接受害者或其法定代理人提出控告，人民法院才能受理的案件。具体而言，此类案件包括没有严重危害社会秩序和国家利益的侮辱、诽谤案，暴力干涉婚姻自由案，虐待案，侵占案等。如果被害人受到强制、威胁而无法告诉的，人民检察院和被害人的近亲属代为告诉的，人民法院也应当受理。被害人是无行为能力人或者限制行为能力人以及由于年老、患病、盲、聋、哑等原因不能亲自告诉的，其近亲属也可以代为告诉。

被害人有证据证明的轻微刑事案件。此类案件主要包括：故意伤害案（轻伤），重婚案，遗弃案，侵犯通信自由案，非法侵入他人住宅案，侵犯知识产权案，生产、销售伪劣商品案以及属于刑法分则第四章、第五章规定的，对被告人可能判处三年有期徒刑以下刑罚的其他轻微刑事案件。

被害人有证据证明对被告人侵犯自己人身、财产权利的行为应当依法追究刑事责任，而公安机关或者人民检察院不予追究被告人刑事责任的案件。根据我国刑事诉讼法的规定，被害人对于人民检察院所作出的不起诉决定如果不服的，可以向上一级人民检察院申诉，也可以不经申诉而直接向人民法院提起自诉。

2. 人民检察院直接受理的案件

根据刑事诉讼法的相关规定，人民检察院可以直接受理的案件包括以下两类。

人民检察院在对诉讼活动实行法律监督中发现的司法工作人员利用职权实施的非法拘禁、刑讯逼供、非法搜查等侵犯公民权利、损害司法公正的犯罪案件。

对于公安机关管辖的国家机关工作人员利用职权实施的重大的犯罪案件，需要由人民检察院直接受理时，经省级以上人民检察院决定，可以由人民检察院立案侦查。

3. 公安机关受理的案件

公安机关是我国主要的侦查机关，除几类法律特别规定的案件外，大多数的刑事案件都由其管辖。

应注意，以下几类案件不属于公安机关的管辖范围：①法律明确规定由人民法院和人民检察院负责管辖的案件；②国家安全机关负责办理的危害国家安全的案件；③军队保卫部门和监狱分别负责办理的发生在军队内部和监狱的犯罪案件；④海关缉私部门负责办理的走私犯罪案件。

4. 立案管辖交叉问题的解决

公安机关与人民检察院立案管辖的交叉问题。根据《人民检察院刑事诉讼规则》第十八条规定：“人民检察院办理直接受理侦查的案件涉及公安机关管辖的刑事案件，应当将属于公安机关管辖的刑事案件移送公安机关。如果涉嫌的主罪属于公安机关管辖，由公安机关为主侦查，人民检察院予以配合；如果涉嫌的主罪属于人民检察院管辖，由人民检察院为主侦查，公安机关予以配合。对于一人犯数罪、共同犯罪、共同犯罪的犯罪嫌疑人还实施其他犯罪、多个犯罪嫌疑人实施的犯罪存在关联，并案处理有利于查明案件事实和诉讼进行的，人民检察院可以在职责范围内对相关犯罪案件并案处理。”同时，根据《中华人民共和国监察法》（以下简称监察法）的规定，所有行使公权力的公职人员的职务犯罪案件均由监察机关管辖受理，监察机关办理职务违法和职务犯罪案件，应当与审判机关、检查机关、执法部门互相配合、互相制约。被调查人既涉嫌严重职务违法或者职务犯罪，又涉嫌其他违法犯罪的，一般应当由监察机关为主调查，其他机关予以协助。

自诉案件与公诉案件的交叉问题。公安机关或人民检察院在侦查过程中，如果发现被告人还涉嫌人民法院直接受理的案件时，对于告诉才处理的案件，可以告知被害人有权向人民法院提起诉讼；对于人民法院可以受理的其他类型的自诉案件，可以立案侦查，然后在人民检察院提起公诉时，和公诉案件一并移送人民法院，由人民法院合并审理。侦查终结后不提起公诉的，则应直接移送人民法院处理。

### （三）审判管辖

审判管辖是指人民法院之间在审判第一审刑事案件上的权限分工。在我国，人民法院系统包括最高人民法院、地方各级人民法院（基层、中级、高级）和专门人民法院，审判管辖解决的就是由哪个法院进行第一审的问题。

审判管辖又可以分为级别管辖、地区管辖、专门管辖和特殊的审判管辖。

#### 1. 级别管辖

级别管辖是指各级人民法院在审判第一审刑事案件上的分工。划分级别管辖主要考虑如下几个因素：各级人民法院的职责范围和工作负担；案件的性质、严重复杂程度和社会影响范围；可能判处刑罚的轻重。

基于对上述因素的考虑，结合我国刑事诉讼法的相关规定，可以发现级别管辖具有如下特点。

法律对中级人民法院的管辖范围规定得比较具体，对其他法院的管辖范围只作了概括性的规定。中级人民法院管辖的第一审刑事案件包括：①危害国家安全、恐怖活动案件；②可能判处无期徒刑、死刑的案件。高级人民法院管辖的是全省（自治区、直辖市）性的重大刑事案件。最高人民法院管辖的是全国性的重大刑事案件。除此之外，大量的第一审刑事案件由基层人民法院受理并审判。

原则性与灵活性相结合。上级人民法院可以有条件地管辖下级人民法院管辖的某些案件。根据我国刑事诉讼法的规定，上级人民法院在必要时可以审判下级人民法院管辖的第一审刑事案件；下级人民法院认为案情重大、复杂时，可以请求移送上一级人民法院审判。此外，对于一人犯数罪、共同犯罪和其他需要合并审理的案件，只要其中一人或者一罪属于上级人民法院管辖的，全案由上级人民法院管辖。①

2. 地区管辖

地区管辖是指同级人民法院之间审判第一审刑事案件的分工。如果说级别管辖是从纵向解决上下级法院间的管辖分工，那么地区管辖则是从横向解决同级法院之间的分工。只有同时解决级别管辖和地区管辖才能最终确定某一案件的具体管辖法院。

地区管辖的原则有两点：①以犯罪地法院管辖为主，以被告人居住地法院管辖为辅的原则。这里的犯罪地包括犯罪预备地、犯罪实施地、犯罪结果地、销赃地等；②以最初受理的法院管辖为主，以主要犯罪地法院管辖为辅的原则。

对于犯罪地和被告人居住地,《最高人民法院关于适用〈中华人民共和国刑事诉讼法〉的解释》第二条、第三条作了补充解释：①针对或者利用计算机网络实施的犯罪，犯罪地包括犯罪行为发生地的网站服务器所在地，网络接入地，网站建立者、管理者所在地，被侵害的计算机信息系统及其管理者所在地，被告人、被害人使用的计算机信息系统所在地，以及被害人财产遭受损失；②被告人的户籍地为其居住地。经常居住地与户籍地不一致的，经常居住地为其居住。经常居住地为被告人被追诉前已连续居住一年以上的地方，但住院就医的除外。被告单位登记的住所地为其居住地。主要营业地或者主要办事机构所在地与登记的住所地不一致的，主要营业地或者主要办事机构所在地为其居住地。

此外，2010 年 3 月 15 日发布的《最高人民法院、最高人民检察院、公安部、司法部关于依法惩治拐卖妇女儿童犯罪的意见》规定:“拐卖妇女、儿童犯罪案件依法由犯罪地的司法机关管辖。拐卖妇女、儿童犯罪的犯罪地包括拐出地、中转地、拐入地以及拐卖活动的途经地。如果由犯罪嫌疑人、被告人居住地的司法机关管辖更为适宜的，可以由犯罪嫌疑人、被告人居住地的司法机关管辖。”

① 周登谅 . 刑事诉讼法 第二版 [M]. 上海：华东理工大学出版社，2021.

3. 专门管辖

专门管辖是指专门人民法院和地方人民法院之间、专门人民法院之间和每一种专门人民法院系统内部在审判第一审刑事案件上的分工。在我国，可以审理刑事案件的专门法院主要是军事法院。

军事法院主要管辖现役军人犯罪的案件。如果是现役军人和非军人共同实施的犯罪，则分别由军事法院和地方人民法院或者其他专门法院管辖；涉及国家军事秘密的，则全案由军事法院管辖。但是，非军人、随军家属在部队营区内犯罪的，军人在办理退役手续后犯罪的，现役军人入伍前犯罪的以及退役军人在服役期内犯罪的案件，由地方人民法院或军事法院之外的其他专门法院管辖。

4. 特殊的审判管辖

在中华人民共和国领域外的中国航空器内的犯罪，由该航空器在中国最初降落地的人民法院管辖。

在中华人民共和国领域外的中国船舶内的犯罪，由该船舶最初停泊的中国口岸所在地的人民法院管辖。

在国际列车上的犯罪，根据我国与相关国家签订的协定确定管辖；没有协定的，由该列车最初停靠的中国车站所在地或者目的地的铁路运输法院管辖。

中国公民在中国驻外使领馆内的犯罪，由其主管单位所在地或者原户籍地的人民法院管辖。中国公民在中华人民共和国领域外的犯罪，由其入境地或者离境前居住地的人民法院管辖；被害人是中国公民的，也可由被害人离境前居住地的人民法院管辖。

外国人在中华人民共和国领域外对中华人民共和国国家或者公民犯罪，根据《中华人民共和国刑法》应当受处罚的，由该外国人入境地、入境后居住地或者被害中国公民离境前居住地的人民法院管辖。

对中华人民共和国缔结或者参加的国际条约所规定的罪行，中华人民共和国在所承担条约义务的范围内，行使刑事管辖权的，由被告人被抓获地的人民法院管辖。

## 二、辩护与代理制度

### （一）辩护制度概述

辩护制度是指法律规定的关于辩护权、辩护种类、辩护方式、辩护人的范围、辩护人的责任、辩护人的权利义务等一系列规则和制度的总称。它是“被告人有权获得辩护”这一宪法原则在刑事诉讼中的体现和保障。值得强调的是，辩护权是犯罪嫌疑人、被告人最基本的诉讼权利，它具有如下几个特点：贯穿刑事诉讼的整个过程，不受诉讼阶段的限制；不受罪行轻重、犯罪性质的限制；不受案件调查情况的限制；不受犯罪嫌疑人、被告人认罪态度的限制。

当代的刑事辩护既包括犯罪嫌疑人、被告人的自行辩护，也包括他人（尤其是律师作为辩护人）的代为辩护。后者在司法实践中发挥了极为重要的作用，可以说，辩护制度的有效运作在很大程度上取决于律师辩护的有效进行。但自行辩护与代为辩护也存在一定的区别，这表现为以下三个方面：①自行辩护的主体是案件的当事人，是被指控犯罪并可能要承担刑事责任的人。代为辩护的主体不是当事人，不是为了自己的利益，而是为了维护被追诉人的利益进行辩护。②自行辩护是犯罪嫌疑人、被告人的权利，可以行使，也可以放弃。代为辩护则是辩护人的职责，不得随意放弃。③犯罪嫌疑人、被告人自行辩护不受诉讼阶段的限制，在整个诉讼过程中，犯罪嫌疑人、被告人都享有自行辩护的权利。辩护人的辩护必须有合法的委托或指定，而且只能在法律规定的诉讼阶段才能参加诉讼。

### （二）辩护人的范围

辩护人是指接受犯罪嫌疑人、被告人的委托或法律援助机构的指派，帮助犯罪嫌疑人、被告人行使辩护权，维护其合法权益的人。每名犯罪嫌疑人或被告人最多可以聘请两名辩护人，而同案的犯罪嫌疑人不得聘请同一名律师。

根据刑事诉讼法的规定，辩护人的范围包括：①律师；②人民团体或者犯罪嫌疑人、被告人所在单位推荐的人；③犯罪嫌疑人、被告人的监护人、亲友。

依据规定，不得担任辩护人的人员如下：①正在被执行刑罚或者处于缓刑、假释考验期间的人；②依法被剥夺、限制人身自由的人；③无行为能力或者限制行为能力的人；④公安机关、人民检察院、人民法院、国家安全部门、监狱的现职人员；⑤人民陪审员；⑥与本案审理结果有利害关系的人；⑦外国人或无国籍人；⑧被开除公职和被吊销律师、公证员执业证书的人；⑨依据《中华人民共和国律师法》（以下简称律师法）第十一条的规定，律师担任各级人民代表大会常务委员会组成人员的，任职期间不得从事诉讼代理或者辩护业务（④⑤⑥⑦⑧这五类人员如果是被告人的近亲属或者监护人，并且由被告人委托担任辩护人的，人民法院可以准许）。

### （三）辩护人的诉讼地位和职责

辩护人在刑事诉讼中的法律地位是独立的诉讼参与人，是犯罪嫌疑人、被告人合法权益的维护者。辩护人既不受公诉人意见的左右，也不受犯罪嫌疑人、被告人无理要求的约束。

值得指出的是，修订后的刑事诉讼法明确了侦查阶段的律师辩护权。例如，刑事诉讼法第三十八条规定："辩护律师在侦查期间可以为犯罪嫌疑人提供法律帮助；代理申诉、控告；申请变更强制措施；向侦查机关了解犯罪嫌疑人涉嫌的罪名和案件有关情况，提出意见。"

刑事诉讼法第三十九条规定："辩护律师可以同在押的犯罪嫌疑人、被告人会见和通信。其他辩护人经人民法院、人民检察院许可，也可以同在押的犯罪嫌疑人、被告人会见和通信。""辩护律师会见在押的犯罪嫌疑人、被告人，可以了解案件有关情况，提供法律咨询等；自案件移送审查起诉之日起，可以向犯罪嫌疑人、被告人核实有关证据。辩护律师会见犯罪嫌疑人、被告人时不被监听。"

在刑事诉讼中，辩护人的职责主要有以下四点：①依事实和法律来维护犯罪嫌疑人、被告人的合法权益，而不得帮助犯罪嫌疑人、被告人编造口供、串供，伪造、毁灭证据或者威胁、引诱证人提供不实证据。②通过提出证明犯罪嫌疑人、被告人无罪、罪轻或者减轻、免除其刑事责任的材料和意见，来维护其合法权益。③辩护人收集的有关犯罪嫌疑人不在犯罪现场、未达到刑事责任年龄、属于依法不负刑事责任的精神病人的证据，应当及时告知公安机关、人民检察院。④辩护律师对在执业活动中知悉的委托人的有关情况和信息，有权予以保密。但是，辩护律师在执业活动中知悉委托人或者其他人，准备或者正在实施危害国家安全、公共安全以及严重危害他人人身安全的犯罪的，应当及时告知司法机关。

### （四）辩护的种类和方式

根据刑事诉讼法的规定，我国辩护制度中辩护的种类如下。

#### 1. 自行辩护

自行辩护是指犯罪嫌疑人、被告人针对指控进行反驳、申辩和辩解的行为。自行辩护贯穿整个刑事诉讼过程中，是犯罪嫌疑人、被告人进行辩护的最重要的途径。

2. 委托辩护

委托辩护是指犯罪嫌疑人或被告人为维护其合法权益，依法委托律师或者其他公民协助其进行辩护。在自诉案件中，被告人有权随时委托辩护人。在公诉案件中，犯罪嫌疑人自被侦查机关第一次讯问或者采取强制措施之日起，有权委托辩护人。但在侦查期间，只能委托律师作为辩护人。

3. 指定辩护

指定辩护是指犯罪嫌疑人、被告人因经济困难或者其他原因而无力聘请辩护人的，人民法院、人民检察院和公安机关应当通知法律援助机构指派律师为其提供辩护。

根据刑事诉讼法和《最高人民法院关于适用〈中华人民共和国刑事诉讼法〉的解释》的规定，在遇有下列情形时，人民法院、人民检察院和公安机关应当通知法律援助机构指派律师为其提供辩护：①犯罪嫌疑人、被告人是盲、聋、哑人，或者是尚未完全丧失辨认或者控制自己行为能力的精神病人，没有委托辩护人的；②犯罪嫌疑人、被告人可能被判处无期徒刑、死刑，没有委托辩护人的；③未成年犯罪嫌疑人、被告人没有委托辩护人的；④高级人民法院复核死刑案件，被告人没有委托辩护人的；⑤人民法院缺席审判案件，被告人及其近亲属没有委托辩护人的。

此外，根据《最高人民法院关于适用〈中华人民共和国刑事诉讼法〉的解释》第四十三条的规定，具有下列情形之一，被告人没有委托辩护人的，人民法院可以通知法律援助机构指派律师为其提供辩护：①共同犯罪案件中，其他被告人已经委托辩护人；②有重大社会影响的案件；③人民检察院抗诉的案件；④被告人的行为可能不构成犯罪；⑤有必要指派律师提供辩护的其他情形。

在我国，进行辩护的方式有口头辩护和书面辩护两种。在司法实务中，这两种方式常常会根据实际需要而交织使用。

### （五）辩护人的权利和义务

1. 辩护人享有的权利

人身保障权与执业豁免权（律师法第三十七条）。

独立辩护权（律师法第三十一条和刑事诉讼法第三十五条隐含了这一原则；中华全国律师协会制定的《律师办理刑事案件指引》第五条则作了明确的规定）。

阅卷权、会见通信权（刑事诉讼法第三十九条；律师法第三十三条、第三十四条）。

调查取证权（刑事诉讼法第四十一条、第四十三条；律师法第三十五条）。

提出意见权（刑事诉讼法第一百七十三条）。

获知开庭日期权（刑事诉讼法第一百八十七条）。

参加法庭调查和法庭辩论权（刑事诉讼法第一百九十一条）。

保守职业秘密的权利（刑事诉讼法第四十八条）。

经被告人同意，提出上诉的权利（刑事诉讼法二百二十七条）。

要求变更、解除强制措施的权利（刑事诉讼法第九十七条）。

申诉、控告权（刑事诉讼法第四十九条）。

拒绝辩护权（律师法第三十二条）。

2. 辩护人具有的义务

（1）刑事诉讼法中规定的义务

刑事诉讼法的规定包括以下内容。

在执业活动中知悉委托人或者其他人，准备或者正在实施危害国家安全、公共安全以及严重危害他人人身安全的犯罪的，应当及时告知司法机关。

参加法庭审理时应遵守法庭规则。

未经人民检察院、人民法院的许可，不得向被害人或者其近亲属及被害人提供的证人收集与本案有关的材料。

不得帮助犯罪嫌疑人、被告人串供、隐匿、毁灭、伪造证据；不得威胁、引诱证人改变证言或者作伪证。

（2）律师法中规定的义务

律师法的规定包括以下内容。

应当向法庭出示物证，让当事人辨认，对未到庭的证人证言笔录、鉴定意见和其他作为证据的文书，应当当庭宣读。

不得私自接受委托，私自向委托人收取费用，收受委托人的财物。

不得违反规定会见法官、检察官、仲裁员以及其他有关工作人员。

不得向法官、检察官、仲裁员以及其他有关工作人员行贿。

不得接受对方当事人的财物或者其他利益，与对方当事人或者第三人恶意串通，侵害委托人的权益。

不得提供虚假证据或者威胁、利诱他人提供虚假证据，不得妨碍对方当事人合法取得证据，不得干扰法庭秩序，妨碍诉讼的正常进行。

不得煽动、教唆当事人采取扰乱公共秩序、危害公共安全等非法手段解决争议。

保守履行职责过程中知悉的国家秘密和当事人的商业秘密，不得泄露当事人的隐私。

曾经担任法官、检察官的律师，从人民法院、人民检察院离任后两年内，不得担任诉讼代理人或者辩护人。

必须按照国家规定承担法律援助义务。

无正当理由，不得拒绝辩护。

### （六）刑事诉讼代理

刑事诉讼代理是指代理人接受公诉案件的被害人及其法定代理人或者近亲属、自诉案件的自诉人及其法定代理人以及附带民事诉讼的当事人及其法定代理人的委托，以被代理人的名义参加诉讼，由被代理人承担代理行为的法律后果的一项法律制度。

刑事诉讼中的代理分为法定代理和委托代理两种，前者是基于法律的规定，后者是基于被代理人的委托授权。两者相同之处在于，代理人必须在代理权限范围内活动，其法律行为的后果由被代理人承担；不同之处在于，代理产生的根据不同，导致代理人的范围、权限、权利与义务等方面均有不同。

在我国，刑事诉讼代理主要包括以下几种情况。

1. 自诉案件中的代理

在自诉案件中，自诉人及其法定代理人有权随时委托诉讼代理人参加诉讼。被告人在接到自诉人的诉状后，委托辩护律师的过程中，如果要提起反诉，可以同时委托该律师兼任诉讼代理人。

自诉案件中代理律师的权利主要包括：①经授权一般代理后，有纠正委托人起诉事实的权利；②可以代自诉人向人民法院提起诉讼（包括拟写诉状）；③有权持单位介绍信和执业证件向有关单位进行访问、调查本案案情；④可以到人民法院查阅人民检察院不起诉、被害人起诉后人民检察院移送给人民法院的有关案卷材料；⑤人民法院开庭审理，时代理律师有权应人民法院的通知到庭履行职务；

⑥经自诉人授权，有权代委托人申请法庭组成人员、书记员等依法回避；⑦在庭审中经审判长许可可以向被告人发问，可以申请审判长对证人、鉴定人等询问或者请求审判长许可直接发问，申请通知新的证人到庭，调取新的物证，申请重新鉴定或者勘验；⑧法庭调查后，有权发言并且可以和被告方展开辩论；⑨有权代自诉人阅读审判笔录，如果认为有错误或遗漏，有权请求补充或改正；⑩对司法工作人员非法剥夺自诉人诉讼权利和人身侮辱等侵权行为，有权提出控告。自诉案件中代理律师的义务主要包括：①按照人民法院的通知及时到庭依法履行职务，不得借故妨碍诉讼的正常进行；②依法出庭履行职务时，应严格遵守法庭的规则与秩序，严格遵守和执行法律规定的程序；③协助自诉人担负举证义务；④对于人民法院已经生效的判决、裁定或者调解协议，代理律师认为是正确的，则由义务教育委托人认真遵守执行；⑤对于执业中接触到的国家机密、商业秘密和个人隐私，应当严格保守秘密；⑥履行律师法规定的其他义务。

### 2. 公诉案件中的代理

公诉案件中，被害人及其法定代理人或者近亲属，自案件移送审查起诉之日起，有权委托诉讼代理人参加诉讼。这里的诉讼，既包括人民检察院提起公诉阶段的活动，也包括人民法院的审判活动。人民检察院有告知被害人及其法定代理人或者近亲属委托诉讼代理人的义务。在诉讼进行中，诉讼代理人承担的是控诉职能。

公诉案件中代理人的权利主要包括：①有权代理委托人向公安、司法机关控告犯罪；②可以收集、阅读与本案有关的材料；③对于人民检察院不起诉的案件，被害人如果不服，代理律师有权在被害人收到不起诉决定书后七日内，代其向人民检察院提出申诉，也可以经被害人授权代被害人向人民法院提起自诉；④在法庭审理阶段，经审判长同意，可以向被告人、证人发问，参加法庭辩论。

### 3. 附带民事诉讼中的代理

在公诉或自诉案件中，附带民事诉讼的当事人及其法定代理人可以委托诉讼代理人参加诉讼，维护其合法权益。不同的是，公诉案件中委托诉讼代理人的时间是自案件移送审查起诉之日起，而自诉案件中则可以随时委托诉讼代理人。对此，人民检察院和人民法院都有告知义务，人民检察院自收到移送审查起诉的案件材料之日起三日内应当告知附带民事诉讼的当事人或法定代理人有权委托诉讼代理人，人民法院自受理自诉案件之日起三日内应当告知。

附带民事诉讼中的诉讼代理，分为一般代理和特别授权代理。特别授权代理人需要在授权委托书中注明授权的内容，如代为承认、放弃或变更诉讼请求，进行和解、调解等。委托书应由委托人签字后送交受案的人民法院。诉讼代理人必须在委托书授权的范围内进行诉讼活动，否则委托无效。

## 第二节　刑事诉讼主要模式

### 一、刑事诉讼模式概述

刑事诉讼模式，又称刑事诉讼结构或刑事诉讼构造，是指控、辩、审三方主体进行刑事诉讼的基本方式，或者说，在刑事诉讼活动中，控、辩、审三方主体的法律地位以及相互之间权利义务关系的基本格局。

刑事诉讼模式以控、辩、审三方的诉讼地位及其相互关系为研究对象，侧重于对诉讼制度进行结构性、整体性研究。任何诉讼制度都是丰富多彩的，但是，诉讼模式研究并不关心诉讼制度的细枝末节，而是删繁就简，只着眼于诉讼制度的最基本构成要素及其相互关系，即诉讼三方主体（裁判者、控诉方和辩护方）的法律地位及其相互关系。因此，诉讼模式犹如一幅素描，其所呈现的不是诉讼制度的全貌，而是对诉讼制度整体框架的粗线条勾勒。

在诉讼模式研究中，由于忽略了诉讼制度的细枝末节，不同国家的诉讼制度呈现出类似的特点。因此，诉讼模式研究一方面往往意味着一定的分类，即依据诉讼主体的法律地位及其相互之间的法律关系，将特定时期或特定国家的诉讼制度归为某一模式；另一方面也为不同诉讼制度的比较研究奠定了理论基础和前提。

### 二、弹劾式与纠问式

#### （一）弹劾式诉讼

弹劾式诉讼是指在禁止原始的血亲复仇的基础上，由国家垄断纠纷裁判权而逐渐发展而成的一种诉讼模式。

一般认为，弹劾式诉讼主要实行于奴隶制时期的古巴比伦、古希腊、古罗马共和国以及中世纪早期的欧洲国家。在此时期，国家权力还不发达，法律制度也比较原始。今天被视为犯罪的许多不法行为（如杀人、强奸、抢劫、盗窃等），在当时被视为是对私人权益的侵犯，与民事侵权行为没有实质性差异。因此，对这些“犯罪行为”的追诉，像其他民事侵权行为一样，由公民个人——尤其是那些受到直接侵害的被害人及其近亲属负责，国家只负责对提起的诉讼进行审理和裁判。

具体而言，弹劾式诉讼具有如下基本特点。

“没有原告，就没有法官。”在此时期，国家权力还十分微弱，不存在专门的官方起诉机构，对犯罪行为的追诉权，主要由被害人及其近亲属享有。国家只负责审判，一般情况下，国家裁判机关不会主动开启诉讼程序。

国家裁判机关只负责对诉讼纠纷进行审理和裁判，至于其他诉讼事宜，如传唤证人、收集证据，则全由诉讼双方共同负责。

控告人与被告人均为诉讼主体，两者享有平等的诉讼权利，并共同主导着诉讼程序的进程与结局。国家裁判机关则居于中立地位，作为超然第三方听取证据，作出裁判。

在案件难以裁断时，往往诉诸有着浓厚宗教色彩的神誓裁判，如共誓涤罪、决斗等。

以现代的眼光看，弹劾式诉讼具有以下优点可资借鉴：①“没有原告就没有法官”确保了裁判者的中立地位，同时也有助于避免裁判者集控诉权与审判权于一身而带来的角色冲突；②原告、被告享有同等诉讼权利并主导诉讼活动的发展，裁判者只负责听取证据和辩论，默察其间，以不过多地干预换取诉讼双方的充分辩论；③诉讼以言词、公开的方式进行，有助于社会公众接受和承认判决。

但是，弹劾式诉讼的缺陷也十分明显。在此，姑且不说其神明裁判的历史局限性，单就诉讼制度而言，其弊端主要有两点。

不利于追诉犯罪。在弹劾式诉讼中，由于国家只负责被动审判，因此，如果没有人提起诉讼，就不能对犯罪行为予以审判和制裁。正是基于这一原因，随着人们对犯罪的社会危害性的认识，一些地区开始实行民众控告制度，即对于特定犯罪，任何公民都有权提起控告。例如，在古罗马，通奸罪、背信罪、暴力罪、渎职罪等犯罪行为均被法律定为“公诉罪”。这里的“公诉”仅仅意味着起诉权的公共性，即任何公民都有权提起诉讼。民众控告尽管仍然属于私人起诉，却因为扩大了起诉主体的范围，在一定程度上强化了弹劾式诉讼的追诉能力。更重要的是，民众控告制度为后来的国家公诉铺平了道路。

不利于保护被害人权益。弹劾式诉讼的平等是一种原始意义上的平等，或者说是一种自然平等。然而，如果被害人自身能力有限，或者被害人面对着一个强大的犯罪人，那么，这种形式上的平等根本不可能帮助被害人伸张正义。在此意义上，弹劾式诉讼很容易沦为犯罪人的“帮凶”。而且，即使不考虑被害人与犯罪人之间的能力差异，单就犯罪自身的特点而言，由于犯罪总是秘密进行的，查明犯罪人并对犯罪事实加以证明也并非一件轻而易举的事情。因此，被害人可能会因为没有证据，甚至只是因为根本不知“何人所为”而无法通过诉讼保护其合法权益。①

### （二）纠问式诉讼

在 13 世纪的欧洲，教会法已经十分发达。其中，教会法院的法官往往是受过罗马法教育的专业人士，在审理案件时，他们遵循的诉讼程序也深受罗马帝国后期的诉讼程序的影响。教会法院的诉讼程序只适用于针对教士提起的诉讼案件。在这些案件中，为了避免丑闻外露，多以书面审理的方式秘密进行。法官则应当尽可能避免与诉讼参与人有过多接触。在当时，这一点被认为是法官独立与公正的制度保证。因此，在审判之前，有助于裁判的证人证言将被整理成文字记录，以备法庭使用。在审判中，法官不直接听取当事人和证人的陈述，而是借助其他官员之前制作的有关证言的卷宗，对案件作出裁判。1215 年第四次拉特兰会议以后，神明裁判终止，为了填补裁判制度上的空白，欧洲大陆各国纷纷模仿教会法院的诉讼程序，并逐渐发展出了一种新的裁判制度，即所谓的纠问式诉讼。

一般而言，盛行于中世纪欧洲大陆各国的纠问式诉讼具有以下特点。

国家官员依职权主动追查犯罪，而无须等待被害人或其他人的控告。具体而言，在纠问式诉讼中，负责审判的国家官员集审判职能与控诉职能于一身，除负责审判外，同时还肩负着追查犯罪、提起控诉的职责。因此，对于犯罪案件，国家官员不待被害人或其他人控告，即可主动进行侦查和传讯。相对于弹劾式诉讼的“不告不理”，纠问式诉讼更强调国家在追诉犯罪方面的责任，实行“有罪即理”“不告也理”。

在诉讼中，被害人与被告人不享有任何诉讼权利，唯有负责审判的国家官员

① 刘玫．刑事诉讼法 第 3 版 [M]. 北京：中国政法大学出版社，2020.

是诉讼主体。被害人对于追诉与否不享有决定权，被害人对犯罪的控诉仅仅是国家发现犯罪的线索；在诉讼中，被害人仅仅是国家查清犯罪的手段和证据来源。被告人则沦为诉讼客体，即刑讯的对象。例如，在法兰克王国，被告要接受两次拷打：在侦查期间，拷打逼其供认；判刑后，拷打逼其供出同犯。

整个诉讼以秘密、书面的方式进行。一般而言，审判前被告人就会被关押起来，并必须接受讯问；在讯问中，所有供述将被制作成书面笔录以作为将来审判的依据。因此，所谓法庭审判，仅仅是让被告人对这些审判前准备好的书面卷宗进行确认，而根本不存在平等对抗的可能。

采取法定证据制度，被告人的口供被视为“证据之王”。在一定证据基础上，为获取被告人供述，可以进行刑讯。

与弹劾式诉讼相比，纠问式诉讼大大强化了追惩犯罪的能力。在这种诉讼模式中，被认为犯罪的人几乎不可能逃脱法律的制裁。就此而言，纠问式诉讼取代弹劾式诉讼意味着一种制度上的进步。但是，纠问式诉讼却终因自身的致命缺陷而臭名昭著，并成为启蒙思想家激烈抨击的对象，其缺陷具体表现在以下三个方面。

纠问式诉讼是一种漠视人格尊严的制度。在纠问制度下，追惩犯罪成了压倒一切的唯一目标，无论被告人还是被害人仅仅是国家追诉犯罪的工具；国家为了追诉犯罪，可以诉诸刑讯，甚至以牺牲无辜者为代价。对此，贝卡利亚曾评论说：“在一些人的眼里，目前刑事制度中的强力和权威的观念似乎比公正的观念更重要。”

纠问式诉讼尽管有“诉讼”之名，却无诉讼之实。在纠问式诉讼中，审判官员集控告与审判职能于一身，并负有依职权主动追究犯罪的职责。同时，被告人沦为了讯问、拷打的对象，直接成了国家权力蹂躏的对象。因此，在实质意义上，纠问式诉讼已经丧失了诉讼的最基本品格（三方构造），而更接近于行政程序（主宰者—被主宰者）。

刑讯的野蛮残忍，再加上法定证据制度的机械僵硬，使得纠问式诉讼在制度设计上完全走向了人性的反面。然而，违背人性的制度尽管可以在强权的维持下得以存在，却最终无法长久。一切违背人的自然感情的法律的命运，就同一座直接横断河流的堤坝一样，或者被立即冲垮和淹没，或者被自己造成的漩涡侵蚀，并逐渐地溃灭。

# 第十四章　刑事诉讼权利保护与程序保障

## 第一节　刑事诉讼内在价值

### 一、立法推进主义与司法推进主义的路径选择

学界对刑事诉讼程序内在价值的研究呼吁与司法实务界对刑事诉讼程序内在价值的深入认识两相呼应，伴随着两次对刑事诉讼法的修改，程序的内在价值与外在价值不断在理论和实践中对比、博弈，程序正义的观念逐渐在理论和实践中打破了程序工具论一统天下的格局，对刑事诉讼程序内在价值的探索与实践从来就没有停止过。

#### （一）立法推进主义道路

有人认为，中国的传统法律文化已随着旧时代的结束而结束，这种观点来源于将法律视为制定法的法律条文和特定法律制度的法律观以及法律工具主义相联系。实际上中国社会建立现代统一法治具有艰巨性和长期性，对中国法治进程期望值偏高，失望之余又责备民众素质不高或保守势力的强大，立法推进主义道路一直处于左右摇摆之间。在 2012 年刑事诉讼法的修正案草案中，对赋予律师正当权利的行使提供了法律保障：无障碍会见犯罪嫌疑人、按规定查阅案件材料、可以调查取证，加速推进律师的刑事辩护制度完善，将律师的辩护活动从单一的法庭审阶段延展到审前程序之中，新法施行以来效果如何？除特别重大的案件（包括重大贿赂案件），根据 2012 年刑事诉讼法的规定，律师会见在押犯罪嫌疑人不需要取得侦查部门、看守所的批准，持有“三证”即可会见，在司法实践中，仍有会见无果的律师返回请求侦查部门批准的情况。在侦查过程之中，鲜有进入立案侦查阶段就允许律师会见犯罪嫌疑人的，申请递交后没有拒绝会见的书面答复，侦查内卷更是禁脔，犯罪嫌疑人在强大的国家公权力的强制之下没有还手之力，

无法获得法律帮助，没有书面答复将使提起其他救济方式的可能性归于消灭。录音录像虽然一再要求全程进行，但在执行“全程”的程序之中大打折扣，且在查阅之中也并非可以全无障碍，非法排除证据可能并不在提供查阅的材料之中。律师调查取证受到诸多限制，最常见的障碍是向有权调取证据的机关申请调取时不被重视或不书面答复、单位或个人不配合，调取到的证据质量达不到要求从而影响辩护效果。

在立法推进主义道路上，我国的立法机关一般通过调研的方式启动法律草案，或者通过司法机关内部、律师界、法学专家学者研讨会的形式征求各方意见，形成的意见有时成为各部门行使职责的权力固定或重建，认识也会因个人经历和环境影响出现喜好偏差，最后经过各方妥协产生的法律未必符合立法者的初衷，对立法效果的评价正在不断正面验证与负面验证之间来回摇摆。

### （二）司法推进主义道路

2012年刑事诉讼法的修正案草案，从立法的高度肯定了全国各地司法实务中提炼出的优秀做法和经验，量刑程序、前科消灭等程序在法律条文中得以实现，一项成熟法律原则的适用，经过漫长的司法实践的打磨，再以立法的形式给予确立，对刑事诉讼程序内在价值观在实践与理论中找到了紧密的契合点。通过观察发现，如果对可能判处3年有期徒刑以上的案件全部适用普通程序，人少案多的矛盾将会更加激化，即使在适用普通程序审理一般案件之中，仍然有很多被告人当庭作了有罪供述，且控辩双方对事实和证据并不存在争议。这就说明，在这类案件的审理程序中还有可被合理简化的空间。在这样的情势之下，普通程序简化审理的特殊程序自然生成。从实际运行效果来看，被告人当庭作有罪供述，对事实和证据均无异议，其通过有罪供述和作出选择这一特殊程序的行为，可以得到换取法院在量刑幅度内从轻量刑的实惠，减少对抗和抵触情绪。2012年刑事诉讼法最终将简易程序与普通程序简化审理进行合并，确立了统一的刑事简易程序。[①]

20多年来，中国法学界将刑事诉讼程序内在价值之表现形式的无罪推定、正当程序、保障人权等作为刑事司法改革的价值目标，对国外司法制度进行一定程度的吸收，对国内的制度设计和实践作出评价，并对司法制度的改革进行预测。然而，由于受到各种情势和现实的制约，许多自下而上由司法实务部门探索和推动

① 晋青．刑事诉讼程序内在价值研究 [D]. 昆明：云南大学，2015.

的司法程序改革尝试一直饱受理论和法规正当性的质疑，但在产生积极的社会效果上却赢得了普遍的赞誉，一地推行的行之有效的做法往往被引入其他地域，受到各级司法实务部门的推崇。这些对刑事诉讼程序内在价值不断探索和丰富的司法程序改革，其强大的生命力战胜了质疑，经受了现实的考验，最终在正式的修律活动中取得了应有的地位。

## 二、刑事诉讼程序中的具体路径

我国刑事诉讼法的诉讼程序有立案、侦查和提起公诉、审判、执行、特别程序等，在此仅就侦查、提起公诉、审判中所涉及的程序问题展开讨论。

### （一）侦查程序中的路径

1. 侦查权

我国的侦查组织体系是典型的侦诉混合模式，一方面侦查机关与起诉机关相互独立，侦查和起诉由侦查机关和检察机关分别承担；另一方面检察机关有权独立进行某些特定的侦查活动，并对侦查机关实施法律监督。工具主义者毫不隐讳其观点称，侦查机关独立侦查行为，不必受到过多程序性制约，以保证侦查的效用。检察机关作为法律的监督机关，有权对贪污贿赂、渎职等涉及公职人员犯罪案件进行侦查，其对公安机关的侦查实行法律监督的范围和作用是有限的。

2. 保障被追诉人的程序主体权利

诉讼的主体表明其在诉讼中享有根据自己意志自主行动的权利，也包括个体享有独立的诉讼人格。刑事诉讼的主体除司法机关外，还应包括犯罪嫌疑人与被告人、被害人、自诉人。联合国人权公约尤其是其中的《公民权利与政治权利公约》（下称《公约》）确立了被追诉人程序主体权利的国际通行标准，概括地说，这些权利有无罪推定权、沉默权、获得辩护权、不拖延的公正的审判权等，它们是程序性的基本人权，在很多国家已上升到宪法高度成为宪法保障的人权。按照《公约》第十四条的规定，我国的刑事诉讼程序的设置还存在一定的问题，如未能确立“独立的法庭”，我国现行法律制度不承认法官个体的独立，也不承认司法机关的独立。现实中运行的司法系统内部高度行政化，各级法院、检察院在人事权、财务权等方面还受制于各级地方党政领导机关，同时也缺乏“中立的法庭”。在立法上依然没有完全确立无罪推定原则，在司法实践中疑罪从轻的现象大量存在，适用取保候审、监视居住等强制措施往往成为判处缓刑的前奏，在法院审理确定被告人有罪判决生效之前，大量的社会舆论、新闻媒体对犯罪嫌疑人就已经进行了假定的有罪判决。在庭审的区域设置中为被告人划出了专属的“被审”区域，被告人出席法庭身穿囚服、使用械具，连辩护人也与被告人保持距离并分庭而坐等情形实属常见。此外，被追诉人的权利未能得到充分保障，刑事诉讼法规定，犯罪嫌疑人有如实回答侦查人员提问的义务，这与禁止自证其罪原则相矛盾，在立法中未能确立公安机关讯问犯罪嫌疑人时的律师在场权。无罪推定原则赋予被追诉人在法院生效判决结果确定之前享有与普通公民同等的各项人身权利和政治权利，且不必承担构罪的举证责任。在法庭审判中表现为：限制控方权力，强调法官的中立性，同时强化辩方的诉讼地位和诉讼能力，赋予被追诉人与控方平等的诉讼地位和诉讼权利，使之足以与控方抗衡。不被强迫自证其罪权与沉默权将被追诉人视为具有独立人格尊严的自治主体，其人身自由和意志自由免受来自公权力的强制。

### （二）提起公诉程序中的路径

1. 追诉权

以提起刑事诉讼主体为标准，检察机关在行使追诉权时，有起诉和不起诉两种情形，其中在起诉中可分为公诉和自诉，在不起诉中有绝对不起诉、相对不起诉、存疑不起诉。对检察机关追诉权的行使存在的主要批评意见是滥用诉权，如撤回起诉、变更起诉等；在不起诉中，检察机关事实上享有对案件进行自由裁量的权利，与诉审分离的现代法律原则要求相悖。通过审查批准逮捕案件、对逮捕后羁押期限的延长事项，刑事诉讼法赋予检察机关对逮捕发出许可令的权力；在自行侦查的案件中可采取多种强制措施，从而对个人基本权利和自由拥有权威处置权。检察机关在行使这些权力时，没有中立的机关对其实行监督，从而形成自我裁量的监督真空。

2. 摒弃重实体、轻程序的奖惩机制

最高人民检察院在错案责任追究条例中规定，有两种情形构成错案：①失职、渎职行为引发错案；②因违反法定程序办案造成严重后果而形成错案。该条例采取了列举的方式具体表述，但在现实中，那些违反法定诉讼程序而没有造成严重后果、没有造成错误处理的行为，即使发现（司法实践中一般称为程序瑕疵行为）也很难得到纠正。错案责任追究实际上是行政责任的追究，对于那些自认为不会导致最终裁判结果错误的诉讼程序规定，不可避免地产生了规避或变通的心理动机，比起纠正程序违法来，检察官将案件是否可以在检委会获得通过、诉往法院后公诉意见能否得到与起诉罪名相一致的采纳，甚至提前与法院承办人沟通，都成为最现实的选择。错案责任追究制既不会促进检察官自觉遵守法律程序，也没有产生条例期待产生的约束效果，反而让检察官在办理案件时把注意力更多地集中在案外因素之上，本末倒置。

3. 审查证据的“非法性”，增加独立审查的程序设计

2010年7月1日起正式施行的《关于死刑案件审查判断证据若干问题的规定》《关于办理刑事案件排除非法证据若干问题的规定》（以下简称“两个证据规定”）中，明确规定了检察机关是启动调查证据非法性程序的责任主体，并负有核查义务。对证据非法性异议应由辩方提出，并由控方受理异议申请形成倒置的证明责任，相较于以往对辩方提出的证据非法性异议申请很少受到关注并进入实质性审查不同的是，“两个证据规定”以司法解释的方式明确了检察机关的调查核实义务，然而，受制于我国刑事诉讼中既定的流水作业模式的诉讼构造及未能有效贯彻起诉书一本主义的司法现实，检察机关依然是侦、诉、审一体化诉讼活动中的一个环节，并不具有独立于现行诉讼构造之外的中立裁判职能。相反，其在自侦案件中侦诉一体的复合职能定位，注定了检察机关在审查证据非法性的过程中并不能置身事外，这种自我审查、自我手术的模式难免落入程序工具主义的旧有惯性之中。经过对证据的一系列清理、补强、完善之后，表面上是阻断了非法证据对审理判断的干扰，实际上是检察机关的补强工作使得直接、言词证据规则在刑事诉讼活动中受到了损害。检察机关对非法证据的审查拥有自由裁量权，经过裁量后得出的结论缺少救济程序的调节和监督，正是这种“善意”的阻断人为地干预了保障审判机关在庭审中接触到全部的案件事实和证据材料，使得直接、言词证据的基本审理原则被前置的实质审查程序架空了，既浪费了诉讼资源，又违背了程序正义的基本要求。借鉴其他国家非法证据是根据利害关系人申请，由法官通过听证程序进行审查决定而排除的做法，根据我国司法实践中人少案多矛盾突出的现实难题，在庭审之前设计独立的程序性异议审查机构和程序，具有逻辑上的合理性和现实中的可操作性。

### （三）审判程序中的路径

1. 司法权

司法权往往被称为司法裁判权。司法权存在的最大目的是权利救济和维护正义，这同时也为司法权成为侦查权和追诉权监督主体提供了理论依据。对审判前程序的司法审查制度能够有效制约侦查权和追诉权，保障基本人权，使无辜者不受滥诉侵害。司法审查使审判前程序提前诉讼化，无论是在侦查阶段还是起诉阶段都需要设立一个公正的裁判者。审判前司法审查机制的建立，可以使侦查和起诉程序符合正义的性质。在侦查阶段，法官作为中立裁判者，有权对侦查行为的合法性进行司法审查，除紧急情况外，对公民实施强制措施应事先取得法官的授权。国家公诉活动会导致公民受到国家公权力的追诉，并产生对其权利的消极影响，对追诉权的司法审查可以防止诉权滥用和限制不起诉自由裁量权，从而维护诉讼主体的诉讼权益。

推进以审判为中心的诉讼制度改革，摆脱流水作业式的诉讼构造，确立以司法裁判为中心的诉讼构造，需要有一个中立的裁判者。司法过程是冷静、客观和理性的过程，这一中立的裁判者以法院为主角更为适宜。这一中立者仅对争端产生的程序性问题予以裁判。中立者可以对涉及公民基本权利相关的强制措施作出中立判断，尤其是能参与到审判前的过程之中，同时也有义务对被追诉人不服自己遭到的强制措施而提出的申诉或控告进行审查。此外，中立者能够推行以法庭审理查明的案件事实和证据为依据作出独立裁判，真正使法庭成为决定案件结局的唯一阶段。在司法实务中，承办人制度的行政审批模式由来已久，无论是审判长还是普通法官都是以承办人身份来负责具体审理活动的，对于其他法官作为承办人审理的案件，审判长不仅可以随时过问和介入，而且直接负责审批案件，而在审判长或主审法官之外，副庭长、庭长、副院长、院长都在履行对案件的行政审批职责，对于那些疑难复杂的案件，法院内部还可启用拥有决定权的权威审判组织审判委员会。

2. 实现控辩平等对抗

程序公正要求控辩双方同等公平地参与诉讼，平等获得法庭审判的机会，法官保障同时也有义务将刑事诉讼的规则施加于庭审中的各个环节，事实上由于被告人和辩护人处于弱势地位，法官将有意识地特别维护好辩方的诉讼权益。审判程序公正的内容也包括保障公开审判原则得以贯彻，审判公开应以诉讼主体和公众看得见的方式实行，审判公开是实现程序正义的最好手段。可以赋予被追诉人沉默权，裁判者不能因此据以加重其处罚或对其作出不利裁判。保障辩护律师依法履行辩护职责，以改善抗辩双方极其不平等的诉讼地位。

3. 程序性制裁措施的适用和完善

程序性制裁是以宣告实体无效的方式来惩罚那些违反法律程序的行为。加强对被告人的诉讼程序保护规则的改革，必然要面对被害方所代表的实现正义的道德回击。由于被告方与被害方这一利害关系的矛盾，法律加强对一方权利的保障，必然带来另一方权利实现的障碍，如因为警察违法就使得被告人逍遥法外，因为证据不足就使得刑事诉讼以宣告无罪而终结，在现有的刑事诉讼程序中，被害人将无法获得公力救济。在对案件证据的认识反复强调尊重事实真相、有错必纠的辩证唯物主义认识论的话语之下，那些不利于发现事实真相甚至阻碍发现事实真相的程序设计，都没有存在价值，何谈正当性。进一步可知，国家公权力为了发现案件事实真相可以不择手段的观点即具有了理论依据，程序性制裁理论无疑对认识论者和程序工具主义者发起了挑战。

在这一问题上，刑事诉讼法存在着立法缺陷。司法人员轻微程序违法行为并不会受到程序性制裁措施的制裁。因此，应建立专门的司法审查机制，对裁决程序性违法问题所提起的上诉提供救济机会，使得犯罪嫌疑人、被告人及其辩护人有机会对程序性违法行为获得审查机构的专门裁决。通过对程序性制裁措施的立法和适用，宣告司法人员所收集的证据受到了非法取证行为的污染，将这些证据排除于法庭之外，或者宣告其非法提起公诉不具有法律效力，从程序审查和制裁角度净化程序司法环境，保障程序正义理念得以实现。

## 第二节　刑事诉讼程序正义及其保障

### 一、刑事诉讼程序正义概念

从哲学上讲，要了解一个事物的本质，首先要抓住它的概念。程序正义由程序和正义两个词语组成。按照通常字面的意义来理解，程序即过程，一个程序即特定的一系列动作、行动、操作标准的集合。把程序放在法律科学的语境下探讨即为法律程序，规定法律程序的法律即为程序法。程序法一般指与诉讼活动有关的法律，如《中华人民共和国刑事诉讼法》《中华人民共和国民事诉讼法》《中华人民共和国行政诉讼法》等。不同学者对法律程序的定义不同。有学者认为，从法律学的角度来看，主要体现为按照一定的顺序、方式和步骤来作出法律决定的过程。还有的学者认为，从法学角度来分析，程序是从事法律行为、作出某种决定的过程、方式和关系。不同的法律程序具有各自不同的性质和特点，比如立法程序、选举程序、审判程序等。具体到本节所要探讨的刑事诉讼程序，作为一种实现惩罚犯罪并保护人权实现的动态过程，其发挥定分止争作用的程序最为典型。

正义问题的探讨自从“正义”这个词出现时就开始了，不同时代的不同学者对其作出了不同的解释。在西方对正义的探索当中，正义与自由、平等、安全、公共福利等最为密切。由于正义概念常常关系到权益和利益的分配，因此它与法律观念有着天然的联系，正义更多地是指人们之间分配关系的合理状态。凡不具备正义属性，违背正义原则或者不符合正义的法律都会被人们拒绝。在这种情境下，正义是人们评价他人、评价一部法律或一种社会制度之善恶属性的最基本的价值标准。

程序正义，从字面意义来讲，可以理解为程序是正义的或者说是程序的公正、合理。规范表达意义上的程序正义概念很丰富，有学者认为，程序正义，是一种法律精神或者法律理念，即任何法律决定必须经过正当的程序，而这种程序的正当性体现为特定的主体根据法律规定和法律授权所作出的与程序有关的行为。还有学者认为，程序正义是一项要在刑事审判的过程中而非裁判结果中实现的价值，它有其独立的内在要求和意义，法院的审判能否符合程序正义要求与其能否作出公正的裁判并无必然的联系。

综合以上的分析，笔者认为刑事诉讼程序正义强调任何权力运行下的法律决定都必须经过公正、合理的程序，刑事诉讼行为的进行应严格遵循刑事诉讼法规定的程序及标准，并给予诉讼参与各方最低限度的权利保障。一般情况下，程序正义是和实体正义相对而言的。实体正义主要体现在刑事实体法规范当中，表现在司法裁判的结论上，即使有罪者定罪处罚使无罪者不受刑事追究。由于人类认识能力的有限性不可能无限接近真实，因此实体正义的实现总是模糊的、不能绝对把握的。但是，人们可以通过作出法律决定的过程的公正性来间接地达到实体上的正义。诉讼的采用是以权利义务争议为基础的，这种争议的存在意味着权利、义务关系的扭曲和混乱，诉讼旨在对其加以矫正，为了实现这一目的，这种矫正

手段必然要具备公正性。也就是说，解决法律争端的诉讼过程必须公平、合理，才能被人们接受。

## 二、刑事诉讼程序正义保障制度的完善路径

在刑事诉讼程序中，实现案件实体正义必须经过一系列公正、合理的程序。保障刑事诉讼程序正义，既是法治的内在要求，也是严格司法的题中之义。因此，针对目前我国刑事诉讼程序正义保障制度的不完善，有针对性地构筑刑事诉讼程序正义的保障制度十分必要。

### （一）确保程序参与

1. 完善证人出庭作证制度

完善证人出庭作证制度是当前推进庭审实质化改革的一个重要方向，证人出庭作证参与庭审也是实现程序正义的保障。

2. 完善人民陪审员制度

人民陪审员制度作为公民参与司法的一项重要制度安排，应成为司法改革中不可或缺的组成部分。人民参与陪审能够监督刑事司法运行过程中的不公，促进程序上的正义。

### （二）推动控辩平衡

1. 保障辩护律师辩护权的充分行使

律师充分行使辩护权对于实现控辩双方的平等对抗是非常重要的。现代的诉讼构造，为防止一边倒，通过立法安排了刑事辩护这样一种对抗力量，从而形成了诉辩对抗、法官居中裁判的诉讼格局。辩护律师充分行使辩护权是实现控辩平等的必要条件，也是实现程序正义的保障。

2. 推动检察院控诉职能与法律监督职能的适当分离

检察院的法律监督地位是由宪法赋予的，我国现阶段由检察院履行法律监督职能，对于维护国家法治建设和确保法律正确实施具有重要意义。但是我们也应该注意到，在刑事诉讼中，检察院既履行控诉职能，又承担诉讼法律监督职能，这种双重身份一旦突破其应有界限，就会严重影响控辩双方的平衡。因此，探讨推动检察院控诉职能与法律监督职能的适当分离，通过引入制约制度实现控辩平衡，具有现实意义。

### （三）实现法官中立

1. 改革审判委员会、案件请示制度使法官保持中立

程序正义最核心的要素就是要求法官在控辩双方之间保持中立无偏见的地位。"法官中立"要求法官不得对任何一方存有偏见和臆断，要平等地对待各方当事人，所有的裁判结果必须在庭审过程中根据法官的自由心证和内心确信而形成，而不是在程序之外寻求结论。法官保持中立的裁判地位需要以审判独立为前提，审判独立是法官保持中立的基础。

2. 保障公、检、法严格行使职权使法官保持中立

在诉讼双方充当中立的第三方，不使正义的天平倾向任何一方，是对法官品行最本质的要求。《中华人民共和国法官职业道德基本准则》规定了法官审理案件应当保持中立。这就要求法官与诉讼双方保持同等的距离，不对任何一方存有偏私，在控辩双方之间充当中立的第三方。由于侦、控、审职能的混同行使，极容易引起法官在个案判决时无法保持中立态度，因此应采取以下措施保障公、检、法严格行使职权不影响法官中立的裁判地位。①

### （四）保障程序公开

1. 进一步深化审判公开

审判公开是构建开放、动态、透明、便民的阳光司法体制的题中应有之义，审判公开既可以加强对权力运行的制约和监督，还可以使庭审过程进行全方位的展示。把法官运行审判权的过程置于社会监督之下，可以增加诉讼的透明度，防止法官司法不公。

2. 裁判文书要充分释法说理

裁判文书释法说理也是拓宽程序公开的一项重要内容。有学者认为，"缺乏说理导致裁决由于缺乏事实与规范的沟通从而沦为一种缺乏权威性的单纯的暴力。"为此，应该采取一定的举措强化裁判文书释法说理。

① 马宇豪．刑事诉讼程序正义及其保障 [D]. 保定：河北大学，2019.

# 第三节　刑事诉讼中的权利保障

## 一、刑事诉讼中隐私权保护

### （一）刑事诉讼中的隐私权保护的内涵和特点

对于隐私权的主体，学界普遍认同是自然人，虽然有学者认为法人也应当作为权利主体，但隐私权与个人的羞耻心密切相关，具有人身专属性，相较而言，法人不会因隐私权被侵害而导致心理创伤，且法人的权利更多属于财产性权利，是可以转移的，因此法人不应作为隐私权的主体。刑事诉讼法中的隐私权的主体应当是诉讼参与人，包括犯罪嫌疑人、被追诉人、被害人和证人等和法检公职人员，因为只有在实践中参与刑事诉讼环节，面临隐私权受到威胁的风险时，才需要刑事诉讼法的保护。而刑事诉讼中隐私权的客体则是个人隐私，如住所、通信自由、个人信息等，具有隐私权的普遍特性。

刑事诉讼法与宪法的关系最为紧密，因此刑事诉讼对隐私权的保护是对根本法保护的发展和延伸。隐私权的特点有：①根本性。隐私这一概念发乎本能，作为人的一项基本权利，它并不是由法律赋予，而是人为了尊严、生存所固有的权利必须追求。我国宪法虽未对隐私权作出具体规定，但将隐私权归为宪法性权利的观点已得到理论界的认可，从这一点来看隐私权是公民重要的、根本的权利。②限制性。隐私权的主体是自然人，在与国家机器的对抗中天然地处于弱势，因此需要法律从各方面实现保护，但合理的限制是为了更好地保护权利，只有在面对公共权益时作出正确的取舍，才能保证法律体系的价值取向，从而保证每个公民的权利得到同等的保护。③概括性。隐私权的内涵十分丰富，常见的如住宅安全、通信自由、个人事务信息等都属于隐私范围，手机应用程序的信息收集等也会触碰隐私权的范围。

民法上的隐私权调整的是平等主体之间的冲突，而刑事诉讼中民法常将隐私权作为人格权的一种在民事侵权范围内进行研究，与之相比，刑事诉讼中的隐私权既有一致性也存在差异，这是由两者私法与公法的地位和性质不同导致的。与自然人之间的侵权行为相比，公权力的侵犯造成的影响显然更加深刻且难以消除。

## （二）刑事诉讼中隐私权保护的意义

从社会意义上看，对人权的保障是一个国家文明程度的体现，对个人隐私的重视和对隐私权保护的发展是社会文明前进的必经阶段，也是保障社会秩序和促进社会和谐的必然要求。随着公民的权利意识和法律素质的提高，对隐私权的需求也会逐渐增强，物质性权利得到法律更完善保护的同时，对精神性权利保护的缺失显得尤为突出。随着科技的进步，新型侵害隐私权的手段花样百出，也会导致公民对于保护私人领域免受侵害的需求变得越来越强烈。对于刑事诉讼中侵犯隐私权的行为，无论是由司法机关滥用职权导致还是由公民侵权造成，都应当由法律给予惩罚。通过立法的方式限制公权力，规范私权利，才能更好地实现社会秩序的良性运作，实现人与社会的和谐统一。

从正当程序意义上看，刑事诉讼程序的本质是寻求公共权益的保障和公民权利的保护之间的平衡，这也是司法权与隐私权之间的平衡，是“允许对个人隐私的正当干预和限制”与“不得对隐私加以任意或非法干预”之间的平衡。当两者出现矛盾冲突时，隐私权代表的公民利益并非呈现拒绝与对抗的状态，而是在面对国家司法权时要求其遵守正当合理的程序，尽量降低对个人隐私权造成的侵害。限制权力本身的目的不是限制，而是为了更好地保护公民的隐私权，因为对权力的过于放任必然导致公共权益受损，无法正常运转的公共秩序必将危害到公民个人。为了保障国家司法活动的正当性、合法性，在查清案件事实的基础上保障诉讼参与人的基本人权，就需要通过程序对公权力机关进行制约，以保障个人权利的正当运用。当社会公共利益与个体权利出现冲突时，公权力机关一般会出于维护公共利益的需要限制个体权利的行使，而隐私权的存在就是提醒公权力给予公民可以信服的合理合法的程序。若是不能遵守法定程序，那么人人都有被侵犯隐私权的潜在危险，人人都有成为被害人或犯罪嫌疑人的可能。

从司法监管意义上看，刑事诉讼程序通过对隐私权等基本权利的保护来保障自身的运转，以实现惩罚犯罪与保护人权的目标。刑事诉讼活动是国家赋予司法机关行使权力的体现，但是如果缺乏对司法人员的监管往往会导致权力的滥用。对公民的财产和人身造成损害，公民的私人领域也容易遭受威胁。侦查机关为了尽快获得证据、有效打击犯罪，往往会注重从诉讼参与人身上获取言词证据，尽可能多地挖掘相关信息，但容易忽视对隐私信息的尊重与保护。对于被害人、证人而言，提供真实信息既是渴望及时打击犯罪，又是出于对国家机关的信任，如

果一味地挖掘证据而侵犯到公民的隐私权，一方面有损其协助办案的积极性，另一方面也会影响到司法机关的透明度和权威性。以法律程序来制约公权力的行使，在保障国家追诉活动的公正性的基础上，保障公民的隐私权就是保障个人的尊严与自由，对于缓解公权与私权之间的矛盾，改善两者地位严重的不均衡有着重要作用。在刑事诉讼中加强对诉讼参与人的隐私权保护意识，对于侦查机关的案件侦破和社会的犯罪预防都有重要意义，既有利于防止公权力滥用、保障私权利不受损害，又对于保证程序公正、促进法律实施有着重要作用。

## 二、刑事诉讼中律师权利的保护

### （一）律师在刑事诉讼中的地位

律师独立参与刑事诉讼，专门维护犯罪嫌疑人、被告人的利益。由于律师具有独立地位，他可以依法根据事实与法律为犯罪嫌疑人、被告人辩护，从而保护犯罪嫌疑人、被告人的合法权益。因此，律师的辩护是以事实和法律要求为依据的，不能在整个诉讼过程中受到其他参与者的干涉。在审判阶段，检察官和刑事律师享有同等的诉讼地位，他们在法庭上的行动必须遵循审判机关的指示，不得任意采取与案件无关的行动。辩护律师根据法律要求进行辩护的言论和行动不得受到其他主体的阻碍。

辩护律师之所以具有独立诉讼地位，是因为他与其他主体间存在一定关系。具体如下。

辩护律师是要为犯罪嫌疑人、被告人减轻责任，检察官是要追究责任，这就使他们成为统一和对立的关系。尽管他们各自的职责不同，但辩护律师和检察官的地位是平等和独立的。检察官向法院提出控诉，律师予以反驳，两者也可以进行辩论，诉讼中地位平等。

刑事律师与犯罪嫌疑人、被告人之间的关系不同于其他刑事代理人与当事人之间的关系。律师独立参与刑事诉讼，有自己的想法，律师根据多年的经验为犯罪嫌疑人、被告人辩护，法律赋予他们各种职业权利。在刑事诉讼中，辩护律师的独立参与完全是依据法律和事实为其当事人辩护，不存在被当事人约束的情况。[①]

在刑事审判期间，律师与审判机关之间是合作关系。在审判期间，如果律师要有效地为当事人辩护，他需要审判机关的支持。因为在审判期间，律师提出的

① 刘畅．刑事诉讼中的隐私权保护研究 [D]. 桂林：广西师范大学，2020.

正确的辩护意见必须得到审判机关的合理采纳。若是审判机关违反程序，不听取律师的正确意见，律师辩护的目标就无法实现。审判机关作出正确裁判也需要律师的帮助。在审判期间，律师的辩护和事实分析过程可以使案件的事实清楚明了，从而使审判机关能够正确掌握事实并作出合理裁判。

## （二）刑事诉讼中律师权利的特点

刑事诉讼中律师权利的特点如下。

1. 倾向性

行使刑事律师执业权是为了最大限度地保护当事人的合法权利。因此，刑事律师的执业权有一种倾向性，不需要像法官那样保持中立。律师执业权之所以有倾向性，是因为它与律师职业的存在和发展需要、律师职业道德的特殊要求以及律师实现个人利益的需要密切相关。

2. 主动性

在诉讼的整个过程中，被追诉者不得从事自由活动。与其他参与者相比，他们的地位最低，他们的合法权利往往更容易受到侵犯。因此，为了进行有效的辩护，律师往往主动在审判前及时会见当事方，了解事实并向主管当局进行阅卷。刑事辩护律师主动进行调查和取证，或请求进行司法调查以获取证据，确保书证、物证、证人证词、嫌疑人或被告供述的证据能力以及证据来源的合法性。在审判阶段，辩护律师应主动进行举证、质证，并与检方进行激烈辩论，以说服法官采纳对当事方有利的辩护意见。因此，刑事诉讼中律师行使执业权是非常主动的。

3. 职权性

律师的职业权利是不能放弃的，与一般公民权利不同，一旦进行辩护，必须履职。他们大部分权利的行使需要有关单位和人员的合作。在调查过程中，持有“三证”的刑辩律师可要求会见被羁押者。但实践中，律师能否有效行使会见权取决于主管当局及时安排会见的能力。在审查和起诉阶段，要想充分行使其阅卷权，刑事律师需要案件处理机关的积极合作。关于调查和获取证据的权利，尽管法律规定了刑事辩护律师可以从其他有关单位和个人收集与案件有关的材料，但这需要有关单位和个人的同意，同时辩护律师可以请求法庭收集和调查证据。实际上，如果没有案件处理机构、有关单位和个人的积极合作，辩护律师就无法充分行使其权利，所以说律师在刑事诉讼中的权利是职权性的。

### （三）保障刑事诉讼中律师权利的价值

1. 制约权力的价值

在刑事诉讼中，律师将要面对三种类型的政府机关：公安、检察院和法院。政府机关有侦查、起诉和审判的权力。由于律师与公安机关在刑事诉讼中的目的不一致，刑事律师的权利和侦查机关的公共权力存在冲突和制约关系。因为公权力是自然扩张的，所以很容易让一些机构滥用权力。如果公安司法机关在刑事诉讼中滥用自己的职权，将会损害当事人的合法权益，限制律师的权利。如果律师的权利可以得到充分的保护，律师就有足够的空间来与公安抗衡，限制权力的扩大，防止司法机关滥用权力，并保护了被追诉者的合法权益。因此，加强对律师权利的保护有利于制约权力滥用。

2. 保护犯罪嫌疑人、被告人权利

对国家专门机关而言，刑事诉讼是它们追究和惩罚罪行的过程。因为国家专门机构在诉讼中常常超越甚至滥用权力，从而侵犯了犯罪嫌疑人、被告人的权利，如果没有作出正确的判决，就会导致司法不公。因此，在刑事诉讼中保护犯罪嫌疑人、被告人的权利非常重要，律师的作用刚好可以解决这一问题。在法治社会中，律师的作用主要体现在保护公民的私权利上，无辜者不受刑事追诉、犯罪者不受不当惩罚、嫌疑人或被告人的权益在整个刑事诉讼过程中受到保护，而且这些权利不会受到非法侵犯。刑事诉讼是国家对个人提起的诉讼，诉讼程序和结果直接涉及限制或剥夺嫌疑人或被告人的基本权利。

整个刑事诉讼程序也是国家行使刑罚权的程序，其最终目的是确定被追诉者是否有罪以及应判处何种刑罚。由于惩罚最终将导致被起诉者的人身自由、财产或生命受到威胁，一旦处理不正确或不公正，将产生不可挽回的后果。在诉讼过程中，辩护律师在行使会见、阅卷和调查取证权的基础上表达自己的辩护意见，从而保障公民的生命权、自由权等基本权利受到保护，不受不正当的干预或侵犯。

3. 司法公正的价值

正义一直是每个国家追求的主要价值目标，对司法公正的保护是社会正义的最后底线。在刑事诉讼中，维持司法公正不仅对诉讼参与者，而且对整个社会都具有重要意义，律师的作用是维持实现司法公正的重要力量。因此，有必要确保在刑事诉讼中充分行使律师的权利。在预审阶段，虽然我们的刑事诉讼程序要求检察机关收集不利于被告的事实和证据，但检察机关也必须呈现有益于犯罪嫌疑人、被告人的事实和理由。然而，由于诉讼职能有限，检察机关倾向于惩罚犯罪的诉讼追求，侧重于收集犯罪证据，而忽略收集无罪证据和被起诉者犯罪轻微的证据。刑事律师是从刑事犯罪嫌疑人、被告人的角度来看的。他们将积极调查和收集证据，以加强证据收集的完整性。这不仅可以弥补案件处理机关证据收集不足的情况，而且可以督促案件处理机关提高证据收集的合法性和真实性。通过会见权的行使，刑事律师一般能够得知司法机关是否存在违法情况（如刑讯逼供等），或者被告是否属于自愿认罪。如果司法机关有非法收集证据，刑事律师可申请排除。在法庭上，辩护律师反驳控方的指控，并就控方提出的证据进行质证。刑事律师通过自己的知识积极利用证据证明被告人的无罪或减轻情节，并在其后积极地举证、质证以及辩论，尽可能地恢复案件的事实，以便法官能够根据法律的具体适用作出公正合理的裁判，使司法公正得以维护。

# 第五篇　刑事辩护

# 第十五章　刑事辩护律师的职业伦理

## 第一节　刑事辩护律师职业伦理的原理性分析

### 一、刑事辩护律师的职责

法律职业活动以追求公平正义为最高价值取向。在刑事案件中，这一价值主要是在收集证据、审查判断以及审判方听取控辩两方意见的基础上得以实现。法官、检察官和刑事辩护律师作为不同法律职业角色，在法律职业活动中承担着不同的职能，这种分工与协作的情形造就了不同职业者职业伦理的特殊之处。因此，厘清刑事辩护律师在刑事诉讼中的角色功能是研究刑事辩护律师职业伦理的基础。①

刑事辩护律师在刑事诉讼中承担着不容忽视的角色使命。虽然各国的法律都要求侦控机关在侦查活动中全面地收集与案件有关的证据，即不仅要积极收集不利于被追诉人的证据，而且不可忽略有利于被追诉人的证据。但在实践中，侦控机关因承担着追诉犯罪的职业角色使命，往往会更倾向于收集能够证明被追诉人有罪的控诉证据，而忽视能够证明被追诉人无罪、罪轻的辩护证据。这便要求被追诉方要尽可能地收集对自己有利的证据，才能与强大的国家追诉机关抗衡。可是，犯罪嫌疑人、被告人多是缺乏法律知识及诉讼技巧的法律“门外汉”，人身自由往往还受到限制，所以很难去主动收集对自己有利的证据。因此，犯罪嫌疑人、被告人在刑事诉讼中处于弱势地位，其自我辩护的行为在强大的国家追诉机关面前显得微不足道，根本无法与侦控方形成制衡，这显然有悖司法活动追求公平与正义的目标。因此，法律便赋予了犯罪嫌疑人、被告人委托刑事辩护律师的权利。刑事辩护律师与犯罪嫌疑人、被告人形成委托代理关系后，通过行使法律赋予的权利及运用其掌握的专业法律知识与诉讼技巧，从犯罪嫌疑人、被告人的利益出发，收集犯罪嫌疑人、被告人无罪或罪轻的证据，对侦控方提出的不利于己方的

① 常文琦．我国刑事辩护律师职业伦理研究 [D]. 北京：北方工业大学，2022.

证据材料及观点提出反驳意见，并在此基础上提出有利于犯罪嫌疑人、被告人的意见。如此，法庭才能在兼听控辩双方不同意见的基础上认定案件事实，最终作出公正合理的裁判。

总之，犯罪嫌疑人、被告人面对侦查、审判及国家刑罚权时不得不对自己进行保护，而刑事辩护律师则承担着为他们提供法律服务的职业角色使命，以反向视角对侦查、审判加以审视，从而使司法活动实现对公平、正义、保障人权等价值的追求。

### 二、刑事辩护律师职业伦理的特定问题

由于社会分工的不同，不同职业行使着不同的职能，不同职业所面临的伦理问题也存在着差异。刑事辩护律师的社会分工是为犯罪嫌疑人、被告人提供法律服务，以反向视角对侦查、审判加以审视，因此，相较于其他职业，其职业伦理体现了对法的价值的追求；相较于法官、检察官，其职业伦理更强调对犯罪嫌疑人、被告人利益的保护；相较于民事代理律师，其职业伦理所面临的伦理冲击更为强烈。

刑事辩护律师作为一个独立的职业，因其独特的价值追求，而与其他职业区别开来。刑事辩护律师作为法律职业者的角色之一，因其承担的特殊职能，其职业伦理表现方式及行使方法与法官、检察官有所差别。刑事辩护律师作为律师主体之一，其特定的行为场域及角色化特征，使律师职业伦理中的相关规范性要求在刑事辩护律师的实践生活中更加体现出不同于其他律师的对抗性或冲击性效果，从而为思考职业伦理的理论要求同实践操作之间的合理博弈提供了更加广阔和值得反思的空间。

## 第二节　我国刑事辩护律师职业伦理现状

### 一、对委托人的忠诚义务

刑事辩护律师对委托人具有忠诚义务，该义务是刑事辩护律师职业伦理最重要的内容之一，是构筑刑事辩护律师其他职业伦理要求的基石。对委托人的忠诚

义务，是指辩护律师应将维护委托人即犯罪嫌疑人、被告人的利益作为辩护的目标，尽可能选择有利于实现该目标的辩护手段及方法。委托人与刑事辩护律师之间是委托代理关系，在委托刑事辩护律师后，刑事辩护律师就成为委托人最值得信任的人，甚至可以将身家性命托付给刑事辩护律师。忠诚的职业伦理强调了委托人作为案件的个体当事人对有效代理的需求。因此，刑事辩护律师应该首先忠于他的客户，并不遗余力地代表他。就像病人必须毫无保留地向医生陈述病情后，医生才能对症下药一样，只有犯罪嫌疑人、被告人将知悉的案件情况全盘向刑事辩护律师陈述和坦白，刑事辩护律师才能为委托人提供有针对性的法律服务。然而，做到这些的基础是委托人因感受到了刑事辩护律师对自己的忠诚而对其形成了充分的信任与信赖。否则，此种忠诚信赖的坍塌也会随之带来刑事辩护制度的坍塌。此外，由“忠诚义务”出发，又可以派生出一系列刑事辩护律师对委托人的伦理要求，如勤勉义务、沟通义务、利益冲突避免义务、保密义务等，这些都是刑事辩护律师与委托人构建关系的关键。

目前，我国的法律、规章、司法解释以及全国律师协会的自律文件中并未对刑事辩护律师的忠诚义务作明确规定，但这一义务是刑事辩护律师的首要责任，已经得到了学术界和律师界的一致认可。在我国律师职业伦理的各类文件中，刑事辩护律师对委托人的“忠诚”被细化为了各种行为规范，即我国刑事辩护律师的忠诚义务是以勤勉义务、沟通义务、避免利益冲突义务以及保密义务等具体的准则来体现的。

## 二、对法庭的真实义务

真实义务源自证据裁判主义，该主义不仅要求裁判者依据证据作出合理的判断，而且要求其他诉讼职能的担当者以真实之事实或方法来论证其主张。刑事辩护律师对委托人的忠诚是有边界的，“给吹箫者付钱的人决定吹奏的曲调”并不是一个站得住脚的道德原则。如果刑事辩护律师在参与诉讼时为追求委托人的利益而不择手段，那么刑事辩护律师的活动就很可能妨碍司法活动对真实的发现。因此，为了消除刑事辩护律师参与诉讼对查明真实的消极影响，便产生了刑事辩护律师对法庭的真实义务。这一义务要求刑事辩护律师不得为了诉讼意图而欺骗法院或故意使法院产生误解。由此可见，真实义务中的“真实”是指刑事辩护律师依据理性和良知相信是真实的东西，即为主观真实，并非客观真实，也并不一定是法庭最后判决中认定的事实。①

《律师办理刑事案件规范》第五条、律师法第三十一条、《律师执业行为规范》第六条均规定了刑事辩护律师应当根据事实为委托人辩护。这里需要强调的是：法律活动中所说的事实不同于哲学中的客观存在。作为唯物主义者，我们认为世界是物质的，物质是客观存在的，是可感的，所以案件事实也是客观存在的，是可以认识的。但是案件事实是已经发生过的客观存在，不能完全再现，法律活动查明案件事实就是要在通过收集并审查判断案件发生时遗留下的客观证据的基础上，去认识曾经发生过的客观事实。此外，《律师办理刑事案件规范》第七条和律师法第四十条规定了刑事辩护律师不得参与做伪证，《律师执业行为规范》第六十三条和《律师办理刑事案件规范》第二百五十三条规定了刑事辩护律师不得提交明知是虚假的证据等。上述规范均体现了我国刑事辩护律师对法庭的真实义务。“不得参与做伪证”“不得提交明知是虚假的证据”等都是关于刑事辩护律师“消极地不作为”的要求，体现出了刑事辩护律师真实义务的消极性。换言之，刑事辩护律师的真实义务要求其不得积极地阻碍法庭发现真相。

## 三、其他相关义务和要求

作为推进法治发展的中坚力量，刑事辩护律师被法律赋予了在刑事诉讼中独有的权利。但刑事辩护律师并非孤立，其在执业时往往需要与其他法律职业共同体相互配合，不能因一味地维护己方利益而破坏整个法律职业群体的和谐。因此，刑事辩护律师职业伦理必须对其与其他法律职业共同体之间的关系作出要求。

我国刑事辩护律师与法官、检察官以及同行之间的关系规范散见于《律师执业行为规范》、《关于规范法官和律师相互关系维护司法公正的若干规定》、《关于规范检察人员与律师交往行为的暂行规定》以及《关于进一步规范法官、检察官与律师接触交往行为的实施办法》等文件中，各类规范的重点内容可以归类为以下四点：①刑事辩护律师具有维护司法人员廉正的义务，不得以贿赂、承诺提供报酬或者给予其他好处等方式与办案人员进行交易，也不能介绍行贿或者指使、诱导当事人行贿。②律师不得对外宣称自己与司法人员存在的裙带关系，也不得利用该关系或者其他法律禁止的方式对法官、检察官等司法人员施加影响，不得破坏法律职业的社会尊荣。③刑事辩护律师应与司法人员相互协作、相互监督，尤

① 李丰．我国刑事律师职业伦理的现状及反思 [D]. 上海：华东政法大学，2022.

其是其与侦控人员在对抗的过程中，要加强沟通、彼此尊重，保持和谐的法律职业内部关系，共同维护司法权威。④刑事辩护律师应处理好与其他律师之间的关系，不得在任何场合采用不合理、不尊重的态度来对其他律师进行言语攻击；不得在公众场合及媒体上发表贬低、诋毁、损害同行声誉的言论；律师应在相互尊重和相互帮助的基础上展开竞争，杜绝不正当竞争的行为，以律师职业的良性发展及实现社会公共责任为共同目标；通过交流办案经验、探讨诉讼技巧等行为有效推动律师队伍的素质建设，提高律师的社会形象，为律师行业的发展提供一个良好的经营空间和发展空间。

## 第三节　我国刑事辩护律师职业伦理完善的建议

### 一、刑事辩护律师保密义务制度的完善

#### （一）明确保密义务的主体

保密义务的主体是指对于在执业过程中知悉的秘密信息具有保密义务的人。基于对律师职业活动的实践特点考量，应当对保密义务的主体做广义的理解。除承办案件的律师外，相关律师事务所、律师助理、实习律师及律师事务所的行政人员均应承担保密义务。

#### （二）明确保密义务的范围

刑事辩护律师保密义务的范围分为内容范围和对象范围，内容范围是指刑事辩护律师应当对什么信息保密，对象范围是指刑事辩护律师应当向什么人保密。从我国现有规范来看，这两个问题均尚未有定论，而这又是保密义务制度的重要内容，因此，明确保密义务的内容范围和对象范围是完善保密制度的必经之路。

对于保密义务的内容范围应当作广义理解。如前所述，我国刑事辩护律师的保密义务内容范围被概括地规定为“在执业活动中知悉的”秘密信息，然而该如何界定“执业活动”，相关规范中并未有明确规定。《美国律师职业行为标准规则》第一节律师与当事人的关系将保密的范围定义为“与代理有关联的案件信息”，日本《律师法》第 23 条将保密义务的范围定义为“律师在履行职责过程中知悉的秘

密信息”。由此可见，无论是哪一种界定，都比我国“在执业活动中知悉的”要宽泛很多，其目的是尽可能排除案件当事人与律师交流的障碍，保证当事人能毫无保留地将自己知悉的案件情况告知律师从而获得有针对性的辩护。因此，建议对我国律师职业伦理规范中所规定的“律师的执业活动”作广义理解，律师的执业行为不仅包括阅卷、会见、调查、开庭等常规工作，还应包括所有律师以律师身份出现的行为，譬如律师在与当事人建立委托代理关系前就以律师身份为当事人提供了法律帮助的行为以及律师以律师身份与案件当事人的亲属、朋友等交往的行为均应包含在“执业行为”之列。

关于保密义务的对象应如何划定也是极具争议的话题。从我国现有规定而言，保密义务的对象似乎是所有人，但是刑事辩护律师的具体执业活动是十分复杂的，是否要向犯罪嫌疑人、被告人及其亲属保守案件秘密信息是一个不可回避的现实问题，学术界和实务界尚未形成权威的统一认知。在民事诉讼中，案件当事人及其亲属自身就是案件事实的制造者，律师所掌握的案件秘密信息基本上都来自他们，通过与他们的交流，律师才能掌握案件关键信息，从而选择更好的辩护策略。因此在民事诉讼中，极少会出现律师是否需要对委托人保密的伦理问题。但是，在刑事诉讼中，除与犯罪嫌疑人、被告人及其亲属交流外，刑事辩护律师还可以通过查阅案卷、调查取证来得知案件相关信息，但是，笔者查遍了刑事辩护律师职业伦理规范，都未找到关于刑事辩护律师是否可将通过查阅案卷、调查取证得来的信息告知犯罪嫌疑人、被告人及其亲属的明确规定。笔者认为，无论从理论上说还是从司法实践中看，犯罪嫌疑人、被告人及其亲属是最可能妨碍案件侦查及审判的人，而刑事辩护律师在承担为犯罪嫌疑人、被告人辩护职责的同时，其还承担着保证司法公平正义的社会公益责任，若其将案件秘密信息告知犯罪嫌疑人、被告人及其亲属，无疑是将自己查阅案卷、调查取证等特权作为商品出售给了他们，而司法正义则可能会成为这场交易的牺牲品，这显然使刑事辩护律师成为唯利是图的商人。此外，刑事辩护律师本是辩护工作的专家，其依靠自己的专业知识和技能为犯罪嫌疑人、被告人提供有效的辩护，而告知犯罪嫌疑人、被告人及其亲属案件秘密信息的行为本质上并不会对其策略的选择造成影响，反而会将自己置于妨碍案件侦查、审判的风险之中。因此，刑事辩护律师只需在核实案件信息的范围内与犯罪嫌疑人、被告人及其亲属交流，其不能也无须告知他们自己通过查阅案卷、调查取证等活动得知的案件秘密信息。

### （三）明确保密义务的期间

刑事辩护律师的保密义务从何时开始，又到何时结束，这关系到其该如何履行这一义务及责任大小的问题，因此，我国相关规范必须确立明确的保密义务期间。我国现有规范要求刑事辩护律师对“执业活动中知悉的”秘密信息应当予以保密，显然，刑事辩护律师在执业活动期间负有保密义务，但该义务并不会随着执业活动的结束而终止，因此，不能将保密义务的期间简单地理解为“执业活动期间”。[①]

1. 保密义务的时间具有前置性

一般情况下，刑事辩护律师的辩护义务是从与案件当事人确立委托代理关系时开始的，但是，保密义务却并非与之同步产生。美国律师职业伦理规范中指出保密责任从律师考虑是否建立委托人——律师关系时就已经产生了。反观我国，在刑事辩护律师与潜在委托人商谈案子的过程中，潜在委托人基于对律师行业的认同、信任以及为了便于该刑事辩护律师判断是否接受委托，必然会告知刑事辩护律师部分案件秘密信息，此种情形下，无论最终双方是否达成委托代理协议，刑事辩护律师都必须对该过程中知悉的案件秘密信息保密。刑事辩护律师如果不能了解案件相关情况，又怎么能判断自己是否愿意接受委托呢？甚至可以断言，若不肯定刑事辩护律师在接受委托前就负有保密义务，刑事辩护律师这一职业就会丧失社会公众的信任，其职业尊荣便会随之坍塌，其存在的基础便将受到威胁。因此，刑事辩护律师的保密义务时间具有前置性，只要在案件当事人看来，其有理由认为是在与律师接触，保密义务就已经开始了，无论双方最终是否形成委托关系，刑事辩护律师的保密义务都应当从其以律师身份和当事人接触的一刻开始。

2. 保密义务的时间具有后续性

如今，我国律师界已达成共识——保密义务不会随着执业活动的结束而自动终止，即刑事辩护律师在委托关系终止后仍应对秘密信息保密。但是，基于秘密信息内容有所不同的考量，保密义务的结束时间应当注意以下两点：①国家秘密、商业秘密等信息具有很强的时效性，当其中内容已被公之于众时，刑事辩护律师的保密义务便自动终止；②对于当事人的隐私以及当事人和其他人不愿泄露的情况和信息，除非当事人明确同意律师披露，否则，刑事辩护律师在辩护工作结束

① 颜小娟．刑事辩护律师职业伦理研究 [D]. 南京：南京师范大学，2013.

后将一直负有保密义务。这一职业准则不仅是刑事辩护律师赢得大众信任的基础，也是其社会尊荣和职业操守的体现。

### （四）明确保密义务的例外

刑事辩护律师因履行辩护职责而被刑事追诉或与委托人产生民事纠纷时，其在应诉时可正当披露委托人的相关信息。美国律师协会允许律师在不得不为自己洗刷嫌疑或正面临惩戒及纷争调解的情况下，为了申辩举证，为保护自己的权利，在必要限度内公开委托人的秘密。对于我国而言，有必要允许刑事辩护律师出于自我保护的需要而慎重地公开委托人的秘密。具体而言，如果刑事辩护律师与委托人的关系出现了问题，刑事辩护律师为了自身利益起诉或者为自己辩护，或者因为委托代理关系中的行为被当事人控告或者申诉，都可以为了自己的利益而披露委托代理关系中和委托人交流的内容。这是出于对刑事辩护律师自身利益安全的考量，因为如果不将该情形归为保密义务例外范畴，刑事辩护律师为委托人保密的行为无疑是将自己置于险境之中，而不保密的行为则又会因违背职业伦理而受到惩戒，这种进退维谷的境地无疑会使得刑事辩护律师陷于伦理困境中无法脱身。因此，刑事辩护律师出于自我保护的需要，可以披露委托人的相关秘密，只不过，其必须慎重地采取行动，不得不恰当地或超出必要限度地损害委托人的利益。

## 二、刑事辩护律师真实义务的完善

### （一）真实义务与委托人利益间的平衡

检察官、刑事辩护律师与法官作为刑事诉讼程序中控、辩、审三方主体，他们都承担着发现案件事实真相的责任。然而，由于社会分工的不同，法官、检察官所肩负的发现案件事实真相的责任是一种全面的真实义务，他们需全面发现案件事实真相，既要注意到对犯罪嫌疑人、被告人不利的事实真相，也不得忽视对犯罪嫌疑人、被告人有利的事实真相。相比于检察官和法官所承担的全面发现案件事实真相的义务，刑事辩护律师所承担的真实义务具有片面性，其只需片面地发现有利于委托人的案件事实真相。

在日本，曾有学者提出刑事辩护律师无须承担对法庭的真实义务：“刑事辩护律师只承担着与委托人关系上的诚实义务，而不承担与法院关系上的调查真相之义务，更不承担协助对立方——搜查机关调查真相之义务。”此观点并不符合法律职业伦理的核心要义。刑事辩护律师作为委托人利益的维护者，其当然有忠于委托人的义务；但是，其作为法律职业共同体的主体之一，也应当以法的价值为职业追求，即其不能一味地维护委托人利益而置事实真相于不顾，从而破坏法律职业对公平正义等实质价值的追求。因此，刑事辩护律师应当承担一定的真实义务，但并非全面的真实义务。

刑事诉讼法第三十七条所规定的刑事辩护律师的责任表明，刑事辩护律师的主要职能就是尽可能地保护犯罪嫌疑人、被告人的利益，其提出的材料与意见应当是有利于犯罪嫌疑人、被告人的。通过该条文，我们可以推断出：刑事辩护律师在履行真实义务时，其应当强调的是对犯罪嫌疑人、被告人有利的证据、材料及情节等，而对于知悉的不利于犯罪嫌疑人、被告人的信息不得向司法机关检举揭发。换言之，刑事辩护律师只承担着协助法庭发现有利于犯罪嫌疑人、被告人案件事实的责任，而无需协助法庭发现全部案件事实。因此，对于那些不利于犯罪嫌疑人、被告人的事实情况，刑事辩护律师无需积极地寻找证据及相关线索，而应当在发现后消极地置之不理。

伦理存在的首要意义是帮助人们在价值冲突中作出选择。在明确刑事辩护律师真实义务的片面性后，刑事辩护律师在实践中所面临的一些价值冲突难题将迎刃而解。从刑事辩护律师的职责来看，对于不利于犯罪嫌疑人、被告人的事实，其不负有揭露的义务；只有在对其当事人有利的事项上，才承担说明真相的义务。换言之，与其说我国刑事辩护律师必须“依据事实辩护”，不如说我国刑事辩护律师应当“依据有利于委托人的事实辩护”，即刑事辩护律师应当积极地去寻找有利于委托人的事实。

### （二）真实义务的边界

证据是法庭作出公正裁判的基础，是刑事诉讼活动能够查明案件事实的依据。

#### 1. 刑事辩护律师对其明知是真实的证据进行虚假推论并无违背真实义务

诉讼程序本质上是一个证明和推定的过程，控方掌握的客观事实必须转化为诉讼事实才能作为定罪的依据，而刑事诉讼中的举证责任分配制度使被追诉方有责任降低控方所举证据的可信度。刑事辩护律师以真实证据为基础进行虚假推论的本质就是其提出了一种该案还可能存在的情形，若法庭认为其推论言之有理，就说明此时案件尚处于疑罪阶段，即此时检方所掌握的客观事实不能经过法定程序转化为诉讼事实，法庭依据现有证据不能对犯罪嫌疑人、被告人作出有罪或罪重的判决。因此，刑事辩护律师对其明知是真实的证据进行虚假推论的做法是对疑罪从无原则的遵守，体现了对程序正义的追求。该做法是刑事辩护律师正当履行职责、积极辩护的策略之需，不必也不能成为职业伦理之禁止，反而应该是辩护律师忠于法律的表现。

2. 刑事辩护律师的真实义务不要求其具有保障或监督犯罪嫌疑人、被告人对法庭真实的职责

从辩护策略的角度来看，刑事辩护律师可以给予犯罪嫌疑人、被告人收回真实的不利陈述或保持沉默的建议。因为刑事辩护律师利用其掌握的专业法律知识为犯罪嫌疑人、被告人提供指引甚至使犯罪嫌疑人、被告人因此脱罪是符合法律价值的。基于对人权的保护，犯罪嫌疑人、被告人享有不被强迫自证其罪的权利，刑事辩护律师以犯罪嫌疑人、被告人此项权利为基础给予收回真实的不利陈述或保持沉默的建议是出于对保障人权这一价值的追求，是称职地依法为犯罪嫌疑人、被告人提供辩护的表现。正如蒙罗·弗里德曼所言，辩护策略上的考虑可能会阻碍对真理的追求及正义的控诉，但该策略本身却是维护被告人利益的必需品。此外，从证明责任的角度来看，刑事辩护律师可以在明知犯罪嫌疑人、被告人有罪的情况下作无罪辩护。因为在刑事诉讼中，法庭对于事实的认定源于对证据的分析考量，控方承担着证明犯罪嫌疑人、被告人有罪的证明责任，若控方所举之证不能充分证明犯罪嫌疑人、被告人有罪时，刑事辩护律师作无罪辩护是其证明责任的合理承担。

3. 刑事辩护律师在明知犯罪嫌疑人、被告人自行提供给法庭的证据为虚假证据时，其应对方式应分情形讨论

我国现有规范规定刑事辩护律师不得参与作伪证及不得提交明知是虚假的证据，因此犯罪嫌疑人、被告人委托刑事辩护律师提交虚假证据时，该律师也会违背真实义务。但当犯罪嫌疑人或被告人没有委托其律师，而是自行向法庭提供虚假证据时，刑事辩护律师在知道事实真相的情况下应如何应对才符合职业伦理的要求，这是一个颇具争议的难题，各国对此的规定也不尽相同。在德国，刑事辩护律师对犯罪嫌疑人、被告人提交的虚假证据持消极的反对态度，德国的职业伦理规范要求刑事辩护律师虽知犯罪嫌疑人、被告人提交证据为不实，但也不得向

法院揭露真相，其在辩护工作中不得表现出对于通过该证据所推定之主张的确信，而应强调这种不实的辩护主张为犯罪嫌疑人、被告人之主张，此为“辩护人职业缄默义务”。美国在这一争议问题上却给予了刑事辩护律师较高的要求，美国《职业行为示范规则》3.3 规定：“律师不得提出明知为虚假的证据。如果律师得知委托人提出的重要证据是虚假的，其有责任采取合理的补救措施。补救措施应与委托人协商，以说服他撤回虚假证据，如果做不到这一点，律师可以在保密的前提下主动向法院申请撤回证据。此外，也可以终止与委托人的代理关系。若仍无效，律师必须告知法官。”这条规则表明，如果委托人或第三人的行为足以影响司法的公正时，美国律师职业伦理要求刑事辩护律师承担着积极的揭露义务。但是，美国这样的规定不能完全适用于我国，因为在美国被告人可以作为证人，当被告人进行虚假陈述时，会受到伪证罪的处罚，而我国的犯罪嫌疑人、被告人并不是适格的证人，即使其作出了虚假供述，也不会受到伪证罪的处罚。

笔者认为，可以将委托人向法庭提供的虚假证据分为两类：一类为犯罪嫌疑人、被告人本身是清白的，但为了“顶罪”而向法庭提交了虚假的有罪证据。此种情形下，刑事辩护律师不得放任委托人的“顶罪”行为。基于保障犯罪嫌疑人、被告人人权的需要，刑事辩护律师必须依据客观事实为委托人作无罪辩护，不得因委托人希望“顶罪”而做罪轻辩护。否则，其辩护行为会破坏法律对不惩罚无辜的追求，也可能会涉嫌对真实犯人的隐匿与包庇，极大地破坏法律职业者对正义的追求。因此，刑事辩护律师不能任由被告人或者帮助被告人隐瞒真相，也不应简单地以退出辩护了事，其应当先尽力劝说委托人向法庭说明证据为虚假的真实情况；若委托人不听其劝说，刑事辩护律师必须积极地告知法庭委托人所提交证据为虚假证据的事实（其仅需告知法庭证据为虚假的事实，而无义务告知法庭真实犯人为何人），最终由法庭来审查判断所涉证据的真假。另一类为犯罪嫌疑人、被告人确实实施了犯罪行为，但为了逃脱法律的制裁而向法庭提交了虚假的无罪证据。此种情形下，刑事辩护律师应当先积极建议委托人告知法庭证据为虚假的真相，若委托人不接受其建议，其可以选择谨慎地退出代理关系，也可以选择在未来的辩护工作中忽视这一份证据。不过，考虑到我国刑事案件中律师的辩护率不足，相关职业规定应鼓励刑事辩护律师在面对此种情形时选择于未来的辩护工作中忽视相关虚假证据，而非鼓励其选择拒绝辩护。总之，当委托人为了逃脱法律的制裁而向法庭提交了虚假的无罪证据时，刑事辩护律师是不能依据该证据为委托人提供辩护的。因为真实义务要求刑事辩护律师不能积极地误导法庭，若刑事辩护律师在明知证据为虚假的情况下积极建议法庭采纳该证据所推定的主张，就会将法庭引向错误的方向，这与其本人提交虚假证据进行论证的行为没有实质上的区别。

## 三、忠诚义务与真实义务平衡的保障机制

### （一）确立刑事辩护律师的免证特权

由于我国目前现有规范对刑事辩护律师真实义务边界的规定处于粗糙且混沌的状态，所以在司法实践中，刑事辩护律师"依据事实辩护"的义务总是被过度泛化，这直接导致了我国刑事诉讼中控辩失衡的现象日益严重。拥有强大追诉权的控方经常肆意扩展刑事辩护律师真实义务的范围，并以此为由要求刑事辩护律师协助控方查明犯罪嫌疑人、被告人涉罪的事实，否则刑事辩护律师就可能会由诉讼对抗者转而成为被追诉者。这会使委托人对刑事辩护律师的辩护能力及信任感大幅降低。当刑事辩护律师与委托人间的信赖关系被破坏时，辩护工作就很难顺利进行。刑事辩护律师所承担的真实义务应通过相应的权利予以保障，若法律不赋予其拒绝作证的权利，那么真实义务的范围就会在实践中出现扩大化的趋势。可以说，刑事辩护律师免证特权的缺位会导致其真实义务范围被肆意扩展。

当事人为获得某些法律意见而与法律顾问私下进行的交流在他所涉及的诉讼中是永久免受披露的，不管是由自己还是由法律顾问，除非他放弃了该特权。律师不得被强迫就其与当事人之间的秘密交流作证，即"律师的免证特权"，也称为"律师—当事人特免权"。也就是说，当事人以获得法律服务为目的而与律师进行的书面或口头秘密交流受特权保护，其内容不得在诉讼中披露，除非当事人放弃了该权利。由此可见，刑事辩护律师虽是免证特权表面上的权利主体，但该项权利实则保护的是当事人的诉讼权利，即此项权利的主体是委托人，且对应的义务主体是享有强大国家权力的侦控方。进而可知，刑事辩护律师的免证特权和保密义务存在着内在联系却又有所差异。保密义务与特权虽都强调保守职业秘密，但保密义务是刑事辩护律师的单向义务，它是刑事辩护律师职业伦理的要求，调整着刑事辩护律师与当事人之间的关系，但该项义务并不是刑事辩护律师面对侦控方取证时进行抗辩的法律理由；相较于保密义务，免证特权的存在更具有一种平衡控辩双方的力量。所以，赋予刑事辩护律师免证特权是基于避免强大的国家权

力肆意侵犯当事人权利的考量。

在发达国家的法治进程中，律师免证特权的有关规定已经趋于成熟。德国《刑事诉讼法》第 53 条规定：“刑事辩护律师对于因此身份被信赖告知或知悉的事项有权拒绝提供证言”；此外，日本《刑事诉讼法》第 149 条规定：“律师由于业务上的委托而得知的有关他人秘密的事实可以拒绝提供证言”。而我国刑事辩护律师仅有保密的义务，没有在立法上被赋予免证的特权。我国刑事诉讼法第一百九十三条关于强制出庭作证的规定并未将律师排除在证人强制到庭制度之外，这就变相肯定了刑事辩护律师在诉讼中指控己方当事人的行为，这无疑是对真实义务范围的不合理扩张，可能还会使刑事辩护律师置身于被追究刑事责任的风险中。免证特权的缺失使得辩方在与侦控方对抗时处于更加劣势的局面，大大降低了我国刑事辩护律师辩护的积极性，最终损害了当事人的利益及司法程序的公正。

刑事辩护律师的真实义务是消极的、片面的，该项义务不要求刑事辩护律师积极地去揭发己方当事人的罪行或其他秘密信息。因此，刑事辩护律师绝不能凭借着当事人对自己的信赖取得秘密信息后转而坐在证人席上指控当事人。刑事辩护律师设立的初衷就是维护当事人的利益，而其免证特权的缺失就是为其指控己方当事人提供了可能，这种使得胜诉的天平倾向于控方的行为，无疑是对刑事辩护律师这一职业初衷的违背。因此，为了避免刑事辩护律师成为侦控方追诉犯罪嫌疑人、被告人的工具，为了平衡控辩双方的攻防力量，为了刑事辩护律师无后顾之忧地忠于委托人，也为了刑事辩护律师真实义务的范围不被肆意扩展，我国应当赋予刑事辩护律师免证特权。

### （二）严格刑事辩护律师伪证罪案件程序的启动

真实义务是一种伦理义务，刑事辩护律师违反真实义务会受到律师协会的纪律处分，但真实义务也常常被上升为法律义务。我国刑法第三百零六条规定，刑事辩护律师毁灭证据、伪造证据、妨害作证时，应承担的实体刑事责任，即通常所说的刑事辩护律师的伪证罪。该罪一向被称为“悬挂在刑事辩护律师头顶上的一把达摩克利斯之剑”，因为其过度强调了刑事辩护律师所承担的真实义务。在刑事辩护律师真实义务边界尚不明晰的现实环境下，每当刑事辩护律师的忠诚义务与真实义务发生冲突时，该罪就成为侦控机关肆意扩大刑事辩护律师真实义务范围而对刑事辩护律师进行报复性执法的重要手段。公开的统计数字表明，自增设刑事辩护律师伪证罪后的 8 年时间内，已有 200 多名刑事辩护律师因为该罪而身陷被追诉的困境之中。有学者统计，从 1997 年开始，被指控触犯伪证罪的刑事辩护律师，最终约有 80% 被法院宣判无罪。因此，出于防止侦控机关滥用职权对刑事辩护律师进行追诉的考量，2012 年刑事诉讼法所增设的刑事辩护律师伪证罪的异地侦查制度第一次对该罪的追诉程序进行了规范，异地侦查制度避免了案件侦查人员“既做运动员，又做裁判”的司法尴尬，从而为实现控辩平等提供了现实力量。

# 第十六章　刑事辩护与刑事代理

## 第一节　刑事辩护

### 一、刑事辩护的概念及理论根据

刑事辩护的概念是一个历史范畴。现代刑事诉讼中的辩护，是指犯罪嫌疑人、被告人及其辩护人在刑事诉讼中，针对控方的指控，根据事实和法律，从实体上和程序上提出有利于被指控人的证据和意见，论证控方的指控不能成立，维护被指控人的合法权益，使其免受不公正对待和处理的一系列诉讼行为的总和。对于这一概念可以从四个方面加以理解。

#### （一）刑事辩护是一种针对指控进行的对抗性诉讼活动

所谓对抗性诉讼活动，是指刑事辩护是一种被动性、针对性、反驳性的诉讼活动。它是由控诉引起而又针对控诉、反驳控诉进行的活动。没有控诉就没有辩护，而辩护又是针对控诉并且反驳控诉、对抗控诉的。控诉与辩护作为一对基本矛盾，存在于刑事诉讼的过程中，也解决于刑事诉讼的过程中。

#### （二）刑事辩护是宪法和法律赋予犯罪嫌疑人、被告人及其辩护人在刑事诉讼中的一项基本诉讼权利

在现代法治社会，公民权利是国家产生的基础，也是国家存在的目的。国家对公民负有保护的责任和义务，这种保护体现在刑事诉讼领域，主要有两个方面：一方面要维护公民的人身权利、财产权利等合法权益不受非法侵犯，打击、惩罚犯罪；另一方面也要维护刑事诉讼中处于被追诉地位的犯罪嫌疑人、被告人的合法权益，使他们中无罪的人不受追究，有罪的人受到公正的裁判。为达到此目的，不仅要赋予犯罪嫌疑人、被告人自身充分、广泛的辩护权，而且应赋予他们获得律师帮助的权利。否则，处于被追究地位又缺乏法律专业知识和诉讼经验、技能

的犯罪嫌疑人或被告人就难以有效地维护自己的合法权益。

刑事辩护是维护、实现司法公正不可或缺的一项诉讼职能。人类自有诉讼以来，从没有放弃过对司法公正的追求，但是直到现代刑事诉讼制度诞生，刑事诉讼才开始走上正确轨道，建立了控审分离、控辩平等对抗、审判居中裁断的科学的诉讼结构。控诉、辩护、审判三种诉讼职能三位一体、缺一不可，互相作用、彼此依存，共同维系、支撑着司法公正的大厦。辩护职能若不能真正确立，不能与控诉职能相互抗辩，维护、实现司法公正就将成为一句空话。

### （三）刑事辩护是现代刑事诉讼制度的重要组成部分

刑事辩护无论作为诉讼活动、诉讼权利还是诉讼职能，如果没有制度化的安排和保障，就可能因人而异、因案而异、因地而异、因时而异。因此，现代刑事诉讼制度中包含了刑事辩护制度，其目的在于使辩护活动规范化、辩护权利法治化、辩护职能全程化；其内容一般包括对辩护权、辩护人、辩护种类、辩护方式、辩护人的责任、辩护人的权利与义务等一系列有关辩护的基本问题所作的法律规定。在当今世界范围内，刑事辩护制度不仅是各国刑事诉讼制度的重要组成部分，而且刑事辩护制度的完善程度往往也是衡量一国刑事诉讼制度科学、民主、公正程度的重要标志。

在刑事诉讼中，赋予犯罪嫌疑人、被告人及其辩护人辩护权，并建立刑事辩护制度，且将刑事辩护确立为刑事诉讼的三项基本诉讼职能之一，这些问题都涉及刑事辩护的理论根据。

### （四）刑事辩护是人类认识活动的客观规律，特别是刑事诉讼活动客观规律的内在要求

自从人类产生了阶级、国家和法律，犯罪就成为一种普遍存在的社会现象。刑事诉讼正是为了应对、解决这一社会现象应运而生的法律制度。但是，不论应对还是解决，都要以对刑事案件的正确认识为前提，而刑事案件又表现为具体的个案，当把它们纳入刑事诉讼活动时，往往都是已经发生过的事实。刑事诉讼的过程首先表现为对这些已经发生过的事实进行认识，并且力求使这种主观认识最大限度地与案件的客观事实相一致。因此，在刑事诉讼中不仅要重视收集、听取受到犯罪侵害、控诉犯罪一方的当事人及有关国家机关、有关办案人员对案件的指控和意见，而且要关注被指控犯罪并被要求承担刑事责任的另一方当事人即犯

罪嫌疑人、被告人一方对于指控的立场和态度，听取他们的主张和意见。只有认真听取对立双方的意见，才有可能“兼听则明”，对案件形成正确、客观的认识。反之，只听取控诉方的意见，排斥被控方的意见，势必发生“偏听则暗”，对案件形成片面的认识。辩护权乃至辩护制度的设立能保障犯罪嫌疑人、被告人在刑事诉讼中充分表达自己的意见，反映案件的事实，对于正确、客观地认识案件事实有非常重要的意义。

### （五）刑事辩护是人类人权意识觉醒、人权观念加强、人权保障要求的客观需要

在人类发展史上相当漫长的一段时期里，人与人之间的不平等不仅是公开的，而且是合法的。在刑事诉讼中更是如此，被指控为犯罪的人根本不是权利主体，他们无权对犯罪指控进行反驳、提出辩护，而完全被当作追究责任的客体，承受刑讯逼供，任凭有罪推定。资产阶级的启蒙思想家们提出了“天赋人权”“社会契约”“主权在民”“法律面前人人平等”等口号，不仅唤起了资产阶级革命的发生，而且在资产阶级革命胜利以后集中体现在国家的立法和司法活动中。具体到刑事诉讼中，则是确立了无罪推定原则，赋予被告人辩护权，使其与控诉方形成平等对抗，以维护自身在刑事诉讼中的合法权益，使无罪的人不受刑事追究，使有罪的人受到公正的裁判。

进入20世纪，特别是经历了两次世界大战以后，吸取了对法西斯大肆践踏人权的历史教训，国际社会更加重视和加强人权保障领域的国际合作，以联合国及其他国际组织为主体签署了一系列有关人权保障的国际公约和文件，其中包括旨在加强对犯罪嫌疑人、被告人的保护的刑事辩护基本准则。

### （六）刑事辩护是维护和实现司法公正的基本保障

刑事诉讼本质上是国家追究犯罪、惩罚犯罪的一种专门活动，是由国家专门机关发起并主导的一种强制性活动。在此过程中，不可避免地会发生权力的滥用或错用，进而导致冤、假、错案的发生。为了防止这类情况的发生，就需要对国家专门机关在刑事诉讼中的权力给予制约和抗衡，否则难以维护和实现司法公正。而刑事诉讼中的犯罪嫌疑人和被告人在各个方面都处于劣势和弱势地位，远不足以对国家专门机关滥用或错用权力形成制约和抗衡，这就需要从制度上为他们提供权利和权利保障，辩护权乃至辩护制度即由此而生。它的建立和发展，对控诉

机关形成了有效的制约和抗衡，从而维护和保障司法公正的实现。[①]

## 二、刑事辩护的作用

刑事辩护在实现司法公正、维护社会稳定、保障公民人权等方面具有不可替代的重要作用。它能够促进和保障司法公正的实现，遏制无限扩张的公权对犯罪嫌疑人、被告人以及其他公民可能造成的侵害，从而实现司法公正、维护社会稳定。

### （一）刑事辩护有利于保障犯罪嫌疑人、被告人的合法权益

在刑事诉讼中，犯罪嫌疑人、被告人处于被追诉的地位，其人身自由受到限制，不能全面深入地了解案情，也无法收集到有利于自己的证据材料，又大多缺乏法律知识，不知道自己享有哪些诉讼权利，应当如何行使这些权利。因此，大多数犯罪嫌疑人、被告人不能正确运用法律为自己辩护，以维护自己的合法权益。而辩护律师既有法律知识，又享有广泛的诉讼权利，再加上丰富的辩护经验和娴熟的诉讼技巧，能够帮助犯罪嫌疑人、被告人正确行使辩护权，有效地保障其合法权益。

### （二）刑事辩护有利于促进和保障司法公正的实现

建立完善的辩护制度，有利于司法机关查清事实，正确处理案件，做到“兼听则明”，防止办案人员主观片面，以避免冤假错案的发生，最终作出公正的裁判，从而化解社会矛盾，促进社会和谐。在刑事诉讼中，公安机关和检察机关作为侦查和控诉的一方，代表国家实行追诉职能，提出犯罪嫌疑人、被告人有罪、罪重的证据和指控。而辩护人则针对指控，提出对被告人有利的无罪或罪轻的证据和意见，最后由法庭根据双方提出的证据和事实居中裁判，并最终实现司法的公正。

### （三）刑事辩护有利于促使犯罪嫌疑人、被告人认罪服法

犯罪嫌疑人、被告人对自己的监护人或者自己或家属委托的律师，一般都比较容易产生信任感，容易接受其意见。因此，辩护人在刑事诉讼中，既应当根据案情为犯罪嫌疑人、被告人辩护，同时也应对犯罪嫌疑人、被告人进行法治宣传教育。对有罪者，辩护人应说服其主动坦白交代，或大胆检举揭发其他犯罪，争取宽大处理，或使他们对自己的罪行有较深刻的认识，认罪服法。对无罪者，辩

① 马丽丽，傅君佳 . 刑事诉讼法案例教程 [M]. 北京：中国民主法制出版社，2016.

护人应教育其依法力争，以维护自己的合法权益。因此，刑事辩护不仅有利于犯罪嫌疑人、被告人的教育改造工作，实现刑罚的目的，而且对于维护社会秩序、促进社会和谐也有重要意义。

## 第二节　刑事代理

### 一、刑事代理概述

刑事诉讼中的代理，是指代理人接受被代理人的委托，或者代理人基于与被代理人之间存在的法律规定的特定关系，以被代理人的名义参加诉讼活动，进行诉讼行为，由被代理人承担代理行为法律后果的一项法律制度。

从代理关系的产生上看，刑事代理分为委托诉讼代理和法定诉讼代理两种。委托诉讼代理是基于被代理人对代理人的委托授权行为而产生的代理。法定诉讼代理则是基于被代理人与代理人之间业已存在的法律规定的某种特定关系而产生的代理。法定诉讼代理人不论是代理人一方还是被代理人一方都必须符合法律规定的条件，任何一方不符合法律规定的条件，法定诉讼代理关系就不能产生和存在。就法定代理人而言，一般是由被代理人的父母、养父母、监护人和负有保护责任的机关、团体的代表担任。委托诉讼代理与法定诉讼代理由于代理关系产生的根据不同，代理人的范围、代理人的权限、代理人在刑事诉讼中的权利和义务等都有所不同。但代理人凡是在合法权限范围内进行的代理活动，无论是委托诉讼代理还是法定诉讼代理，都是合法有效的代理，其法律后果都由被代理人承担。

代理人必须在法律规定的权限范围内进行代理活动，但由于法定诉讼代理是基于被代理人与代理人之间存在的法律规定的某种特定关系而产生，法定代理权限往往就是被代理人作为诉讼当事人的诉讼权利范围。

根据 2018 年刑事诉讼法第四十六条的规定，刑事诉讼中的委托诉讼代理包括公诉案件中被害人的代理、自诉案件中自诉人的代理和刑事附带民事诉讼中原告人和被告人的代理。该三种诉讼代理虽然在委托人即被代理人一方的身份上有所不同，但在委托对象即代理人的身份上则是一致的。根据 2018 年刑事诉讼法第三十三条、第四十七条的规定，下列人员可以被委托为诉讼代理人：①律师；

②人民团体或者被代理人所在单位推荐的人；③被代理人的监护人、亲友。但正在被执行刑罚或者依法被剥夺、限制人身自由的人，不得担任诉讼代理人。被开除公职和被吊销律师、公证员执业证书的人，不得担任辩护人，但系犯罪嫌疑人、被告人的监护人、近亲属的除外。每一名被代理人可以委托 1 ~ 2 人作为诉讼代理人。

委托诉讼代理不仅是基于被代理人对代理人的委托关系而产生，而且代理人在诉讼中的一切代理活动必须得到被代理人的授权，即代理人在诉讼活动中只能在委托人的授权范围内进行诉讼代理活动。代理权限一般分为一般代理和特别代理两种。在一般代理授权下，代理人只能代理委托人进行一般诉讼行为，无权在诉讼中处分委托人的实体权利。在特别代理授权下，代理人除代理委托人参加诉讼外，还可以在委托人的特别授权范围内，代为处分其相关的实体权利。

根据刑事诉讼法第十四条的规定，人民法院、人民检察院、公安机关应当保障诉讼代理人依法享有的诉讼权利。诉讼参与人对于审判人员、检察人员和侦查人员侵犯其诉讼权利和人身侮辱的行为，有权提出控告。根据 2017 年律师法第三十四条和第三十六条的有关规定，律师担任辩护人的，自人民检察院对案件审查起诉之日起，有权查阅、摘抄、复制本案的案卷材料。律师担任诉讼代理人或者辩护人的，其辩论或者辩护的权利依法受到保障。

2017 年律师法及有关律师执业行为的规定对于律师担任诉讼代理人提出了一些具体的要求：①律师担任诉讼法律事务代理人或者非诉讼法律事务代理人的，应当在受委托的权限内，维护委托人的合法权益。②律师接受委托后，无正当理由的，不得拒绝辩护或者代理。但是，委托事项违法、委托人利用律师提供的服务从事违法活动或者委托人故意隐瞒与案件有关的重要事实的，律师有权拒绝辩护或者代理。③曾经担任法官、检察官的律师，从人民法院、人民检察院离任后 2 年内，不得担任诉讼代理人或者辩护人。④律师应当保守在执业活动中知悉的国家秘密、商业秘密，不得泄露当事人的隐私。律师对在执业活动中知悉的委托人和其他人不愿泄露的有关情况和信息，应当予以保密。但是，委托人或者其他人准备或者正在实施危害国家安全、公共安全以及严重危害他人人身安全的犯罪事实和信息除外。⑤律师不得在同一案件中为双方当事人担任代理人，不得代理与本人或者其近亲属有利益冲突的法律事务。⑥律师不得私自接受委托、收取费用，接受委托人的财物或者其他利益。⑦律师不得利用提供法律服务的便利牟取当事人争议的权益。⑧律师不得接受对方当事人的财物或者其他利益，与对方当事人或者第三人恶意串通，侵害委托人的权益。⑨律师不得违反规定会见法官、检察官、仲裁员以及其他有关工作人员。⑩律师不得向法官、检察官、仲裁员以及其他有关工作人员行贿、受贿赂或者指使、诱导当事人行贿，或者以其他不正当方式影响法官、检察官、仲裁员以及其他有关工作人员依法办理案件。⑪律师不得故意提供虚假证据或者威胁、利诱他人提供虚假证据，妨碍对方当事人合法取得证据。⑫律师不得煽动、教唆当事人采取扰乱公共秩序、危害公共安全等非法手段解决争议。⑬律师不得扰乱法庭、仲裁庭秩序，干扰诉讼、仲裁活动的正常进行。

## 二、刑事代理的种类

### （一）公诉案件中的代理

公诉案件中的代理，是指公诉案件的被害人及其法定代理人或者近亲属，依法委托诉讼代理人代理被害人参加诉讼活动，维护被害人合法权益的法律行为。

根据刑事诉讼法第四十六条的规定，公诉案件自案件移送审查起诉之日起，被害人及其法定代理人或者近亲属有权委托诉讼代理人。为了保障被害人及时获知并行使这一诉讼权利，法律要求人民检察院自收到移送审查起诉的案件材料之日起 3 日以内，应当告知被害人及其法定代理人或者其近亲属有权委托诉讼代理人，这是就审查起诉阶段而言的。但是，公诉案件中被害人的代理不限于审查起诉阶段，还包括审判阶段。

对于审查起诉阶段被害人委托诉讼代理人的事宜,《人民检察院刑事诉讼规则》第五十五条第二到四款对人民检察院如何向被害人一方告知有权委托诉讼代理人提出了具体的要求:“告知可以采取口头、电话或者书面方式。口头告知的，应当记入笔录，由被告知人签名；电话告知的，应当记录在案；书面告知的，应当将送达回执入卷；被害人众多或不确定，无法以上述方式逐一告知的，可以公告告知。无法告知的，应当记录在案。被害人有法定代理人的，应当告知其法定代理人；没有法定代理人的，应当告知其近亲属。法定代理人或者近亲属为 2 人以上的，可以只告知其中一人，告知时应当按照刑事诉讼法第一百零八条第三、第六项列举的顺序择先进行。”①

根据《人民检察院刑事诉讼规则》和刑事诉讼法的有关规定，被害人的诉讼代理人在审查起诉阶段享有以下诉讼权利：①律师担任诉讼代理人的，可以查阅、摘抄、复制本案的案卷材料。②律师担任诉讼代理人，需要收集、调取与本案有关的材料的，可以申请人民检察院收集、调取，也可以依法直接收集。③在人民检察院审查案件期间，诉讼代理人有权向审查人员提出对案件的意见，提出意见可以采用口头方式，也可以采用书面方式。④在人民检察院对案件作出不起诉决定时，诉讼代理人有权要求人民检察院向其送达不起诉决定书。⑤被害人一方对于人民检察院不起诉决定不服的，诉讼代理人可以在七日以内代理其向上一级人民检察院申诉，请求提起公诉；对于上一级人民检察院维持不起诉决定的，可以代理被害人向人民法院起诉，也可以不经申诉，代理被害人直接向人民法院起诉。

公诉案件中被害人的诉讼代理人参加诉讼，总体上属于在刑事诉讼中履行控诉职能，与公诉人的总目标是一致的，但其与公诉人的诉讼地位又不完全相同。公诉人出庭支持公诉，一方面是代表国家行使指控犯罪、追究犯罪的职能，另一方面还负有法律监督的职能。被害人的诉讼代理人出庭参加诉讼，从大的方面而言是协助公诉人行使控诉职能。具体而言，则侧重于维护被害人个人的合法权益。因此，诉讼代理人所提出的诉讼意见或主张可能与公诉人相同，也可能与公诉人不同，甚至还会与公诉人冲突。无论何种情形，都是正常的、合法的。这也正是刑事诉讼法将被害人纳入刑事诉讼当事人的范围，并允许其委托诉讼代理人参加诉讼的立法意图之所在。因此，在刑事诉讼中，特别是在法庭审判过程中，被害人的诉讼代理人与公诉人的诉讼地位是平等的，有权独立发表代理意见，有权与被告人、辩护人甚至与公诉人展开辩论。

此外，被害人的诉讼代理人与被害人虽然是代理人与被代理人的关系，但在诉讼活动中，他们仍然是两个独立的诉讼主体，享有各自不同的诉讼权利，承担不同的诉讼义务。因此，在诉讼中应当保障他们充分行使各自的诉讼权利，而不能以某一方代替另一方。例如，在审查起诉阶段中，人民检察院既应听取被害人的意见，也应听取被害人委托的诉讼代理人的意见；在法庭审判阶段中，被害人有权参加法庭调查和法庭辩论，被害人委托的诉讼代理人也有权参加法庭调查和

---

① 李世清．实习律师执业基本技能 刑事辩护及刑事代理 [M]. 北京：中国政法大学出版社，2015.

法庭辩论。

### （二）自诉案件中的代理

自诉案件中的代理人，是指自诉人及其法定代理人依法委托诉讼代理人代理自诉人参加诉讼活动，维护自诉人合法权益的法律行为。

根据刑事诉讼法第四十六条的规定，自诉案件的自诉人及其法定代理人，有权随时委托诉讼代理人。人民法院自受理自诉案件之日起三日以内，应当告知自诉人及其法定代理人有权委托诉讼代理人。

自诉案件中自诉人的代理人主要是协助自诉人行使控诉职能，对被告人提起诉讼，要求人民法院追究其刑事责任。因此，自诉人的代理人享有的诉讼权利来源于自诉人的委托授权，包括一般授权和特别授权。在一般授权范围内，诉讼代理人有权参加诉讼活动，维护自诉人的合法权益。凡是涉及自诉人处分自己的权利，包括程序性权利和实体性权利，诉讼代理人都须取得自诉人的特别授权，如撤回起诉的权利、与被告人和解的权利、接受法院调解的权利以及承认被告人提出的反诉的权利等。未经自诉人授权，自诉人的诉讼代理人不得行使这些权利。

### （三）附带民事诉讼中的代理

附带民事诉讼中的代理人，是指附带民事诉讼的当事人及其法定代理人依法委托代理人参加诉讼，维护当事人合法权益的法律行为。

根据刑事诉讼法第四十六条的规定，代理可分为两种：①附带在刑事公诉案件中的民事诉讼的当事人及其法定代理人，自公诉案件移送审查起诉之日起，有权委托诉讼代理人；人民检察院自收到移送审查起诉的案件材料之日起三日以内，应当告知附带民事诉讼的当事人及其法定代理人有权委托诉讼代理人。②附带在自诉案件中的民事诉讼的当事人及其法定代理人，有权随时委托诉讼代理人，人民法院自受理自诉案件附带民事诉讼之日起三日以内，应当告知附带民事诉讼的当事人及其法定代理人有权委托诉讼代理人。

刑事附带民事诉讼是在刑事诉讼中一并解决因犯罪行为对被害人造成的物质损失而给予赔偿的混合诉讼。其中的附带民事诉讼本质上仍然是民事诉讼，因此附带民事诉讼中的当事人及其法定代理人委托的诉讼代理人本质上与普通民事诉讼中的当事人委托的诉讼代理人在诉讼地位、诉讼权利和诉讼义务上没有什么不同。两者的区别在于，附带民事诉讼的诉讼代理关系在刑事诉讼案件进入人民检察院审查起诉阶段时就可以建立。在此阶段，虽然人民检察院不能对附带民事诉讼部分进行审理并作出处理，但附带民事诉讼的当事人之间可以就损害赔偿问题进行协商、交涉，并自行解决。在此过程中，双方当事人可以委托诉讼代理人协助他们进行协商、交涉，争取获得解决，如果达成一致，则不再进入审判阶段。如果协商、交涉未能解决，则必须进入审判阶段，通过法庭审判加以解决。

### （四）申诉代理

目前刑事错案的纠正有当事人申诉、法院进行再审、检察抗诉三个主要途径。这三者当中最有效的途径是当事人申诉，因为他们与案情的事实有利害关系，最有动机和动力来推动错案纠正的进程。但司法实践中，当事人很难通过申诉来启动审判监督程序。在很多冤错案件当中，被告人家属都进行了艰辛的申诉，甚至长年不断地申诉，但仍然无法启动再审程序。因此，很多当事人选择走上信访之路。为了解决这一难题，我国着力推动建立律师代理申诉制度，推动涉法涉诉信访问题在法治轨道上得到解决。

根据刑事诉讼法规定，我国的刑事申诉不仅存在于判决、裁定生效后，而且存在于侦查、起诉阶段。具体地说，刑事申诉包括三种类型，即侦查申诉、检察决定申诉和生效判决、裁定申诉，现实中以第三种为多。在某些错案的申诉过程中，当事人的律师发挥了很大的作用。例如，在河北的徐计彬案和河南的王俊超案中，代理律师功不可没。但是在现实中，刑事申诉阶段的律师参与并不普遍。究其原因，主要有两点：①申诉者往往因经济条件的限制而请不起律师，许多案件中申诉人无法负担高额的律师费用，因此没有聘请律师，经过几年甚至十几年的申诉，在此过程中自己耗费大量财力、物力收集证据材料，到司法机关咨询，为申诉的成功而奔走，不断申诉成为这类群体无奈的事业。但事实上由于大多数申诉主体不懂法，无法与法官很好地交流，对生效判决是否公正不能作出理性的判断，客观上也加剧了申诉主体和法院之间的冲突。②大多数律师不愿意代理刑事申诉案件，而我国又缺乏相应的法律援助制度和资源。在这种情况下，错案当事人及其亲属的申诉往往就具有了较大的盲目性、凌乱性和无效性。

因此，2014 年 10 月《中共中央关于全面推进依法治国若干重大问题的决定》提出，“对不服司法机关生效裁判、决定的申诉，逐步实行由律师代理制度”。2016 年 6 月，最高人民法院、最高人民检察院、司法部发布《关于实行律师代理申诉制度若干问题的规定（试行）》征求意见稿，并于2017年4月印发了《最高人民法院、最高人民检察院、司法部关于逐步实行律师代理申诉制度的意见》，初步构建了律师代理申诉制度的基本框架。《最高人民法院、最高人民检察院、司法部关于逐步实行律师代理申诉制度的意见》规定，当事人对人民法院、人民检察院作出的生效裁判、决定不服，提出申诉的，可以自行委托律师。人民法院、人民检察院可以引导申诉人、被申诉人委托律师代为进行申诉。律师在代理申诉过程中，可以开展以下工作：①听取申诉人诉求，询问案件情况，提供法律咨询；②对经审查认为不符合人民法院或者人民检察院申诉立案条件的，做好法律释明工作；③对经审查符合人民法院或者人民检察院申诉立案条件的，为申诉人代写法律文书，接受委托代为申诉；④经审查认为可能符合法律援助条件的，协助申请法律援助；⑤接受委托后，代为提交申诉材料，接收法律文书，代理参加听证、询问、讯问和开庭。

# 第十七章　刑事辩护律师执业风险与权益保障

## 第一节　刑事辩护律师执业风险与防范

### 一、刑事辩护律师执业风险原因体现

#### （一）刑事辩护律师执业保障的法律规范不完善

法律是善良和公正的艺术。中国刑事辩护律师起步较晚，社会对于刑事辩护律师的认识程度不够，且我国规范刑事辩护律师执业的法律法规较多，其中律师法、刑事诉讼法对刑事辩护律师的执业权利产生的影响最为直接和深远。虽然我国律师法于 2007 年修订，历经 2012 年、2017 年的修正，律师制度在不断地健全与完善，但总体对于刑事辩护律师执业仍存在着种种限制规定与冲突，限制、束缚着刑事辩护律师依法执业，阻碍着刑事辩护律师充分发挥其维护当事人的合法权益、维护法律的正确实施、维护社会的公平和正义的社会价值。同时，我国刑事诉讼法虽历经 2012 年、2018 年的修正，制度上虽确定了控辩模式，明确刑事辩护律师的辩护权在我国是一项法定权利，但在设定具体规则时却缺乏对刑事辩护律师权利的保障，造就了对刑事辩护律师权利忽视，而致使公权机关的强势地位突出而控辩地位的失衡，这凸显出刑事辩护律师权利在立法上受到诸多限制，导致对刑事辩护律师立法保护的严重滞后。这主要体现为在立法上未给予刑事辩护律师可靠的豁免权以及刑事辩护律师执业权利缺乏有效保障。

1. 立法上未给予刑事辩护律师可靠的豁免权

刑事辩护律师制度是我国律师制度的一部分，同时，刑事辩护律师制度也是律师制度的风向标。鉴于涉及刑事案件的犯罪会涉及犯罪嫌疑人或者被告人的生命、人身自由等属性，刑事辩护律师充当辩护人的同时也可能会触碰到犯罪，从而导致成为犯罪嫌疑人或者被告人，因此，赋予刑事辩护律师刑事豁免权是保护

刑事辩护律师自身人权的需要，也是刑事辩护律师维护当事人合法权益、推进公平正义的需要。1948 年《世界人权宣言》第 11 条，联合国《关于律师作用的基本原则》第 20 条，我国律师法第三十六条均规定了刑事辩护律师的辩护权。但是这些规定要么表达模糊，要么在实务中难以落实。

2. 刑事辩护律师执业权利缺乏有效保障

调查取证权是刑事辩护律师的应然权利之一，根据刑事诉讼法第四十三条、律师法第三十五条相关规定，均规定了刑事辩护律师在执业过程中应当享有调查取证权，但是享有的调查取证权未赋予法律强制性，且在相应的法律条文中并未规定不配合刑事辩护律师行使调查取证权则需承担相关法律责任的规定。具体而言，刑事辩护律师在执业过程中，有时基于查明事实真相的需求，需要向第三方求助而向其调查取证，但在实际办案中，刑事辩护律师向被害人或者其近亲属、被害人提供的证人调查取证时，需要经过“双许可”，即经人民检察院或者人民法院许可和被害人或者其近亲属、被害人提供的证人许可。这一规定为刑事辩护律师向被害人或者其近亲属、被害人提供的证人进行调查取证设置了障碍。为了能顺利取证，辩护律师首先需要向人民检察院或者人民法院申请调查取证许可，如果未申请，可能导致刑事辩护律师面临极大的执业风险。即使得到人民检察院或者人民法院申请调查取证许可，刑事辩护律师也需要得到被害人或者其近亲属、被害人提供的证人同意，否则仍没有在程序上完成调查取证的前提而导致不能调查取证。此外，也可能出现需要调查取证的部门和个人基于各种因素的考虑，甚至仅仅因为怕麻烦而不予配合，在不予配合的情况下又无相应的条文规定承担任何不利责任，这些变相剥夺了刑事辩护律师的该项权利，增加了调查取证的难度，导致无法查明案情本身的情况而致使刑事辩护律师的辩护作用效果甚微，得不到充分的保障。

此外，刑事诉讼法第四十九条规定，赋予了刑事辩护律师因受阻碍依法执业进行申诉或控告的权利，但是未有相关条文进一步细化针对阻碍刑事辩护律师执业权利时应当如何“审查”等标准，且“通知有关机关予以纠正”后该有关机关未能进行又该怎么处理的情形未能详尽规定。该类似的规定在刑事诉讼法第五十七条、第一百一十七条同样存在规定模糊的问题。从刑事辩护律师权利受阻碍的救济上看，刑事辩护律师处于被动状态。

## （二）传统文化导致刑事辩护律师主体地位低下

伯尔曼认为：“法律必须被信仰，否则它将形同虚设。”卢梭也曾说：“一切法律之中最重要的法律，既不是铭刻在大理石上，也不是刻在铜表上，而是铭刻在公民的内心里。”在我国长达两千多年的封建社会中，从未出现完善的刑事辩护制度。中华人民共和国成立后，刑事辩护律师制度的建立未得到重视，随着我国法治体系的构建，刑事辩护律师制度逐步建立。在缺乏刑事辩护律师制度文化根基及传统历史观念影响下，直到今天，仍有一些人对刑事辩护律师持有一种根深蒂固的偏见。刑事辩护律师制度的建设未完善及历史传统文化“无诉”“官本位”思想的影响，必然导致律师在刑事辩护工作中无法更大限度地发挥作用，导致推进法治强国建设的重要一步迟迟无法迈出。

我国刑事辩护律师行业发展的历史短暂，普法教育工作还有待完善。普通大众对于刑事辩护律师工作性质和职能的理解还有一定的偏差，误以为刑事辩护律师是见钱眼开，以为金钱就能决定整个案件的走向。很多社会问题无法单一通过法律手段解决，当法律手段显得无能为力、未达到案件当事人的预期效果时，他们就会认为刑事辩护律师拿钱不办事或能力不足，从而对刑事辩护律师进行各种形式的指责或伤害，甚至危及刑事辩护律师的生命和财产安全。

## （三）刑事辩护律师行业及律所内部管理不科学，监控形式化

律师协会（以下简称律协）作为管理、规范刑事辩护律师执业的一个比较独立的组织，其职责主要是通过制定行业规范维护律师的合法权益，对违法违规的律师和律所实施惩戒，对律师的执业考核和培训进行常态化的组织和协调。但是，律协此类职责对刑事辩护律师的执业行为没有实质性影响，无法有效达到自治管理的效果。律协对大部分的刑事辩护律师宣传没有到位，且宣传方式很少，导致公众对执业刑事辩护律师的认可、评价度不高。

律师事务所是刑事辩护律师从事业务的组织形式，具有监督本所所有执业律师执业活动的权利和义务。由于刑事辩护律师职业的特殊性，其监督权利和义务一直未能有效落实。同时，目前部分律所奉行以律师个人创收作为衡量能力的指标，再加上许多年轻刑事辩护律师初出茅庐，在人脉和案源匮乏的情况下面临很大的生存压力，逐步形成了“金钱至上”的错误价值观。他们在接案时不考虑执业的成本和风险性，夸大其词，进行虚假承诺。因此，加强律师事务所管理，规

范刑事辩护律师执业行为，进行业务能力和执业道德素质的培训有助于融合律师之间的凝聚力，不仅是律师事务所谋求更深远发展的重要手段，还是律师事务所对刑事辩护律师业务规范化的风险防范，关系到律师事务所及刑事辩护律师本身的存亡及发展，成为刑事辩护律师业务质量及风险防控亟待解决的一个现实问题。

### （四）刑事辩护律师个人执业素养原因

2012 年以来，全国刑事辩护律师人数一直保持年均 10% 以上的增长速度，刑事辩护律师事务所的数量也在以年均 8% 的速度稳步上升，截至 2022 年年底，全国共有执业律师 65.16 万人，律师事务所 3.86 万家。刑事辩护律师行业整体发展迅猛，人数不断上升。当前律师的准入门槛不高，通过法律职业资格考试后在律所实习一年通过考核即可成为执业律师，缺乏长期专业的理论训练和实务训练，未设立有效的法律职业素养训练，导致刑事辩护律师自身队伍参差不齐，且每位刑事辩护律师的专业取向有所不同，有的专门代理诉讼事务，有的专门处理非诉事务。在刑事辩护律师群体之中，存在着专业水平的高低差异，具体体现为刑事辩护律师在代理诉讼以及处理非诉事务的业务水平上有较大的差异。理论上，刑事辩护律师执业所面临的种种风险高低与刑事辩护律师的业务能力高低成反比关系，业务能力越高，其执业所面临的风险就会越低，反之亦然。

部分刑事辩护律师在执业中未能有意识提升自身业务素质、法律理论功底不牢固、实务能力不强，往往无法把握案件基本性质的分析，或者出现常识性错误或者存在办案流程的疏漏，未能履行法定职责，导致委托人的权益受到损害。部分刑事辩护律师违反执业规范和执业纪律，向当事人虚假承诺、大包大揽，为了胜诉，违背职业道德与司法工作人员进行权钱交易，昧于法律面前人人公平正义的良心以及职业道德，损害了他人的合法利益和权利，这无疑把自身推向风险旋涡的中心，进而导致执业风险。

## 二、防范刑事辩护律师执业风险的对策

### （一）完善我国刑事辩护律师刑事执业保障的体制

对于刑事辩护律师参与刑事诉讼活动中执业权利的保障，关系到维护当事人的合法权益，关系到维护法律的正确实施，关系到维护社会公平正义能否实现。当前，在法律体系与制度日趋复杂的当下，由于我国的法律制度正是蓬勃发展时

期，刑事辩护律师在刑事诉讼活动中执业权利方面的立法逐步得到重视，整体法治氛围日渐浓厚。我们应该充分认识到，目前刑事辩护律师在刑事诉讼活动中执业权利的保障力度还需要进一步地完善，会见、阅卷、调查取证等“老三难”问题还未解决，庭审时发问、质证、辩论等“新三难”问题已出现。因此，防范刑事辩护律师执业风险，要从事关全面依法治国大局的高度，深刻认识保障刑事辩护律师执业权利的重要性，深入查找、解决在保障刑事辩护律师执业权利方面存在的突出问题，充分保障刑事辩护律师执业权利，为刑事辩护律师执业创造更好环境。①

1. 落实和完善当前保障刑事辩护执业权利的法律法规是体制的根本

我国当前现行法律法规对刑事辩护律师的辩护权、会见权、申请权、阅卷权、调查取证权、辩论权等执业权利均已作出了明确规定。总体而言，公安机关、司法机关等部门对刑事辩护律师执业权利的保障情况已贯彻落实到位，然而也应该看到当前还存在的不足之处：①针对会见羁押的犯罪嫌疑人或被告人时，除要求“三证”（律师证、律师函、委托书）以外还需要额外提供亲属关系的证明、身份证件、结婚证等材料；②部分检察机关针对涉及特别重大贿赂犯罪案件时，根据相关规定在侦查终结前应许可会见，但是对最迟何时应当许可以及许可会见次数均未有详尽规定；③部分法官在庭审时滥用庭审权力，随意打断刑事辩护律师的发问、质证等辩论权。因此，根本上切实保障刑事辩护律师执业权利，落实侦查、起诉、审判阶段的执业权利、辩护意见、证据收集制度等法律法规及政策要求，对保障刑事辩护律师执业权利以及防范刑事执业风险，具有深远且重要的意义。

刑法第三百零六条是悬在刑事辩护律师头上的“达摩克利斯之剑”。因此，为了有效遏制这种风险并使其最小化，应基于平等原则，对于司法人员与律师的行为一视同仁。尽管考虑到惩罚犯罪和保障人权之间的平衡，但对于刑事辩护律师而言，该条款在对辩护人的专门立法上添加了“引诱”的条款，这应受到限制，不能过于宽泛。即便无法在立法上删除“引诱”一词，也应在立法解释和司法解释上对“引诱”的类型与范围进行严格限定。同时，刑法第三百零六条中的“引诱”一词也应当与第三百零七条的妨害作证罪的行为方式具有等价值性，换言之，“引诱”行为应当与“暴力、威胁、贿买”等行为具备同等相当性，以此避免在适用该条款上入罪条件低，出罪条件高。

① 黎龙敏．论刑事辩护律师执业风险及防范 [D]. 兰州：兰州大学，2020.

2. 树立沟通和服务意识是保障刑事辩护律师执业权利重要手段

建立并加强沟通交流，完善听取刑事辩护律师意见的平台建设；在要求司法人员耐心倾听刑事辩护律师意见的同时，应实施一系列刑事诉讼活动中的互惠互利和便利措施。

侦查环节，对于刑事辩护律师针对犯罪嫌疑人非罪、罪轻或者甚至免除刑事责任的意见及证据，侦查部门应当及时进行沟通处理。审查起诉环节，应当讯问犯罪嫌疑人，听取刑事辩护律师的意见，加强与刑事辩护律师的交流和沟通。对于在侦查、批捕以及审查起诉环节提出犯罪嫌疑人无罪、罪轻，证据合法性存在问题等意见，检察部门应当进行审慎的审查，及时形成书面关于刑事辩护律师意见的书面反馈。审判环节，法官要充分保障刑事辩护律师发问、质证等辩护权及辩论权，非必要时不得随意打断。

要进一步增强服务意识，不断完善配套软件、硬件设施，设立网上预约平台，设置专人专岗对接进行预约及解答。同时，在案管大厅设立专门窗口提供刑事辩护律师接待及案件信息查询服务，并专门设置刑事辩护律师阅卷室，配备阅卷电脑、高速扫描仪、打印机、复印机等设备，安排专人负责接待，为刑事辩护律师提供一站式快捷高效服务。相关部门要完善刑事辩护律师接待服务设施，规范工作流程，探索诉讼服务网络平台、受理咨询及投诉等热线电话、增设刑事辩护律师办事专用车位等便利措施，试点进行跨域立案服务，构建起“家门口起诉”新模式。

总结推广试点成功并得到普遍认可的方法，推进诉讼服务中心工作一体化流程，简化办事流程以便提高办事效率，为完善立案、会见、阅卷、参与庭审流程提供便利，促进工作流程规范化、一体化、简便化。此外，利用法律科学网络信息技术探索搭建网上信息系统和刑事辩护律师诉讼服务网络平台，建立网上预约、自助查询、电子卷宗、网上阅卷、视频开庭等网络信息系统和刑事辩护律师服务平台，通过提供服务不但能提高各方办事效率，还有利于办案流程的处理，增强司法公信力和凝聚力。

3. 权利救济的不可或缺

“无救济即无权利”，缺乏救济机制，权利保障将难以落实到位。公、检、法等司法部门和律师协会首先要切实维护刑事辩护律师在刑事诉讼活动中的执业权利和人身权利，不仅要切实维护刑事辩护律师执业权利不被侵害，还应健全沟通协调机制、让刑事辩护律师的方案、建议等意见能得到倾听。其次，完善落实好救济等渠道，建立投诉机制，针对侵害刑事辩护律师在刑事诉讼活动中的执业权利和人身权利的违法、违规行为及时受理，后续以书面的形式对刑事辩护律师的救济进行处理结果的答复。同时，检察机关应切实遵守刑事诉讼法关于刑事辩护律师申诉、控告等救济渠道。最后，律师协会应联合司法机关、行政主管部门协调建立联动机制，对刑事辩护律师因在刑事诉讼活动中的执业权利和人身权利受到威胁、打击、伤害的，采取必要保护措施保护刑事辩护律师及其家人，对违法、违规行为进行迅速制止及协调惩处，妥善维护好刑事辩护律师的合法权益。总而言之，律师协会不仅要切实完善和落实为广大律师的服务工作，还要有所作为，成为刑事辩护律师坚强的后盾。如此，方能成为广大刑事辩护律师温暖的“娘家”。

总而言之，目前相关法律法规还未完善，需要配套相应的机制来确保刑事辩护律师保障制度有序运行。同时，任何一项改革的成功，真正的关键在于其有效的落实。要全面完善并落实方方面面的内容，单依靠政策、制度是不够的，还需要立法、司法、行政机关及刑事辩护律师队伍相互配合才能达到预期效果。广大刑事辩护律师应站在时代进步的前列，充分利用其掌握法律技能的专业优势，切实维护当事人的合法权益，为维护法律的正确实施、维护社会公平正义法治进程发挥更大的贡献。

### （二）提升刑事辩护律师服务市场主体地位

刑事辩护律师作为法律职业共同体的一分子，以维护当事人的诉讼权利和其他合法权益、维护法律的正确实施、维护社会公平和正义作为目标孜孜不倦地努力去追求和推动，是法治国家的重要表现之一，是实现社会正义的基本工具和手段。因此，提高刑事辩护律师服务市场主体地位有利于防范刑事辩护律师执业风险。

#### 1. 提高刑事辩护律师职业地位的认可度

有效促进刑事辩护律师在刑事诉讼活动中的公平和正义，关键是提高刑事辩护律师职业地位的认可度。要想有效改变社会公众对刑事辩护律师的错误认识、消除他们对刑事辩护律师的偏见，最佳方法是加强和完善信息的披露制度。只有加强社会对刑事辩护律师职责、工作内容、使命的了解，刑事辩护律师的辩护权才能更大地发挥作用，才能营造公平和正义的形象并为社会所认同，这既有利于消除社会公众对于刑事辩护律师的误解，树立刑事辩护律师的良好形象，也有利于公平、公正、透明地接受社会的监督。因此，政府部门与律师协会应加大刑事辩护律师的正面形象推广，营造一种敬重法律、尊重律师的良好社会氛围，树立刑事辩护律师的正义光辉形象，强调刑事辩护律师是众多职业的一种，是切实维护当事人的合法权益、维护法律的正确实施、维护社会公平正义的法治推动者。

拓展、畅通不同法律职业共同体的交流网，可以借鉴法治发达国家的经验，吸收优秀的刑事辩护律师担任法官、检察官，这能充分平衡控、辩、审三方主体地位的平衡性，减少对抗性。严格司法机关业绩考核制度，绝不能以静态的立案、批捕、起诉、判决有罪的结果或数量作为考核的主要指标，而应当构建动态的、对刑事诉讼程序诸多环节进行实时、有效、内外结合、多主体参与的测评、考核机制，从而避免刑事辩护律师面临不利的执业风险。同时，加强构建不同法律职业共同体的交流平台，探索复杂、疑难案件案情分析，集聚专家学者、法官、检察官、刑事辩护律师等人员进行沟通探讨，以达到案件观点一致的定性，切实形成信息沟通畅通机制。

强化不同法律职业共同体日常监督管理机制。及时发现纠正存在的问题，针对非法的不当行为设立投诉、举报、控告、申诉渠道，为构建不同法律职业共同体制定良好行为规范准则，尽最大限度地构建不同法律职业共同体信息透明公开的对接交流信息系统，构建不同法律职业共同体平等、信任、敬重、民主、文明、和谐的新时代关系，共同维护社会的公平与正义，实现依法治国方针。

2. 加强刑事辩护公益法律服务，树立公平正义形象

为了提升刑事辩护律师的公平正义形象，不仅要主动开展法律援助服务等社会公益服务，以此改变人们传统观念中的偏见，还要加强尊重法律、尊重刑事辩护律师的舆论导向和遵法、守法、爱法的法治宣传，逐步提高刑事辩护律师的知名度和认可度。

建立一支社会公益刑事辩护律师精英队伍，提升队伍的服务质量。在公益队伍提供公益性法律援助活动时，制定公益性法律援助活动的规范制度和评分标准与细则，严格公益性法律援助活动的规范性指引和标准，设置公益性法律援助活动的群众评分监督机制，防止刑事辩护律师对法援活动敷衍对待，减损当事人的合法权利，以保证公益服务质量。注重对公益性法律援助活动的宣传与引导，积极化解社会矛盾和纠纷，实现社会的公平正义。只有通过刑事辩护律师的素质情怀和公益性援助行为以及社会的正面引导和宣传，才能消除传统思维中刑事辩护

律师的负面形象。

3. 落实刑事辩护律师参政议政，提升政治属性

刑事辩护律师参政议政，不仅是刑事辩护律师提升知名度和社会影响力的体现，还是推进依法治国进程的重要环节，更是刑事辩护律师为法律职业共同体添砖加瓦，助推美好新前景的途径。

拓宽刑事辩护律师参与政治的流通途径。当前刑事辩护律师目前主要是担任各级人大代表、政协委员及各级党政机关、人民团体、企事业单位法律顾问等，参政议政的方式主要是在立法、执法时为立法部门提供法律意见，极大局限了刑事辩护律师参政议政的活跃性。因此，必须建立健全刑事辩护律师人才培养选用机制，拓宽刑事辩护律师参与政治的人事流通途径，把优秀的刑事辩护律师吸收为各级政府机关、党政部门人才库的专家成员。

应充分发挥刑事辩护律师在立法、执法、司法、守法中的重要作用，建立健全刑事辩护律师参与法律法规的起草、修改等工作的制度性渠道。要提高决策层领导人对刑事辩护律师意见重视程度，要培养决策者懂法、依法、用法的法治意识。将刑事辩护律师纳入议政环节中，完善相应的参政议政机制，展现出刑事辩护律师在参政议政中的政治才华，让刑事辩护律师在参政议政中用实际行动展现高度的政治意识和社会正义情怀的责任心，使刑事辩护律师在政治决策层面真正发挥其应有的价值作用，在使刑事辩护律师真正提升社会地位的同时，也使刑事辩护律师依法执业脱离困境。

## （三）健全刑事辩护律师所在行业及律所内部管理制度

刑事辩护律师是切实维护当事人合法权益、维护法律的正确实施、维护社会公平正义的落实者和推动者。律师协会是刑事辩护律师坚实的后盾，目的在于加强行业内部的联系与交流，提升在社会中的交涉能力和影响力。它不仅应致力于切实完善和落实为广大律师的服务工作，还应当有所作为，采取必要措施来保护刑事辩护律师因在刑事诉讼活动中的执业权利和人身权利受到威胁、打击或伤害的情况。这包括迅速制止并协调惩处违法、违规行为，妥善维护刑事辩护律师的合法权益，同时也包括对其家人的保护。因此，为进一步防范刑事辩护律师执业风险，提升律师队伍的正义化身形象和推进行业美好新前景，需要从如下几个方面进一步健全和完善管理制度。

1. 健全刑事辩护律师执业规范及惩戒制度

律师协会应进一步通过制定行业规范维护律师的合法权益，对律师的执业考核和培训进行常态化的组织和协调，完善违法行为处罚办法及违规行为处分规则。对于违法违规的律师和律所要加大惩罚力度，不能放纵行业中的“毒瘤”肆意发展，影响整体队伍正义化身形象和刑事辩护律师行业美好发展新前景。同时，健全落实违法、违规、失信等情况报告和信息公开制度，根据法律规定的程序、方式进行信息公布，做到奖罚分明并公开透明，对因违法违纪被吊销执业证书的律师同时作出终身禁止从事律师职业的规定。

2. 健全执业管理体制

坚持和完善司法行政机关行政管理和刑事辩护律师协会行业自律管理相结合的刑事辩护律师工作管理体制。落实司法行政机关、律师协会管理主体责任，健全落实刑事辩护律师执业规范责任制，密切监管刑事辩护律师违法、违规的不良行为并采取相应的防控措施，完善律师自我监督、互相监管的机制。任何协会会员针对违法、违规的不良行为均有权进行揭发、举报，管理机关应当及时调查处理，以保障行业良好秩序发展，切实做到在法治化轨道上落实并维护刑事辩护律师的合法权益。

3. 加强监督流程管控，完善职业评价体系

之所以存在执业风险，很大程度上是因为未构建监督流程管控及职业评价体系。因此，强化监督流程管控有利于管理和控制执业风险：①构建刑事辩护律师执业活动过程风险监控，建立从接案到结案全程监控的优化工作流程，既在辩护前做好风险告知义务，还在辩护执业辩护活动中以案件进展研判分析不利因素及情形并及时进行沟通、反馈，以此形成常态化的工作机制。②建立重大问题讨论制度。针对重大案件、敏感案件和群体性事件进行沟通探讨，建立风险及应对机制，同时呈报司法局或律师协会，听取其意见和建议，以形成论证严密又具有合法性、合理性、逻辑性的法律分析意见，做到“双重保险”以便降低刑事辩护律师办案的错误。③完善职业评价体系，对刑事辩护律师办案数量、质量进行信息汇集，统计宣传优秀刑事辩护律师在刑事诉讼执业活动中的典型案例，以此树立典型模范，极大增加刑事辩护律师执业的优越感和成就感。

## （四）提升刑事辩护律师个人执业素养

刑事辩护律师个人执业素养关乎律师事业的兴衰成败，而刑事辩护律师事业是一项正在发展、充满希望的事业，关系到全面依法治国大局。因此，需要从如下方面完善刑事辩护律师个人执业素养，防范刑事辩护律师执业风险。

### 1. 加强自身思想政治素养

我们应该认识到，业务水平能力与自身思想政治素养是相辅相成的辩证关系，片面强调业务水平能力，不仅不利于业务能力的提高，而且会导致刑事辩护律师缺了心中的“魂”，引发信仰危机和道德危机。因此，刑事辩护律师应当树立正确的执业理念，加强自身思想政治素养，只有如此，才能以发展的眼光去谋求自身的发展。

### 2. 加强职业道德和职业操守

良好的职业操守是律师安身立命之本。要加强以忠诚、为民、法治、正义、诚信、敬业为主要内容的律师职业道德建设，促使刑事辩护律师依法履行法定职责，做到诚实信用，提高自身职业道德素养和执业操守，成为引领律师行业的典型模范，成为良好社会风尚的引领者。同时，刑事辩护律师要积极公开自身执业信息，推动信息查询平台的搭建，在信用信息共享交换平台分享执业信用行为，供社会公众进行查询。最后，刑事辩护律师要加强自身职业道德修养，把维护行业利益看成自己的职责，坚决按照规章制度办事，遵纪守法，诚信待人，绝不可心存侥幸，以身试法。

### 3. 加强自身业务素质提升

业精于勤荒于嬉，律师是执业风险的承担者，同时也是风险控制的掌控者。刑事辩护律师风险的防范除立法环境、社会环境、律协及律所管理环境之外，自身素养的个人提升也是尤为关键。因此，提高刑事辩护律师良好的执业素养，主要从以下三个方面着手。

（1）积极掌握法律大数据等科技信息技术

近几年，法律大数据的运用迅速发展，不仅改变了法律服务市场的格局，还为刑事辩护律师的法律业务工作形成整体的数据分析库提供了高效便利，降低了执业过程中的不确定性执业风险。因此，刑事辩护律师应有规划、有步骤，积极主动地研究及充分掌握法律大数据等科技信息技术，充分利用法律大数据资源为执业练就一双慧眼，发现法律关系，找到法律争点，并娴熟运用逻辑推理进行裁判，以确保案件得到公正合理的处理。

（2）强化法律理论水平及心理学的研究

在当今法律体系与制度日益复杂的背景下，刑事辩护律师往往无法全面了解并理解所有法律条文。实践证明，律师的法律专业能力是其事业的基石。刑事辩护律师的学识越渊博，其办案水平和能力便越高，相应地，其执业风险也就越低。此外，心理学知识的运用使律师能够准确洞察他人的心理状态，从而使交流更为顺畅。因此，律师应该强化对法律理论知识与心理学知识的研究，持续了解最新的法律规范内容以及人类的心理本质，提高自身理论水平和实践技能，力争成为素质高、能力强的综合型人才。

（3）熟悉执业风险来源与风险控制及管理技术

知己知彼，方能百战不殆。如果刑事辩护律师能识别及掌握基本执业风险的来源，那么可以进一步有效降低执业风险出现的概率。因此，作为刑事辩护律师管理部门，司法局、律协一方面可以在刑事辩护律师执业培训中设计相关课程进行专项培训，另一方面可以将该课程作为刑事辩护律师年审考核指标之一进行宣导。同时，律所应组织刑事辩护律师加强学习并引导有序地讨论、分享，刑事辩护律师在日常业务学习中也要加强学习相关内容。

## 第二节　刑事辩护律师权益保障

### 一、刑事辩护律师的实有权利

#### （一）阅卷权

阅卷权中的“卷”是针对案卷而言，阅卷权实际上是对公安机关、检察机关以及审判机关的诉讼案件的材料进行阅读、摘抄、复制的权利。辩护人虽有阅卷权，但所处的诉讼阶段不同，辩护人查阅、复制、摘抄案件中材料的范围也有所不同。辩护律师自检察院对案件审查起诉之日起，可以审查、摘抄、复制要案的诉讼文书、技术性鉴定材料；其他辩护人经检察院许可，也可以查阅、摘抄、复制上述材料。辩护律师自法院受理之日起，可以查阅、摘抄、复制本案所指控的犯罪事实的材料。其他辩护人经法院许可，也可以查阅、摘抄、复制上述材料。

### （二）会见、通信权

会见和通信权一般指与正在羁押的犯罪嫌疑人和被告人见面交谈和书信、电话等交流的权利。会见、通信权体现为：辩护律师自检察院对案件审查起诉之日起，可以同在押的犯罪嫌疑人会见和通信。辩护律师自法院受理案件之日起，可以同在押的被告人会见和通信。其他辩护人经法院许可，也可以同在押被告人会见和通信。

### （三）调查取证权

调查取证权是辩护人进行询问等调查行为获取有利于自己为之辩护的犯罪嫌疑人、犯罪人的证据的权利。该权利表现为：辩护律师经证人或者其他有关单位和个人同意，可以向他们收集与本案有关的材料，也可以申请检察院、法院收集、调取证据，或者申请法院通知证人出庭作证。辩护律师经检察院或者法院许可，并且经被害人或者其近亲属、被害人提供的证人同意，可以向他们收集与本案有关的材料。

### （四）收受诉讼文书送达权

为行使辩护权，辩护人需要及时获得某些诉讼文书，法院等机关有义务依法向其送达某些诉讼文书。辩护人有权在开庭三日前获得法院的出庭通知书；辩护人有权得到检察院的起诉书、抗诉书副本，法院的判决书、裁定书副本等。

### （五）参加法庭调查和辩论权

在法庭调查阶段，辩护人有权进行举证、质证、提出意见和进行辩论，还有权申请法院通知新的证人到庭、调取新的物证、重新鉴定或勘验。

### （六）拒绝辩护权

拒绝辩护是律师在遇到法定情形时拒绝为犯罪嫌疑人、被告人担任辩护人进行辩护的权利。根据我国律师法第三十二规定，委托人利用律师提供的服务从事违法活动或委托人故意隐瞒事实的，律师有权拒绝辩护。在法庭辩护中，辩护人拒绝辩护，对于辩护方的防御具有瓦解作用，关系重大，不可不仔细斟酌，慎重为之。[①]

---

① 赵怡嘉 . 当前我国刑事辩护律师权利保障实证研究 [D]. 新乡：河南师范大学，2017.

### （七）其他权利

辩护人在征得被告人同意后，可以对第一审判决、裁定提出上诉；辩护人对审判人员、检察人员和侦查人员侵犯公民诉讼权利和人身侮辱的行为，有权提出控告；等等。

## 二、刑事辩护律师的应有权利

### （一）会见权

会见、通信应该具有秘密性，即辩护人与犯罪嫌疑人、被告人会见应在不被监听、不受打扰的情况下进行，辩护人与犯罪嫌疑人、被告人的通信也应不受检查，违反这些要求的做法都意味着对辩护权的妨碍。会见权可以进一步设置改进为自由会见、秘密会见和秘密通信。

### （二）言论豁免权

辩护人应当享有言论豁免权，即辩护人在法庭上的言论应受到法律保护，不得因其在法庭上发表之言论而追究刑事责任或其他责任，“不得因为律师在法庭上的发言而对他提起诽谤、侮辱或藐视法庭的诉讼”。法庭上要切实维护被告人的权利，辩护人发言应畅行无阻，若有所顾忌，噤若寒蝉，辩护就不能称为辩护了，司法公正也会变成一些虚置的权利宣言与法条公示。

# 第六篇　实践与应用的具体探索

# 第十八章　期待可能性理论的司法实践

## 第一节　期待可能性的司法体系的定位

### 一、期待可能性理论在司法中的适用要求

#### （一）期待可能性理论的适用范围

1. 不应区分罪过形态

我国学者对于期待可能性的司法适用范围，有以下不同的主张：①作为责任的阻却事由，期待可能性仅适用于过失犯罪中；②对于轻微的故意犯罪和过失犯也可适用；③只要行为时存在期待可能性适用的客观外部条件即可，不论罪过的性质与罪行的轻重。笔者观点倾向于③的观点，期待可能性体现了外部条件对人的意志自由的限制，这种限制是客观存在的。因此，对于行为人是否出于故意或过失，以及罪行的轻重，不应受制于其主观状态，而应根据具体案例进行详细的分析和判断。

2. 无期待可能性作为责任阻却事由

无期待可能性的事由属于责任阻却事由，能够阻却行为人对于法律责任的承担，在法律有规定的情况下应当依法适用，如正当防卫、紧急避险等。无相应规定的，也应当予以应用，例如亲属之间的伪证、窝藏、包庇行为，制约相对人的命令情形，受到异常诱惑的情形以及受到重大胁迫的情形等。

#### （二）期待可能性理论的适用条件

期待可能性理论虽然具有法律依据，但其也具有超法规的性质，其是在肯定行为违法性的基础上，对制约行为时的客观外部条件和环境的所做的特别考量。为了防止该理论被过分运用而导致减弱刑法的一般预防效果的可能性，有必要对其适用的条件进行合理限制。通说认为，客观外在情势的异常性是期待可能性适用的前提条件，而至于对非正常的客观情况的认定，应当综合考察行为当时行为

人年龄的大小、精神状况的好坏程度、生活状况的现实情形、与受害人之间的关系是否紧密，以及面临的危险或威胁的程度等各种具体因素。通常情况下，主要表现为迫于客观外部存在的巨大压力或者威胁，行为人为满足自身生存、保全自己生命健康的基本需要，或者受到强烈的刺激进而实施的行为，此时因自身的意志自由程度受到限制，因此可以得到减轻或免除刑事责任的处理。

### （三）期待可能性的现实判断

司法实务中，首先需要解决的是在何种情况下判断期待可能性的存在。有学者提出，期待可能性应作为过失犯罪中的责任阻却事由，目前学界对此已有较为统一的认识。还有人提出，在对一个行为进行罪与非罪、罪轻罪重的判断时，应当运用期待可能性的理论精神进行全面考察。对此，有人指出，如果这样无一例外地对每一起案件都要求运用期待可能性予以考察，那么公诉机关在起诉犯罪时，就会陷入困境。因为如果这样规定，公诉机关在每起诉一起案件时，都必须证明期待可能性的存在及其程度，否则，根据罪刑法定及无罪推定原则，审判机关可能不予支持。然而，这种做法显然在证明责任的分配上是不公平的，并且不利于指控犯罪行为和维护社会秩序。笔者认为，当司法者判断一个人的行为是否为犯罪时，要考虑到是构成还是不构成，所以判断的过程并非简单地只考虑入罪，还应该从出罪的角度予以考虑。如某一行为人实施了某一违法行为，但是如果根据行为时的具体情状，不能期待行为人作出适法行为的，就不应该定罪；而在需要定罪的状况下，对于可量之刑也应当从轻或减轻。因此，司法人员对个案的考量，应当进行全面性审查，除考察行为的客观危害外，还应考虑行为人的主观恶性，毕竟当事人所处的环境是客观存在的，所产生的心理强制也是必然存在的。而有的情节直接关系到案件的正确认定和刑罚的正确裁量，直接关乎当事人的权利和切身利益，是司法人性化和公正化的直接表现。

因此，考虑期待可能性时，应当从以下几个方面分析：①行为人所处的周围环境。因为人的行为受周围社会环境的影响很大，可以从所处的客观社会环境入手，去考察对其期待可能性程度的高低。政治形势的动乱、经济秩序的无序、执法的混乱等都可能导致行为人无期待可能性。②行为人进行违法犯罪行为的自然环境等外界因素，此时，要具体评价行为人在行为当时适法行为的期待可能性以及适度的高低，来确定行为人的是否应当承担责任及承担何种责任。而对于犯罪的发生具有一定的诱发作用的时间与地点，在此范围之外，不能依据期待可能性理论阻却犯罪人责任的承担。③行为人与行为对象的关系状态等。部分刑事犯罪的被害人在案中也可能存在过错或者具有一定的责任，即被害人过错问题。通常行为人在特殊的境遇下，可能会出现不具有期待可能性的现象，或者期待可能性程度较低。

## 二、期待可能性理论在定罪量刑中的具体应用

在司法实践中，法官往往会考虑期待可能性，因此在一些具体案件中会作出较轻的判决。然而，由于缺乏明确的法律规定和直接的理论依据，这些考量在判决书中无法得到详细阐述和说明。

### （一）期待可能性对罪与非罪的界定作用

借助期待可能性理论，有时能将用传统刑法理论无法评判的案例进行分析，以判断行为人是否应当承担刑事责任，如果认为无期待可能性的，可以进行非罪处理。例如，亲属因为犯罪而潜逃，基于亲情，行为人为逃犯提供了必需的生活费用，此时是否一定应认定其有窝藏罪呢？“大义灭亲”的壮举并非人人都能做到，否则也不必成为法治建设中所倡导的行为了。在没有严重阻碍司法活动的情况下，此类行为不应作为犯罪论处。再如，我国刑法对单位犯罪进行了特别的规定，依据罪刑法定原则，只有明文规定的情形才能以单位犯罪处理，一般情况下不能以无期待可能性作为免责事由。但在基于上级主管机关命令性行为，造成了严重的社会危害时，则应可以基于期待可能性理论得以免责；同样道理，单位中的自然人如果基于上级领导命令所进行的行为，可以以不具有期待可能性为由而阻却责任。

### （二）期待可能性在量刑上的影响

在我国司法实践中，通常只考虑行为人实施犯罪行为后的表现如何，比如是否如实供述、是否真诚悔罪、有无赔偿被害方等，而对于行为时的处境通常不予关注。期待可能性则将被忽略的特定环境下犯罪发生的情形纳入法律视野，它在量刑方面的影响集中体现为以下内容。

1. 激情犯罪

激情犯罪即行为人实施犯罪行为是源于外界刺激从而失去或者自我控制的意志能力降低。此种犯罪中，一般能够找到“被害人过错”的因素，如因长期受到

侮辱或者家暴而失去自制进而伤害对方。西方犯罪学认为该类犯罪属于“挫折攻击型”，是可以被宽恕的。即犯罪行为是在一种社会平均人所不能容忍的状态下临时激发而为，这种情境下因期待可能性程度较通常低弱，因此也可酌情减轻其刑事责任。司法实践中法官在审判时，也逐渐关注犯罪嫌疑人作案背后的客观状态、当时所面临的情形，在严格依照罪刑法定和平等适用刑法原则审判的情况下，同样考虑罪刑相适应和罪刑均衡原则，从轻或减轻处罚。

2. 偶然的机会犯

偶然的机会犯罪指行为人本来没有犯罪的主观恶性，在遇到引诱犯罪的事由时，临时起意实施了犯罪行为。法官如果根据期待可能性理论，从此种情况下期待可能性降低出发，对此类犯罪就可酌情从轻或者减轻处罚。在现行法律制度下，裁判者自觉运用期待可能性理论，目的在于实现司法公正。

## 第二节　期待可能性实践路径的构设

### 一、期待可能性理论应用的前提和关键问题

#### （一）树立正确刑法价值观念

期待可能性理论内核是针对因处于特殊情况下而无法选择其他适法行为进而选择违犯刑法规范的人，给予其以脆弱人性的怜悯。长期以来，我国刑法虽然坚持的是惩罚犯罪与保障人权的双重价值理念，但国家至上的集体主义却在刑事司法领域中占据了重要地位，导致在涉及个人特殊情况时，即行为发生时的异常情景容易被忽略或者放弃。在司法实践中，司法办案人员难免会受这种价值理念的左右，加之对犯罪的认定惯用四要件的形成模式来认定犯罪，这易造成各级司法工作人员有意无意地漠视引发犯罪发生的异常事由和特定处境，且现行刑法中并未明确将期待可能理论的法律地位，使得司法工作人员对期待可能性低或是知之甚浅，或是带有抵触和排异情绪，最终导致被告人被不当追究刑事责任。

#### （二）提升司法者专业素养

不同于我国刑法理论界的“研究热”，司法实践中对于运用期待可能性理论的

积极性相对较低。这主要是因为不少司法实务人员缺乏对学界期待可能性理论研究成果的关注与深究，往往很难对期待可能性理论有深层次的思考，以及受制于我国办案人员的保守执法。尤其是由于我国现有法官队伍的专业水平参差不齐，以及罪刑法定原则被机械理解和运用，法官在处理疑难复杂案件时，几乎不考虑期待可能性理论在案件事实认定过程中的作用。因此，作为超法规的期待可能性理论，不能被明确作为法律规范去使用。即便是该事由被法官予以考虑，也囿于法官专业素质，很难在文书中将期待可能性作为责任阻却事由被予以适用说理清楚。当对部分错案进行追责时，法官在压力下也很少去运用法无明文规定的期待可能性。由此可见，伴随着司法改革工作的不断推进，我国的刑事审判文明程度不断提高，在庞大的立案压力下，期待可能性理论要想不断被运用在判决中进行罪与非罪以及加减刑的法律说理，则必须重视提高我国法官职业素养的问题，从而保障期待可能性理论在本土化进程中、在提升司法公信力方面能够更有力地发挥其功能。

法律的普遍性与案件的特殊性天然存在一定的矛盾。法律针对的是一般公众，但是司法却是对个别案件的实质判断，这是一般正义与个别正义之间的矛盾。在涉及适用期待可能性的案件中，则要求法官合理地运用自己的自由裁量权，针对案件的各方利益进行权衡考量。当法律的规定过于原则从而难以适用时，应当对法律进行修补矫正，在法律的一般规定之外发生了例外情况时，由于立法的绝对与滞后性，执法者应当将自身置于立法者的视角来考量，假使发生这样的情形时应当作出何种决定、作出何种法律解释抑或是制定新的法律来弥补不足。诚然，对于缺乏期待可能性的案件，法官没有完整的理念，其是无法作出真正符合个别正义的判决的。

一个优秀的法官，不仅仅需要具有强大的逻辑推理能力和判断能力，更重要的是要能够从价值判断和利益衡量中作出公正的判决。这样的法官能够立足于法律之上再去解读法律，而不是单纯地对法律条文进行机械的记忆以及适用，会将具体案件置于整个社会中去考量，结合政策等最终得出恰当的判决。期待可能性是一种充满人性光辉的理论，刑事法官应当在刑事案件的审判中注重个别正义进行利益衡量，同时对案件的判断注入人性的考量，在不违背案件事实的前提下作出判决。

### （三）严格司法适用程序

关于期待可能性的法律性质。德国的通说认为，缺乏期待可能性只是法定责任阻却责任事由的理论基础，并不能作为一般的超法规的责任阻却事由。例如，德国刑法基于期待可能性理论基础，规定由于恐怖等情况导致的防卫过当，可能期待行为人不超过防卫限度，不受刑罚处罚。如果不加以限制地适用期待可能性理论，就可能导致刑法的弹性过大。无期待可能性究竟能否作为超法规的阻却责任事由呢？反对者认为，如果承认无期待可能性的超法规适用，否定期待可能性的超法规适用则达不到这一目的。

适用期待可能性的案件，必须严格适用程序，以避免理论的滥用。在以缺乏期待可能性作为辩护的理由时，在程序选择上，应当适用普通程序并且组成三人合议庭来审理，用来发挥合议庭的把控作用，对于是否适用简易程序的独任制显然是否定的，这样对于该理论的适用由法官一人决定，无法严格把控。假使在实际中，将期待可能性作为法定的出罪事由已被确定化，那么必然会规定相应的适用规制，在实际运用中对于该理论的判断标准也具有明确规定，则法官只要依据法律规定适用于具体的案件即可，同时对于是否能够适用简易程序独任制，则根据具体案情来决定。如果以缺乏预期的可能性作为抗辩的理由，若只需对行为人酌情从宽处罚的，而非必然地减轻处罚或者不认为是犯罪的，则该程序的适用可以更为宽泛。对于缺乏期待可能性或者期待可能性较低的案件中对行为人在法定量刑的幅度内酌情从轻处理的案件在司法实务还是存在大量案件的，如果被告由于生活困难，迫切需要金钱的，从而触犯诸如盗窃、一般欺诈等的案件的，则通常在司法实践中对行为者会进行酌情从宽处罚，无特别规定只允许适用某一特定程序，根据刑事诉讼法的具体规定来适用即可。但是，如果期待可能性弱化而需要将此作为超法规的辩护事由，从而减轻处罚、免除处罚或者不认定为是犯罪的，那么必须组成合议庭审理，还应当上交审判委员会来讨论是否需要适用该理论，以避免实务中的司法权滥用。

立足我国国情和刑事司法实践，刑事司法实践要以法治思想为指引，无论是期待可能性的判断标准，还是本土化运用，刑法都不能独行，需要重视刑事诉讼的协同改革。例如，期待可能性的判断需要发挥司法者的自由裁量权，增加审查内容，合议庭审理更能保证客观公正，但一律适用普通程序，不利于繁简分流、庭审实质化等。为了提高诉讼效率和实现以审判为中心的改革，期待可能性的运用中也应优化刑事速裁程序、加快试点探索认罪认罚从宽制度、完善轻罪程序等诉讼配套措施。①

同时，期待可能性的判断也需要加强文书说理、加强案例指导，以解决认定标准不统一、适用随意等问题，实现公平正义，打通实体法与程序法的壁垒。

## 二、区分作为责任根基和责任要素的期待可能性

张明楷教授认为:“或许可以认为，如同将意外事件、不可抗力放在犯罪主观要件中研究一样，将正当防卫等表面上符合客观要件的行为放在犯罪客观要件中进行研究，将被害人承诺或推定承诺所实施的表面上侵害他人合法权益的行为放在犯罪客体要件中进行研究，倒是合适的。”在我国现阶段，认定犯罪的唯一标准是犯罪构成，行为符合犯罪构成才能成立犯罪，缺乏期待可能性的行为之所以不是犯罪，原因在于不符合犯罪构成。笔者将沿着这一思路对期待可能性的所有运用路径进行分析，同时，要区分作为责任根基的期待可能性和作为责任要素的期待可能性，对期待可能性进行狭义解释。否则，就会发现各种不构成犯罪的情况都可以用期待可能性进行解释。

### （一）因主体要件缺失而不构成犯罪

由于行为人在特定情境下缺乏期待可能性，立法者将其行为认定为非犯罪行为。

### （二）因主观要件缺失而不构成犯罪

1. 正当防卫

法律不能忽视人自我保护的本能，在面对不法侵害时，法律不能要求人们忍受侵害而不反击。我们不能期待被犯罪侵害的人“不够光彩地逃走”，不但如此，我们甚至也不能期待其选择避免攻击。行为人在正当防卫时，虽然是在故意心理的支配下，但这种故意并非犯罪故意。犯罪故意是以社会危害性认识为基础的。而正当防卫不仅没有社会危害性，还对社会有益。因此，行为人主观上没有犯罪故意，不构成犯罪。

2. 紧急避险

紧急避险体现了期待可能性思想，但其不构成犯罪的根本原因在于存在主观的违法阻却事由。所谓主观违法阻却事由是指由于存在正当化的认识、意思，而

① 鲁杨莹.我国刑事司法实践中的期待可能性应用研究[D].武汉:中南财经政法大学,2021.

使行为正当化的要素。就紧急避险而言，避险人主观上是为了避免对自己或者他人的生命、身体、自由或财产的紧急危险，所以不存在犯罪故意，因此不构成犯罪。

3. 认识错误

在认识错误的场合，根据客观情形，若不能期待行为人作出正确判断，而造成危害结果的，同样可以认为行为人缺乏故意或过失而不构成犯罪。

### （三）因客观要件缺失而不构成犯罪

1. 不作为

不作为是指行为人具有实施某种行为的特定义务，能够履行而不履行。如果负有某种义务的行为人在当时情况下根本无履行义务的可能，则不构成犯罪。不作为是危害行为的表现形式之一，刑法上的危害行为是指在人的意志支配下实施的危害社会的身体动作。例如，下班晚的丈夫发现家中起火，妻子被困家中，丈夫想冲进去救妻子，但当时火势凶猛，根本无法靠近，虽然报了火警，但仍未能避免悲剧发生。该案中丈夫根本无履行义务的可能，其行为不受意志支配，不属于刑法中的危害行为，不符合犯罪客观要件。

2. 身体完全受强制

如行为人被他人捆绑，行动自由受限，他人利用行为人的身体实施犯罪，此时行为人仅仅是被当作工具使用，并未实施危害行为，不构成犯罪。

### （四）因客体要件缺失而不构成犯罪

有被害人承诺的行为是否阻却犯罪？“保护放弃说”认为，被害人的承诺可以使行为不构成犯罪，这一观点是合理的。在被害人承诺的场合，被害人的承诺意味着放弃了法律对其利益的保护，客体也就不存在，因此，经被害人承诺实施的行为不构成犯罪。

# 第十九章　刑事辩护中语用论辩术的应用实践

## 第一节　刑事辩护的论辩语境和语用论辩术的功能

### 一、刑事辩护的论辩语境

实现有效果的论辩，应选择适当的论辩策略，而所谓“适当的”论辩策略应与论辩语境相适应。论辩语境即论辩交际活动中的制度性论辩实践和惯例化论辩实践，不同的制度性论辩实践和惯例化论辩实践必然会约束论辩策略的选择。

就刑事诉讼的制度设计而言，控、辩、审三方构成了相互对立、相互统一的三角结构，刑事诉讼法和刑法则为案件审理提供了全面的制度规范。在刑事诉讼的论辩过程中，围绕案件事实和裁判结果，控、辩、审三方展开互相制衡的对抗：控方为维护社会安定，代表国家追究被告人的刑事责任；辩方为保护被告人的合法权益，尽力作出有力辩护；审方则是中立的一方，在主持和推进这场论辩的同时，也在心中不断梳理和确认案件事实并为裁判决定和裁判说理做准备。三方虽然各持不同的立场，但是遵循共同的司法准则，并具有共同的司法追求，那就是案件的公正审判以及法律的正确实施。所以控、辩、审三方在刑事诉讼过程中的一切活动都必须受法律的规制和约束。三方在符合刑事诉讼制度性语境条件的前提下进行有序的、合法的诉讼博弈。控、辩、审的三角结构以及刑事诉讼的各项具体的制度设计为司法结构的平衡提供了制度上的保障。

#### （一）刑事辩护的概念

随着我国司法制度以及刑事诉讼的改革，律师辩护已经前置。刑事诉讼法规定，在侦查阶段犯罪嫌疑人即可委托律师担任辩护人。辩护律师在侦查阶段可以就事实和法律提出意见和理由，以维护法律的公正性，并保护被告人合法权益。

从广义上而言，刑事辩护是指辩护人依据事实和法律为犯罪嫌疑人或被告人提供的帮助其争取合法权益的法律服务，内容上既包括提供法律咨询，也包括提出并说服相关司法机关采纳某些法律意见，例如改变强制措施、犯罪嫌疑人或被告人无罪或罪轻、减轻或免除刑事处罚等。

## （二）刑事辩护的目的

刑事辩护的目的在于说服法官接受辩方立场、保护犯罪嫌疑人或被告人的合法权益，从而在结果上实现“有效果的辩护”。值得说明的是，“有效果的辩护”与“有效辩护”是两个概念，前者是后者概念内涵中的一个方面。“有效辩护”的内涵包括“尽职的辩护”和“有效果的辩护”两个方面。“尽职的辩护”强调的是辩护权行使的过程，而“有效果的辩护”关注的是辩护权行使的结果，二者既有联系又有区别，作为保障辩护权的两个方面共同构成高品质的辩护体系。在肯定“尽职的辩护”具有规范辩护过程作用的同时，使用“有效果的辩护”作为辩护权实质保障的话语，从结果层面考察刑事辩护活动的效用更符合当事人利益最大化的辩护目的和律师职业相关伦理，有利于促进司法公正的全面实现和司法公正社会认同的形成。①

具体而言，辩护目的包括证成己方立场、反驳控方立场、说服法官接受己方立场。证成即通过证据和论证说理来证明己方法律主张成立，反驳即证明对方的主张不成立，或证成相反主张。由于刑事诉讼中的举证责任大多在控方，所以辩方对控方的反驳性论辩的情况相对较多，证成性论辩的情况相对较少。但是不论是证成还是反驳，论辩并非单纯为了证立而证立或为了反驳而反驳，其最终的目的都是说服受众接受己方立场。辩方在论辩过程中要考虑的受众包括控方、法官以及社会，因为法官在决定作出采纳哪方意见的选择时，不仅要说服控辩双方，还需考虑社会对裁判结果的接受度。

## （三）刑事辩护的特征

### 1. 说理性

刑事辩护并非随意发表的无足轻重的看法或意见，而是当事人委托或法律援助机构指派的辩护人对具体刑事案件发表的具体且专业的意见。刑事诉讼案件的处理涉及对犯罪嫌疑人或被告人的财产、人身自由甚至生命的处置，需要辩护人在提出辩护意见时持充分的审慎、理性的态度。辩护中的每句话都必须经过慎重

① 张凯欣 . 语用论辩术在刑事辩护中的应用 [D]. 重庆：西南政法大学，2020.

考虑，做到言之有理，持之有据。

"说理"在刑事辩护中既包括反驳性论辩，又包括证成性论辩。反驳性论辩更多的是针对起诉意见指控的内容提出的相反意见，证成性论辩主要是起诉意见没有指控、没有涉及，但是认为需要提出的意见。不论是证成性论辩，还是反驳性的论辩，都必须以理性为基调，只有诉诸理性的合理法律论辩才能最大化地实现司法的目标，即公平正义。因为刑事辩护也必然具有法律论辩的特征：似真性和非单调性。似真性是指法律论辩的前提是基于自然语言的、开放的前提，这与形式逻辑理论里面的前提相对。非单调性是指随着论辩中所提出的理由的增加，结论可能会被推翻，与"可废止性"的含义相似。刑事辩护必然以自然语言为载体进行，这种现实中的论辩实践的论证前提几乎不可能是绝对的，而大多数情况下是似真的，以可接受性为标准。另外，刑事辩护的存在也正是因为法律论辩的非单调性为反驳性的辩护提供的发挥作用的可能性。

2. 应用性

刑事辩护具有应用性，可被视为以多个言语行为组成的论辩性语篇，而每个言语行为都有其功用，多个言语行为合起来也有一个总目标，所以辩护具有很强的目的性。参与法律论辩的控、辩、审各方在进行论辩时都是为了互相说服，最终消除意见分歧，达到一种平衡的局面。因此，刑事辩护的每句话都要考虑其功能作用和应用效果。在进行刑事辩护时，如果仅凭个人好恶随意发表意见，不考虑每个言语行为对于消除控辩意见分歧、说服法官接受立场的功能，则可能很难取得预期的辩护效果，致使辩方当事人实体权益受损。对于犯罪嫌疑人和被告人而言，刑事诉讼是一场战役，是一场关乎其自由、财产，甚至生命的战役，辩护人为了最大限度地维护当事人的合法权益，在整个诉讼过程中，辩护人与控方之间的博弈和较量无处不在，必须对辩护的应用性有清醒的认识。

3. 倾向性

在刑事诉讼中，侦查机关或检察机关的举证义务其实不仅限于针对犯罪嫌疑人、被告人有罪或罪重的事实，也包括无罪或罪轻的各种事实。但在司法实践中，侦查机关或检察机关作为与辩方对抗的一方，肩负纠举犯罪的天职，往往更注重收集有罪或罪重的证据，而对于无罪或罪轻的证据则不甚重视。与之相对应的是，辩方的辩护以争取嫌疑人或被告人的权益最大化为目的，因此辩方会不遗余力、想方设法地寻找有利的"辩点"，这就导致了控方和辩方的论辩都具有一定的倾向性。

虽然参与民事诉讼中的原告、被告双方也都有一定的倾向性，但民事领域的倾向性却是相对均衡的，因为参与民事诉讼的双方当事人是权利、地位完全平等的民事主体。而刑事诉讼的控方以国家的公权力机关为代表，与以被告人及其辩护人组成的辩护方之间力量对比悬殊，那么各自在诉讼中的倾向性对判决结果的影响也是不同的，这会造成另一种意义上的倾向性。

总之，“刑事辩护”主要是指论辩意义上的刑事辩护，其以达到有效果的辩护为追求，目的是消除与控方的意见分歧，最终说服法官接受辩方立场，为被告人或犯罪嫌疑人争取合法权益。它具有说理性、应用性、倾向性的特征，需要一种兼顾论辩合理性和语用有效性，强调合理实现论辩目的的论辩理论的指导。

## 二、语用论辩术的功能

语用论辩术的功能对于实现有效果的辩护具有很好的适用性。根据刑事辩护的概念、目的和特征，刑事辩护以理性论辩来为犯罪嫌疑人或被告人争取合法权益，以消除控—辩意见分歧、审—辩意见分歧，最终说服法官接受辩方立场为追求。这种以目的为导向的言语行为需要一套以目的为导向的论辩理论的指导。而语用论辩术即以言语行为的使用为视角，将言语行为的功能性分析摆在重要的研究位置，十分强调论辩目的之实现。其理论内容糅合了从语形、语义和语用三个维度对论辩的分析和评价，把论辩理性的论辩观与论辩行为的语用观结合在一起，可以较为全面地为实现有效果的辩护提供理论指导。

语用论辩理论，认为只有论辩才是唯一理性消除意见分歧的方法。所谓论辩，在语用论辩学中被定义为是一种目的，是说服理性批判者接受某一立场，形式是提出一个或一个以上的命题来论证该立场的命题为真的理性说理，特点是具有言语性、社会性、理性的言语交际活动。

从名称上可以看出，语用论辩术的理论内容既包含语用理论，也包含论辩理论。其中，“语用”是指一种语用学理论的交流视角，强调语言的使用，将论辩双方在论辩过程中的话描述为目的是消除意见分歧的言语行为，是从描述性维度来对论辩进行分析；而“论辩”是指一种论辩学理论的批判视角，强调论辩的理性，将一套批判性讨论规则作为对论辩合理性进行评析的标准，从规范性维度来研究论辩。因此，语用论辩术是融合了言语行为主义和理性批判主义的产物，可谓非形式逻辑的集大成者。该理论讨论了现实的论辩话语传达方式以及论辩在特定语境下可能发生的实践问题，可以从语用角度和论辩角度对日常生活中的自然语言论证进行全面分析和评价。

以下将从论辩分析、论辩评价以及论辩过程中的策略调控三个方面，对语用论辩术的功能展开介绍。

### （一）论辩分析

在论辩中，想要消除意见分歧，实现论辩目的，首先要明确论辩中与消除意见分歧相关的元素，也就是要进行论辩分析。论辩分析就是要明确论辩性语篇和论辩性交流的各个层面的情况，包括识别存在的意见分歧是什么、明确论辩者的立场是什么、确定实际论辩对应的批判性讨论阶段以及分析论辩的结构是怎样的。

#### 1. 意见分歧

分析论辩从识别意见分歧的产生以及意见分歧的类型开始。当参与讨论的人们质疑某一立场时，意见分歧就产生了。按照意见分歧是否明确，意见分歧的类型分为显性的意见分歧和隐性的意见分歧。

（1）显性的意见分歧

显性的意见分歧是指比较明确的意见分歧，分为简单意见分歧、混合意见分歧、多重意见分歧三种。

意见分歧的产生并不要求出现完全相反的立场，只要有对该立场的不确信就足够了。例如，甲某说："我认为偷走这家珠宝店的珠宝的贼就是这家店里的员工。"乙某说："我不知道，我从未想过这一问题。"在这一例子中，乙某对甲某的立场既没有同意也没有反对，只是表示不确信，这说明乙某并没有心服口服地接受甲某的立场。那么，在这一例子中就存在对甲立场的意见分歧，这就是简单意见分歧。

如果乙某不仅不确信甲某的立场，还持有相反的立场，例如乙某说："不，我认为这家店的员工不可能是偷走珠宝的贼。"那么，这种情况下，称这种意见分歧为混合意见分歧。

还有一种情况是，乙某不仅持有相反的立场，还提出新的意见。例如，乙某说："不，我认为偷走珠宝的贼是街上的流浪汉。"那么，这种情况下，称这种意见分歧为多重意见分歧。

（2）隐性的意见分歧

隐性的意见分歧则是指论辩的立场及其质疑或反驳都表达得不清楚的情况。很多时候，只有一方在表达其观点，意见分歧往往是不明确的。但是“不明确”并不意味着不存在或者不可预见。例如，甲某说：“我认为偷走这家珠宝店的珠宝的贼就是这家店里的员工，因为这家珠宝店的主人对待他的员工态度十分恶劣，经常辱骂他们，还拖欠了很久的工资。而且只有店里的员工才有这些展柜的钥匙，这使得他们有非常便利的条件偷走珠宝。”显然，这一例子中的意见分歧就是隐性的，甲某预测到他的立场会有意见分歧，于是对其立场主动给出了论证支持。

在对一个论辩性语篇进行分析时，对意见分歧的识别是展开论辩分析的首要步骤，找准意见分歧对于接下来的分析十分必要。

2. 论辩立场

确定存在意见分歧之后，就要对具体的论辩立场进行判断。论辩者的立场分为肯定立场、否定立场、中立立场三类。立场不同则辩护义务不同。肯定立场与否定立场都有义务为自己辩护，而中立的立场没有辩护义务，因此正确地判断论辩立场十分重要。

但是论辩立场的判断往往并不是那么轻松简单，最常规的方法是找到表达该立场的命题。表达立场的命题可以通过比较明显的标志词来识别，如“我的看法是……”“我认为……”“我相信……”“我的结论是……”等。识别出包含立场的命题，再判断命题包含的立场是肯定的、否定的还是中立的，甚至判断立场的范围和强度都会变得容易很多。

但是，在有些情况下区分否定的立场和中立的立场会存在困难，因为人们有时候出于委婉含蓄而将否定的立场用中立的陈述来表达。例如，乙某说：“我在想他是否的确是个贼。”这句话可能是单纯表示疑问（中立），也可能是表示否定。在这种虽有包含标志词的立场命题但意味不明的情况，或者没有明显标志词的情况下，还需要结合乙某说话时的语境、语气以及说话时的表情，结合不同话语领域中的语境，通过语用性分析来识别该论辩性语篇的立场。

3. 论辩性讨论的理想模型

不同立场的存在导致了意见分歧的出现，人们可以通过多种方式来解决意见分歧，例如掷硬币、占卜、投票、胁迫等，但是既文明理性又能彻底消除意见分歧（而不是搁置意见分歧）的方法只有就不同立场展开论辩性讨论，直到一方完全接受了另一方的立场。而论辩性讨论有是否合理之分，只有合理的论辩性讨论才能完成彻底消除意见分歧的任务。对照论辩性讨论的理想模型可以判断一段论辩性讨论是否合理。而论辩性讨论的理想模型是批判性讨论模型。

（1）批判性讨论模型

批判性讨论模型将论辩划分为四个基本阶段：冲突阶段、开始阶段、论辩阶段、结束阶段。批判性讨论从冲突阶段开始。在冲突阶段，参与论辩讨论的人确认彼此之间存在的意见冲突，即确认意见分歧。在开始阶段，参与论辩讨论的人确认各自的立场和正反方角色，并就讨论规则和共同出发点达成一致。这些讨论规则和共同出发点即双方必须承担的承诺，既包括程序的也包括实质的。在论辩阶段，正方通过一系列的论证来应对反方的异议或打消反方的质疑，反方也会不断提出新的异议或质疑。在结束阶段，双方评估意见分歧消除的程度，确定论辩结果。

（2）理想模型的价值

实践中的论辩性讨论可能不完全按照这样的顺序来进行论辩，也可能会省略其中某一阶段，但是基本可以抽象重构为这样四个阶段组成的模型。虽然理想模型往往并不能完全反映现实中的论辩，现实中的论辩也往往只是部分符合理想模型，但是理想和现实的距离并不会降低这一模型的实用价值。利用这一理想模型，我们可以对照着识别出实践中的论辩性讨论中哪些元素对于消除意见分歧不起作用，以及哪些元素的省略致使论辩性讨论出现了僵持而导致讨论失败。此外，理想模型还有启发功能，使我们更容易识别论辩中的隐性表达要素。

4. 隐性表达要素

在整个论辩过程中，论辩中的一些要素往往因为种种原因被人们省略，即论辩中的隐性表达要素。这些未表达的要素可以是冲突阶段中隐性意见分歧，可以是开始阶段中的隐性立场，也可以是论辩阶段中某些论证的隐含前提，还可以是结束阶段含混不清的结论。论辩漏洞常常隐藏于这些被故意省略的要素之中，这些未表达的要素必须被重构出来才能打破论辩僵局，将论辩有效进行下去。明确这些被省略掉的要素是消除意见分歧的关键，也是论辩分析的重要任务。

5. 论辩结构

在为立场进行辩护的过程中，整个论辩可能只含有一个论证，也可能含有多个论证，这时论辩结构就是指对于论辩所用的论证进行排列组合的方式。只包含一个论证的论辩结构称为简单论辩结构。但是一个论证往往无法满足论辩的需求，此时需要多个论证进行排列组合，才能对所辩护的立场形成强有力的支持，即复合论辩。

### （二）论辩评价

论辩过程中的论辩性话语往往不是完美的，它们存在各种缺陷或者自相矛盾之处。在进行论辩评价时，比较高效的做法是先从宏观上着手，检查论辩结构中是否存在逻辑不一致和语用不一致的情况，再从微观上检查单个论证的可靠性。如果宏观上和微观上的评价都没有影响论证的可接受性，最后还可以从论辩性讨论规则出发，识别和排除论辩中的谬误。因此，论辩评价的步骤一般为宏观一致性评价、微观可靠性评价、论辩性讨论规则检验。

1. 宏观一致性评价

宏观上，论辩性话语的不一致有逻辑不一致和语用不一致两种。

（1）逻辑不一致

逻辑不一致是指如果两个陈述相互矛盾，那么它们不可能同时为真。例如，在一个多重论辩结构的论辩中，如果出现了两个在逻辑上相互矛盾的论证，那么这两个论证不可能同时为真。由于无法确定哪个论证为真，这两个论证都会成为存疑的论证，无法为立场提供辩护。如果这一场论辩仅依赖这两个论证来支持，那么这就是完全失败的论辩。

（2）语用不一致

语用不一致是指两个陈述在逻辑上没有矛盾，但是放在现实的实践中去考虑它们是矛盾的情况。

2. 微观可靠性评价

微观上，通过判断构成论辩性话语的单个论证是否提高了立场的可接受性来判断其可靠性。语用论辩术学派所采用的“可靠性”概念，区别于逻辑学中的“可靠论证”，后者认为一个论证是可靠论证需要满足两个条件——一个是论证形式有效，另一个是所有前提均为真。而语用论辩理论的可靠性评价将形式逻辑理论的思想和非形式逻辑理论的思想进行了融合，一般需要满足以下三个条件。

（1）论证的推理在形式上是有效的

在验证单个论证的逻辑有效性时，如果这一论证是结构不完全的，那么需要先将其补齐，重构为一个结构完整的论证再进行验证。最常见的逻辑错误就是充分条件的假言推理的否定前件式。

（2）构成论证的每一个陈述都必须是可接受的

事实性的陈述可通过查明真伪来验证，而非事实性的陈述在涉及复杂的事件或者特定价值规范时就比较难以确定。难以确定的陈述就需要有针对它的进一步的论证支持，否则其可接受性就是存疑的。

（3）论证使用了恰当的论证形式，并且该论证形式被正确地使用

论证形式是非形式逻辑的概念，由该论证的形式和与之相对应的制约条件两个部分组成。在语用论辩术中，将论证形式定义为“将论证与其所辩护的立场联系起来的方式”。这种“联系方式”可能是正确的，也可能是错误的，所以需要对之进行批判性检验。语用论辩理论中的论证形式主要分为四类，即征兆关系型、类比关系型、追溯原因型、语用型。每种类型的论证形式都有相应的可靠性标准以及相应的批判性问题。

3. 论辩性讨论规则检验

除在宏观上对论辩结构的逻辑一致性和语用一致性进行批判、在微观上对单个论证的可靠性进行批判之外，在评价论辩时，还应该对论辩性话语中出现的谬误有所察觉。在语用论辩理论中，谬误是指论辩过程中违背了论辩性讨论规则，即理性讨论者行为规范，以致妨碍意见分歧消除的言语行为。准确识别对方的谬误或及时检查己方的谬误可以迅速获得论辩的主动权，有时甚至可以扭转成败局势。

## 第二节　刑事辩护中语用论辩术的应用

### 一、论辩四阶段的重构

控辩双方的法律论辩可被视为一种批判性讨论，因此可以按照批判性讨论的理想模型被重构为冲突阶段、开始阶段、论辩阶段、结束阶段这四个阶段。在冲突阶段，确认意见分歧。在开始阶段，确认各自的立场和正反方角色，并就讨论规则和出发点达成一致。在论辩阶段，正方可通过一系列的论证来应对反方异议或打消反方质疑，反方也会不断提出新的异议或质疑。在结束阶段，双方评估意

见分歧消除的程度，确定论辩结果。

### （一）冲突阶段——刑事辩护中的意见分歧

论辩从意见分歧的识别而开始，到意见分歧的消除而结束，刑事法律论辩也是如此。对于意见分歧的识别是刑事辩护中考虑辩点选择的第一步。在一个刑事案件中，控辩双方至少会存在一个意见分歧，对于每个意见分歧，控辩双方都持有不同的立场，而有辩护义务的一方为立场辩护时提出的论证中可能又会出现新的意见分歧，于是在整个论辩过程中就形成了层层意见分歧。最外层的意见分歧自然是围绕最终的判决中的定罪量刑问题。

因此，定罪量刑的结论由法律大前提和事实小前提决定。其中法律大前提一般是确定的，其真实性、合法性一般不需要证明。根据罪刑法定原则，犯罪行为的界定、种类、构成条件和刑罚处罚的种类、幅度，均事先由法律加以规定，对于刑法条文没有明文规定为犯罪的行为，不得定罪处罚。刑事法律渊源属于控辩审三方公认的共同出发点。在需要考虑情理问题的情况下，情理也会被放在法律大前提的补充位置成为论辩性讨论的一种意见分歧。将情理作为刑事辩护的一个辩点，通常是在法律规定的约束内，并且在法官自由裁量留有空间的前提下进行的辩护。

### （二）开始阶段——刑事辩护立场和出发点

1. 立场的选择

在一个刑事案件中，意见分歧不一定是同时存在的，辩方可以根据实际情况就这些可能出现的意见分歧选择不同的立场，即辩点的选择。辩方与控方立场相同，则说明在此处不存在意见分歧，而与控方立场不同，则说明在此处存在意见分歧，即可将此处选择为辩点。辩点的选择十分重要，选择时既要考虑最大化地为被告人或犯罪嫌疑人争取合法权益，又要保证有充足的论证支撑而获得论辩的胜利，要在合适的地方选择合适的立场。否则，过于激进的立场可能因为缺乏充分的论证支持而导致辩护的失败，而过于保守的立场则可能导致没有为被告争取到应有的合法权益，甚至导致发生冤假错案。因此，辩方立场并不可以随心所欲地选择，立场的确定既要考虑己方已经掌握的证据，也要仔细分析对方公诉意见中的论证。日常生活中的论辩性讨论可能存在立场难以识别的情况，但是在司法语境下，控辩双方的立场还是比较明确的。例如，在某入室盗窃案的公诉意见中，关于证据事实的公诉立场十分明确，控方认定的证据事实包括被告人偷拿被害人财物的时间、地点、手法、数额等都一清二楚。而接下来要分析的就是这些证据事实有没有足够的证据支持，而且论证是否合理有效。如果没有足够的证据支持或者论证无效或不合理，那么辩方就可以合理怀疑该控方提出的证据事实；反之，应该就证据事实选择肯定立场，另寻辩点，在法律事实认定或者情理问题上做文章。

2. 一致的出发点

在理想的批判性讨论模型中，参与论辩性讨论的双方在论辩开始阶段就讨论规则达成一致是十分必要的。在司法领域，这些规则是明确而具体的。包括针对不同种类案件事实的举证责任安排、证明标准以及证据规则等程序法规定的规则，都有我国刑法或刑事诉讼法的明确规定。

就举证责任的安排而言，辩方选择不同的立场就会有不同的辩护义务。在关于证据事实的意见分歧中，一般是“谁主张，谁举证”。主张被告人有罪、罪重证据的控方负有举证责任，而辩方只要找到控方论证薄弱的地方提出合理怀疑即可。而如果辩方还提出了新的立场，则辩方还负有对新立场的举证责任。而如果是关于法律事实的意见分歧，对法条中法律事实的不同解读则需要各自作出辩护。在关于程序合法性以及证据的合法性问题的意见分歧中，则根据刑事诉讼法的规定，出现举证责任倒置的情形。在关于情理问题的意见分歧中，则是需要各自作出辩护。证明责任与立场的选择相联系，是提供证据责任和说服责任的统一，如果无法为所选立场提供确实充分的证据和可接受的说服，则需要承担不利的诉讼后果。

就证明标准而言，法律中有关于证明标准的一系列明确规定，这一方面是出于公平正义的考虑，另一方面也为控辩双方更有效消除意见分歧提供了便利，避免控辩双方因所持证明标准不同而相持不下。因为在司法实践中，“事实认定”所追求的是法律真实，而非客观真实。法律真实依法可得，而客观真实则只能无限接近。因为案件必然是已经发生在过去的事，而时间是不可倒流的，现实中也不存在一个“上帝视角”来观察和记录人世间发生的一切，完全真实再现案件发生当时的真实情况是不可能也不现实的。即便当下科技足够发达，视频监控无处不在，也不能保证所有客观事实的全程和细节均被记录下来。同时由于监控资料的保存时限、拍摄角度、距离远近、清晰度等多种条件的限制，视频资料仍属于证据范畴，因此事后呈现出的“事实”与客观事实仍存在或多或少的偏差。因此，在司法实践中只能根据现存证据来推理和还原出一个“用证据能证明的事实”，即证据事实。证据事实有两种：一种是依据证据认定的事实；还有一种是在穷尽各种证明手段后仍然不能查明事实真相的情况下，进行证明责任的分配后推定的事实。证据事实不一定与客观事实完全相符，但随着证据的不断丰富和强化，证据事实可以无限接近客观真实。

就证据规则而言，证据作为证明证据事实的必要支撑，必须有一套明确的规制来确定什么样的证据算是有效证据，什么样的证据有证明力，证明力的强弱又有什么判断标准。如果法律对这些问题没有明确的规定，那么控辩双方之间的意见分歧的消除将存在巨大的障碍。我国刑事诉讼法对证据的种类、证据收集的程序、证据应有的品质（客观性、合法性、关联性）、证据裁判原则、各类证据的评价标准等都有明确的规定。此外，还有一些证据运用规则，如瑕疵证据的补正规则、非法证据排除规则、关联性证据规则、补强证据规则、自白任意规则、传闻证据规则、意见证据规则、最佳证据规则等。这些规则都是控辩双方的共同出发点，是对于证据的采用而言明确具体的公认规则，违反这些规则的论辩则将导致谬误。

### （三）论辩阶段——刑事辩护中的证成与反驳

在批判性讨论的论辩阶段，正方通过一系列的论证来应对反方的异议、打消反方的质疑，反方也会不断提出新的异议或质疑。对应到刑事诉讼控辩双方的论辩中来，就是双方通过就己方立场的说理论证来证成或反驳的过程。不同的意见分歧，具体用到的辩护方法也不尽相同，以下将刑事诉讼中的意见分歧分为关于证据事实认定、关于法律事实认定、关于情理问题三类展开讨论。

#### 1. 证据事实认定

证据事实即由证据得到的事实。在刑事诉讼中，证据事实包括关于实体法的证据事实和关于程序法的证据事实，而关于实体法的证据事实又分为定罪事实和量刑事实。

需要明确的是，证据事实具有可辩性。证据事实虽然可以视为是“被发现的”，但是严格而言，证据事实并非完全客观的，它其实是被“建构”的、与原始真相无限接近但很难完全一致的事实。控辩双方通过一系列的证据来“建构”对己方有利的事实，并力图说服法官相信其构建的事实更接近原始真相。法官必须在双方提供的现有证据和论证的基础上，决定自己更倾向于哪个事实版本。法官在事实的认定上具有一定的主观能动性。不同的证据会得出不同的事实，但甚至有时候即使在基于相同的证据的情况下，控、辩、审三方也可能得出不相同的事实，即控、辩、审三方在此出现意见分歧，控、辩双方就各自的立场展开辩论和博弈，争取获得审方的认同。此时，辩护的任务就是消除该意见分歧，并力图说服审方接受辩方得出的证据事实。

一般情况下，对证据事实的举证责任在控方，辩方只需提出合理怀疑即可。因此，对控方的公诉意见的论辩分析和论辩评价就十分关键。公诉意见可以被视为一种论辩性话语，论辩性话语不是完美的，可能存在各种缺陷或者自相矛盾之处。在进行论辩分析和评价时，有效率的做法就是先从宏观上着手，识别出论辩结构，检查论辩结构中是否存在逻辑不一致和语用不一致的情况，再观察微观上的单个论证是否以有效推理为基础，必要时需要把省略掉的隐含要素补足，最后判断基本的论辩陈述是否可接受、能否回答与不同论证形式相应的批判性问题。

2. 法律事实认定

对法律事实的认定过程通常也被称为“涵摄”，其实就是思考和确认“个案事实是否满足法规内涵中的事实模型”的过程，即比对和寻找案件事实与法规内涵中事实模型的共同点、相似点或差异点的思维过程，需要“目光不断来回往返于事实与规范之间”。具体而言，认定法律事实要遵循以下原则：①应该结合人们通常的理解和案件发生的背景，将事实置于相应的语境中去认识其“本质”。②应该从法规的整体出发而不是囿于单个条文中孤立地理解事实与规范之间的关系。③应该明确法律事实的判断标准是法律规范的“真实”，不得将案件事实的解释超出法规的“文义射程”，这是控辩双方乃至审方在论辩开始阶段应认同的共同出发点之一。④应该注意对评价性事实的认定相比对描述性事实的认定而言具有较强的主观性，受价值取向的影响较大。两者的认定思路是不一样的，“特别残忍手段”“罪行极其严重”“情节恶劣”等评价性事实提问“程度如何”，需通过法理分析、价值衡量等进行论证；而“盗窃”“侵占”等描述性事实提问“是非真假”，相对而言更具客观性，通过对案件事实进行翻译或对法规进行解释来论证。

针对这些不同的情况，辩护意见对认定法律事实的论证也可以依照论辩结构分析、宏观一致性评价、微观论证可靠性评价的步骤来寻找思路。需要强调的是，认定法律事实与认定证据事实的不同之处：①证据事实是通过证据来证明“是否存在”的问题，而法律事实是通过涵摄的方法来论证“是否如此”的问题；②证据事实的认定标准是“排除合理怀疑”，而法律事实的认定标准是法律规范的“真实”。因此，对于法律事实的认定过程更多涉及的是对事实和法律的合理解释。[①]

3. 情理问题

（1）情理辩护的可能性

就法律自身而言，“法合人情则兴，法逆人情则衰”，其最初的制定必然以社会情理作为重要的基础。正如托·富勒所言：“人类受制于法律，法律受制于情理”，法律的具体内容和价值追求都要尽可能地符合现实情理，将情理融于法的价值之中。就司法实践而言，现代法治语境为了避免滑向司法专断的危险，强调排除法外因素作为判案理由。然而法律作为一种社会制度，必定深深嵌入由其他社会制度组成的框架之中，司法裁判可以在保护法律价值的同时也兼顾社会价值，力求情、理、法的统一。从制度上而言，司法审判自由裁量空间的存在也为情理辩护提供了可能性。

（2）情理辩护的总策略

情理问题也具有一定的可辩性，因为判决依据所追求的是情理中的“理”。所以关于情理问题的意见分歧，也可以通过论辩性讨论理性解决。在进行情理辩护的过程中，辩方要想说服法官接受其立场，就必须意识到：对于审方而言，情理裁判不仅仅要兼顾个案中的具体情况，而且对于个案的特殊处断必须能够升华为最朴素、最普遍的常理、道理。因为法官在司法裁判中要积极地证明自己的裁判意见“非一家之言”，而是“天下公论”。因此，辩方在与控方针对情理问题进行论辩时，要让辩护意见比公诉意见更接近“天下公论”。这就要真正理解和把握立法的精神和价值，将法理中包含的情理结合个案进行解读，这不仅事关个案中当事人的权益保护，还事关社会的公平正义与和谐稳定。

### （四）结束阶段——论辩的结果评估

按照语用论辩术的理论，在论辩的结束阶段，论辩双方要评估意见分歧消除的程度，确定论辩结果支持哪一方。如果正方完全收回立场，那么论辩结果就支持反方；反之，如果反方完全放弃了质疑，那么论辩结果就是支持正方。如果双方都没有放弃立场，那么说明意见分歧还没有被完全消除，需要继续论辩。就刑事辩护而言，这里所谓的“结束阶段”实质上是就某一意见分歧的解决而言，而

① 张凯欣．语用论辩术在刑事辩护中的应用 [D]. 重庆：西南政法大学，2020.

不一定是指整个刑事辩护的结束。因为在一个刑事案件中，控辩双方的意见分歧往往不止一个，每个意见分歧的解决都需要经过充分的论辩。而经过每个充分论辩后，相应的意见分歧都将被理性地消除，那么就必将迎来论辩的结束阶段。在意见分歧已经消除的前提下，结果必然是一方接受了另一方的立场并收回了己方立场。尽管实际情况是一方可能在态度上或者语言上坚持不收回已经被对方推翻的立场，但是除非能提出新的论证，双方重新回到论辩的冲突阶段展开理性论辩，否则这种不接受论辩结果的态度是不理性也是不可取的。

## 二、论辩中的策略调控

策略调控可以根据刑事辩护语境中的具体需求来策略性地平衡法律论辩的辩证规范性与语用有效性。通过选择性地侧重于潜在话题、受众需求或表达手段中某一策略调控手段，可以更有效地实现合理性说服受众的目标。

### （一）话题策略

就刑事辩护语境中的法律论辩而言，话题策略是指为了在刑事辩护中针对各种潜在的话题进行最符合辩护目的的选择。具体而言，采取话题策略实质上就是对所涉及刑事法律规范进行策略性解释、对案件事实进行策略性认定以达到有效辩护的目的。

针对公诉人的指控，可以努力寻找其依据的刑事法律规范中所蕴含的不同含义，并在结合具体案件事实从中选择最有利己方诉讼策略的法律规范含义，这里面就涉及对法律规范的解释方法的选择。对刑事法律规范的解释，既包括解释法律具体是什么，也包括解释法律应该是什么的问题。前者是描述性的，后者是规范性的。因此，进行辩护的重点之一就是，指出公诉人指控依据的法律规范到底是什么含义，即“刑事法律规范 A 具有 B 的意义”至少可以从两个角度进行解释并选择最适合己方辩护目的的解释。第一个角度就是描述性角度，指出该刑事法律规范实际上具有某种含义，可以从引用法律规则、法律原则、判例和解释方法这类权威性理由来对该法律规范进行描述性解释，这种解释可以获得稳定的来源并可以在一定程度上排除其他反对解释。第二个角度是规范性的角度，指出该刑事法律规范应该具有某种含义。这种解释往往在法律具有漏洞时使用，主要引用政治、道德、经济等社会性理由，又可称为实质解释，这类解释不具有排他性，更多的是在刑事辩护中创造出“论辩空间”。在刑事辩护中，这两个辩护策略并非截然分开的，而是需要综合运用、合理侧重的。由于在刑事诉讼领域中，遵循着“罪刑法定的原则”，因此先从语言学角度进行解释。

在构建案件事实时，从事实争议点中选择对己方最有利的“故事版本”。与民事诉讼不同，刑事诉讼中案件事实的认定更加重要，需要花费更多的时间进行事实调查，在事实认定过程中可辩护的点更多。刑事诉讼的主要证明责任在控方，因此辩方辩护的重点在于提出“合理怀疑”动摇法官内心确信即可。

### （二）受众策略

语用论辩术中的受众策略理论与修辞学中的听众理论既有区别又有联系，二者都强调在论辩时将受众或听众的感受作为重要的参考因素，都建议论辩人以种种手段来影响受众或听众的感观从而获得信服。但是语用论辩术在吸收了修辞学的听众理论内容的基础上，更把论辩性话语视为一种语用性的行为，强调策略性地调控言语行为，不仅要考虑受众对论辩的接受，还要兼顾论辩理性。尤其是在法庭论辩的语境中，仅凭华丽的修辞形式而无实质性的严密推理，是难以使法官信服的，甚至还会招致法官的反感。就我国而言，虽然刑事案件的审判一般都是公开进行的，但是刑事辩护的关键听众还是法官。因此，在刑事辩护时最需要考虑的受众是法官——具有法律专业素养、信法明理、追求公正的理性受众。法官也不是完全冰冷的纯理性的机器，只不过其温度建立在法律基础之上。因此，诉诸情感的策略并不是完全不能使用，而是不能滥用，应该在法律准绳内和事实基础上进行巧妙的安排。既要避免过于煽情而反遭来自法官的厌烦，又要精准地激起法官某些情绪反应，从而使其产生有利的倾向。这种微妙的平衡有时候十分难以把握，需要策略性的调控。总之，不论采取哪种听众策略，都要做到对论辩合理性和语用有效性的协调。在法律论辩的语境下，其实这种协调并不十分困难，因为法律人本身就是追求理性的群体，因此在刑事辩护中，对论辩合理性上的倾斜与语用有效性的追求并不是特别冲突的。此外，需要的是一种换位思考的能力，在进行论辩性说服时要适当考虑受众的感受。例如，在语言使用上的简洁性和准确性有利于法官在短时间内接收到有效的信息，无形中会获得法官的好感。

### （三）表达策略

为实现话题策略和受众策略的目标，表达策略尤为重要。在刑事辩护领域，存在众多表达策略，比如诉诸权威、类比论证、会话推理等。

1. 诉诸权威

在开始阶段就选择诉诸权威的表达策略，既可以在刑事辩护中增强所持立场的合理性，特别是对己方行为的解释中，论证己方行为的正当性尤为重要，而且可以增加己方辩论力量，将己方行为解释为符合受众立场，反对己方的行为也就等于调整裁决在社会和受众的权威地位。运用诉诸权威策略最重要的一点是，选择合适的权威，避免不相干性，脱离实际争议点使受众认可己方立场。

2. 类比论证

类比论证是把两个相似的事物列举出来进行对比。类比的作用在于获得相似性或者不同性，从而凸显己方观点的正当性。类比的对象有很多，包括形象类比、行为类比、结果类比等。类比论证最关键的是找出关键点进行类比。具体表现在刑事辩护中，通过类似行为论证己方行为的正当性，又或者寻找类似判例，“相同情形同等对待”，使己方立场与受众立场一致的形象。

3. 会话推理

会话推理是通过将隐含在法律规范和案件事实中的含义推理出来，然后传达给受众，并从与受众的会话中推出对己方有利的观点。会话推理适用于法律争议和事实争议，具体而言就是，首先，将法律规范中没有明确表达出来的，或者根据立法者的意图推出该法律规范应有之义；其次，在事实调查阶段，特别询问证人过程中，通过对证人的会话中推出证人没有表达出的含义，攻击证言的矛盾点，攻击控方的证据推理，形成对己方有利的案件事实。

# 第二十章　职务犯罪司法的实践探索

## 第一节　职务犯罪原因

### 一、职务犯罪的概念

从本质上看，职务犯罪是公权力异化，具体而言就是公权力的性质、公权力的行使、公权力的目的、公权力的后果的异化。异化是指公权力本身产生了问题，其本身产生了对抗自己的力量，公权力失去了本来的意义。

从法律意义上针对职务犯罪的概念进行界定，这是研究职务犯罪首要的工作。职务犯罪的概念在我国的任何一部法律里都没有规定，只是司法工作者在长期的司法实践中形成的一种通称，因为不同学者分析的角度不同，出发点也不同，不同学科针对“职务犯罪”的概念也有不同的阐述，总结起来大概有以下几种观点：①国家机关工作人员利用了其职务上的便利从事的违法犯罪活动的总称；②有一定职务身份的人，利用其职务的便利，滥用职权，破坏公务人员的管理规定，最终造成国家、社会或者其他当事人的经济损失的一种犯罪行为；③国家公职人员利用公职的地位和便利从事违法行为，违法犯罪行为破坏了国家关于公职人员的规定，依法应当受到刑事处罚的犯罪行为。

上述观点的争议集中在职务犯罪主体的界定上，第一种观点认为职务犯罪的主体是“国家工作人员”，第二种观点认为是“具备一定职务身份的人”，第三种观点认为是“国家公职人员”。笔者赞同第一种观点，即“国家工作人员”。

结合以上三种观点，笔者认为，职务犯罪就是国家工作人员，利用职务上的便利，非法牟取利益，违反国家关于工作人员的管理规定，依法应当受到刑事处罚的犯罪行为的总称。

要想研究职务犯罪的特征，必须首先清楚犯罪的构成要件，将二者结合起来综合分析，让职务犯罪的特征符合犯罪构成的每一个要件。职务犯罪对犯罪主体有要求，职务犯罪的主体是特别主体。职务犯罪的主体是国家工作人员，国家工作人员由四类人员组成：①国家机关中从事工作的人员；②国有企业、事业单位、人民团体中从事公务的人员，常见的人民团体有妇联、共青团等；③国家机关、国有公司、企业、事业单位委派到非国有公司、企业事业单位、社会团体从事公务的人员；④其他依照法律从事公务的人员。根据立法解释，村民委员会等村基层组织人员协助政府从事特定行政管理工作时，属于国家工作人员。上述四类人员只有从事公务才能成为国家工作人员。从事公务是国家工作人员和非国家工作人员区分的关键。正确判断"从事公务"，对于区分贪污罪与职务侵占罪、受贿罪与非国家工作人员受贿罪有重要意义。判断公务的标准：①事务具有公益性。这是指事务关系到多数人或不特定人的利益。仅与个别人或少数人相关的事务不是公务。②事务具有行政职责性。这是指事务属于行政职务，并承担行政责任。国家机关中的公务一般容易判断。难以判断的公务主要是国有公司、企业、事业单位、人民团体中的公务。对此要根据事务是否具有公共性和行政职责性来判断。例如，公立大学里财务处的处长属于国家工作人员，财务处的会计也属于国家工作人员，然而大学里的授课教师不属于国家工作人员。正确认定什么是公务，还需要区分其与劳务、技术劳动的关系。

## 二、我国职务犯罪原因分析

### （一）导致我国职务犯罪产生的社会因素

职务犯罪的社会原因广泛而复杂，是犯罪原因系统中最基本和最主要的因素。根据性质不同，可以将其归纳为经济因素、政治因素和法律因素。

1. 经济因素

我们生存和发展的首要物质基础就是经济因素，经济因素对我们的思想和行为方式起决定性作用。我国国家工作人员职务犯罪最大的动机也大都起源于经济原因。导致职务犯罪产生的经济因素，具体表现在以下几个方面。

（1）所有制结构的调整

从所有制结构上来看，因为多种经济成分的存在，再加上国家对不同的经济形势采取的政策也有所不同，这就导致了不公平竞争的存在。不公平竞争使得有一些人为了利益而走向职务犯罪的道路。在我国所有制结构调整的过程当中，因为实施一些不规范措施，再加上一些国家工作人员受到利益驱使，也造成大量的国有资产流失和腐败现象的蔓延。

（2）分配关系的调整

分配不公的现象催发和刺激了职务犯罪的产生。在我国经济加速发展的过程中，社会利益分配发生急剧变化，社会上某些阶层的收入迅速提高，而国家依靠有限的财政收入无力及时增加国家工作人员的薪俸，从而导致这一阶层经济收入普遍偏低。物质利益分配不公，很容易导致心理失衡。

（3）管理环节改革滞后

在转轨过程中，政策法规的严重滞后，管理的松懈、弱化很容易产生漏洞、摩擦和冲突，这既造成了经济秩序的混乱和矛盾，又形成了腐败现象得以滋生蔓延的巨大空间。这种滞后性主要表现为，政府在资源配置中发挥作用过大，产权不明，对市场竞争无序化应对不足，财税政策和管理上的漏洞。

2. 政治因素

（1）权力私有化

民主政治与职务犯罪是相互对立的，社会主义新型民主政治的建立为从根本上遏制职务犯罪提供了有利条件。

（2）政治运作过程不透明

国家地方各项规章制度和管理过程的透明度还比较低，而暗箱操作现象仍然十分普遍，有些环节还比较严重，让腐败造成可乘之机。为适应社会主义市场经济的要求，我国全面进行了人事制度改革，但原有的诸多问题没有得到完全解决，并成为职务犯罪滋生的重要因素。

3. 法律因素

法律因素和上文的经济因素和政治因素相比，其对职务犯罪的影响相对其他两个因素要小很多，但是，因为立法的落后，执法不严谨、司法不公正等问题的存在，加大了预防职务犯罪的难度，给了犯罪分子更大的犯罪空间。

法律因素主要有：①缺少依法惩治职务犯罪的理念。缺少依法惩腐的理念使我们难以选择到控制腐败的良策，反腐倡廉制度化长期在一个较低层面上徘徊，不能使国家的控制能力发挥出最佳水平。②法律体系不完备。主要是体系不够完善，刑事实体法律中关于职务犯罪规定得不够详尽。③对职务犯罪惩治不力。主要表现在惩治不及时、不公正、不彻底。[①]

① 程硕．职务犯罪发生机理及预防对策研究 [D]. 重庆：西南政法大学，2020.

### （二）导致我国职务犯罪产生的个体心理因素

为了研究职务犯罪发生的社会因素，我们必须仔细分析，产生犯罪的原因、条件和结果，以及怎么预防职务犯罪等。从上述分析可以看出，社会因素的产生和职务犯罪的发生是有必然联系的。这种必然联系在外部因素的作用下，使得行为人有可能走上犯罪的道路。要想彻底解决上述问题，还必须认真研究犯罪个体的心理因素，这对于研究犯罪原因特别重要。职务犯罪人在犯罪时表现出的心理状态主要概括为以下几个方面。

1. 居功自傲心理

在国有企业改革的过程当中，有一部分人对国有企业改革的贡献很大，这些人认为自己是企业的“救世主”，认为自己对企业的贡献很大，理所应当从单位多用点或者多拿点企业财产。

2. 寻求平衡心理

国家工作人员与自由职业者等一些先富起来的人相比，经济收入比较低，因此造成了一部分国家工作人员心理失衡。

3. 有恃无恐心理

大部分职务犯罪的人都自认为有“保护伞”，即使出了问题有自己的“关系网”，有人说情、庇护。这种思想更助长了他们肆无忌惮进行违法犯罪的活动。

4. 侥幸逃脱心理

犯罪分子都有这种心理，试图蒙混过关，逃避法律追究，自认为不会查到自己，利用比较隐蔽的犯罪手段，再加上有“保护伞”，相信能够逃避法律的制裁。

除上述几种外，还有很多其他心理因素，需要我们在司法实践和理论研究中去更深入地剖析与探讨。

## 第二节　职务犯罪的预防

### 一、职务犯罪预防解读

#### （一）职务犯罪预防的概念

从预防犯罪的角度，可以将职务犯罪预防分为广义的预防和狭义的预防。狭义的预防犯罪的目的就是打击犯罪，检察院针对一定时间段内的职务犯罪进行统计，重点分析他们犯罪的时间、地点、手段、特征等因素，然后进行总结分析，得出一定的规律。从这一意义上讲，预防职务犯罪的主体是检察机关。为了预防犯罪，检察机关在犯罪开始之前，主动采取有效措施来预防犯罪的发生。而广义的预防除包括狭义的预防的内容外，还应当包括惩治犯罪和打击犯罪。如果发生职务犯罪，必须严厉打击，不仅要注重事前的预防，还应包括事后的惩罚。预防和惩罚相结合，共同防止职务犯罪的发生。

### （二）职务犯罪预防的主体和对象

预防职务犯罪是国家和政府主导的，但预防职务犯罪不仅是纪检监察和检察机关的职责，广大的社会团体和人民群众也应当积极参与进来，因为职务犯罪本身就是一种社会犯罪，一个机关的力量是有限的，全社会共同参与才能更好地预防。2000 年 12 月 13 日《最高人民检察院关于进一步加强预防职务犯罪工作的决定》指出，要坚持在中国共产党的领导下，广泛发动人民群众，让人民群众参与到预防职务犯罪的过程中，积极将预防职务犯罪与党的领导结合起来，坚持在党的领导下，主要依靠人民群众，将预防职务犯罪融入党的反腐败斗争中去。将中国共产党的领导、人民代表大会的监督、政府的大力支持三者结合起来，积极开展前期预防和后期的惩罚。因此，预防职务犯罪的主体呈现多元化，主要包括党委、人大、政府、社会团体等。

有些单位的职务犯罪接连出现，一个领导下台，其接替者在以后的工作当中有可能沿着前任的道路越陷越深，为什么会出现这种现象，值得我们深思。如前所述，广义的预防职务犯罪不仅包括前期的预防，还应当包括后面的惩罚和打击。从这一角度分析，职务犯罪的对象应包括三类：①可能成为国家工作人员的人。这些人还没有成为国家工作人员，政治觉悟还不够坚定，容易受到诱惑、干扰，我们要防止他们进入公职队伍后走向犯罪的道路。②已经成为国家工作人员，这些人可能是正在跃跃欲试的潜在的犯罪嫌疑人，要防止他们走向犯罪的道路。③因犯罪被开除公职，心存怨恨，教唆其他国家工作人员犯罪的人。

## 二、职务犯罪预防体系

### （一）体制和制度预防

体制是权力的运作机制和社会组织的运转机制，制度是权力运行的规范。职务犯罪是权力滥用的表现，而目前我国体制和制度不完善给职务犯罪留下漏洞，如出现权力过于集中且缺少监督等问题。体制和制度预防就是要通过体制改革和健全相关制度，把权力关进制度的笼子里，防止权力的滥用，同时织密织细制度网络，构筑制度防线，最大限度地遏制和减少职务犯罪。制度预防是各种职务犯罪预防中最重要的手段，也是最管用的，具有长效性、稳定性等特点。加强制度预防关键要在以下三个方面下功夫：①加快政治体制改革，设立专门机构；②规范权力运行相关制度；③制约对权力和职权者的监督。

### （二）法律预防

犯罪预防离不开法律。法律作为一种手段能够在权力的设立、运行等方面进行有效的制约，并且法律体系严密，有国家强制力作保障。要使法律预防真正发挥作用，需要做到：①推进依法治国的进程，增强人们的法律意识和法律观念；②强化立法和完善法律，制定专门的职务犯罪预防法律和反腐败法律，健全法律、细化法条；③严格执法，做到有法可依、有法必依、执法必严、违法必究。

### （三）教育预防

职务犯罪的产生有个体的主观因素，预防职务犯罪必须从人的主观意志出发，改造人的精神世界，减少犯罪的产生。教育预防是指通过对公职人员的教育，对其进行潜移默化的影响，增强其抵御外界犯罪因素的免疫力，以达到使人“不想犯”的境界。教育预防是预防职务犯罪的第一道关口，是从源头上预防职务犯罪。目前，我国教育预防的手段主要是加强对国家公职人员的政治思想教育、法治教育、道德教育。

教育预防的特点：①成本低，且比较直接和直观；②持续时间长，原因是对人们的精神世界的教育和改造并非一朝一夕所能够达到的；③效果明显，一旦形成稳定的世界观、人生观、价值观，其抵御能力也是持久的。[①]

① 周天龙．论职务犯罪预防 [D]．呼和浩特：内蒙古大学，2017.

### （四）群众监督预防

职务犯罪预防犯罪是一项系统工程。最大限度地控制犯罪，应该是各种手段和各种因素相互作用、良性互动的结果，不是某一因素就能起决定性作用的。作为预防工程的主体也应该是多元的，媒体的监督也是必不可少的，走群众路线也是克敌制胜的法宝。群众监督预防是专门监督的有益补充，是对专门监督机关的再监督、再纠偏。构筑全方位监督格局，发挥群众监督活力，需要做到：①加强宣传教育，唤起群众的参与意识和监督意识；②扩大行政公开范围；③设立科学的群众参与渠道。

## 三、职务犯罪预防的必要性

世界各国都意识到了预防职务犯罪的重要性，都在采取各种措施预防职务犯罪。打击职务犯罪的，最终目的是尽量减少职务犯罪的发生，营造一个良好的社会环境。事后打击治标不治本，还是要从源头遏制住职务犯罪。只有事前预防、事中设置各种措施、事后加大打击力度三位一体、共同作用，才能达到最终目的。

### （一）稳定政治

政治稳定才能更好地发展、更好地统治，人民才能更加拥护，更能遵守国家制度。政治稳定是相对的，保持政治稳定必须有效预防职务犯罪。

### （二）促进经济发展

“经济发展才是硬道理。”只有经济发展了，国家才能进步，人民才能安居乐业。管理模式精简，办事效率高，经济发展就快，经济增速就越明显。我国现在处于并将长期处于社会主义初级阶段，国家对经济领域的管理服务和对流通环节的调控仍然发挥重要作用，处理好国家对经济的宏观调控就能很好地促进经济健康稳定发展。在这一环节如果有人通过权钱交易牟取私利，必定阻碍经济健康发展。因此，必须排除职务犯罪对经济发展的干扰因素，给经济发展营造一个良好的外部环境。

### （三）依法治国的需要

依法治国是党提出的先进治国理念，是我国的基本国策之一。国家的政治、经济、文化以及社会各个方面的活动按照法律的规定去执行，除法律之外，任何因素不能干扰到预防职务犯罪，全社会必须牢固树立起宪法和法律至上的理念。职务犯罪是一种权力腐败行为，其漠视、践踏了法律，破坏国家治理秩序，侵犯公民合法权益，阻碍国家法治化进程。

## 第三节　大数据在职务犯罪调查中的应用

### 一、大数据在职务犯罪调查中的应用形式

职务犯罪调查大致分为初核、立案两个阶段，鉴于目前大数据技术在法律上的不成熟，其分析结果更多的是以线索的方式运用在实际的调查中，办案人员通过对数据样本的加工和挖掘获取与案件有关的线索。但是将其结果作为证据，应用在庭审中是未来发展的趋势。

#### （一）大数据调查之线索运用模式

线索是案件办理的开端，有价值的线索可以快速确立案件办理方向，有效推进案件的办理进程，是案件办理过程中不可或缺的媒介。案件的办理过程中办案人员会接触到各种各样的线索，不同的线索有着不同的价值，辨别线索的真伪、快速厘清方向是办案的关键。快速收集有效线索、排除干扰线索、厘清各个线索间的关系，是加快案件办理进程的关键。

在实务中，线索没有严格的形式要求，其来源也很丰富，如信访、监督、巡查或是案件调查过程中的发现。在传统的职务犯罪侦查中，线索往往是以实体的方式存在的，如痕迹、笔迹等。随着信息计算能力的发展，线索的定义也在不断更新。大数据时代下，依托计算机的发展，办案人员能够迅速提取有效线索，实现物理空间和虚拟空间的融合，将物理线索用大数据技术呈现出来，从虚拟空间模型中寻找现实世界中无法得到的线索。具体而言，大数据调查结果作为线索运用主要体现在以下两个方面。

1. 在案件中寻找线索

目前，各个行业领域都在加快大数据的建设，尤其是各种基础信息数据库，如公安的户籍档案系统、社保管理系统、银行的个人财产系统，依托这些基础系统数据，办案人员很容易从已被突破的案件中搜集到犯罪分子的相关信息，从而锁定犯罪嫌疑人。目前法律上并没有对线索搜集和使用的严格规定，在此情况下

的技术人员可以充分发挥线索的自由性，建立数据模型，找到案件与嫌疑人的关联。例如，案件被突破以后最大的困难就是如何迅速追捕相关犯罪嫌疑人，而这些人的反调查能力非常强。有了大数据技术，办案人员可以迅速找到嫌疑人的通话记录、消费记录、出行记录，从而快速找到嫌疑人。“从案件到线索”的模式下依靠的正是各个领域大数据技术的基础建设，辅助的数据挖掘技术更是可以把嫌疑人的行为偏好等性格用技术的方式“画”下来。即使大数据技术分析的结果可能并不是与案件或者行为人密切相关的，但还是可以丰富案件的线索。

2. 在线索中突破案件

这是线索最常规的用途。随着案件线索来源越来越丰富，大量有效的线索通过监察机关的信访部门集中到一起。利用好大数据技术可以将这些来源不同、方向不同的线索整合集中，从而建立起立体的线索模型。而此过程不再需要人为的过分干预，办案方向也更为明确。“线索到案件”这一方式应用范围广阔，尤其是金融类等高智商的职务犯罪。办案人员在大数据技术的帮助下捕捉信用卡诈骗犯罪的线索，将捕捉到的海量用户的交易数据进行分析，大数据技术中的孤立点计算和相似度计算可以得到数据中的交叉点，同时结合传统的办案经验，就可以认定犯罪嫌疑人的身份和犯罪习惯。而在财务系统中，监察机关可以将传统涉税犯罪的习惯和规律通过大数据技术转化成数据模型，将其附着于各单位的财务系统，既加强了对职务犯罪的监督，也能快速获取犯罪嫌疑人信息。

### （二）大数据调查之证据运用模式

证据是案件的关键，是复原作案过程的有效支撑。随着科技的发展，作为案件信息载体的证据也在变化，这与信息传播媒介的变化密不可分。传统的证据有言词类证据、书面类证据和视听类证据，而计算机等互联网技术的发展衍生了第四种证据——电子数据证据。新的证据形式总是伴随着新的媒介，而新的证据形式也推动了人类法律文明的进程。大数据时代的证据以越来越多的形式被记录、被存储，推动着证据形式的新变革。

刑事诉讼法未将大数据分析结果作为新的证据类型，但这并不意味着大数据不能作为证据出现在庭审中。部分学者对于大数据在诉讼中成为证据的新形式表示乐观，因为大数据的技术革命已经不可阻挡。即使实务中很难发现将大数据分析结论作为直接证据的案例，但大数据作为庭审中新的证据类型的可能性仍然很大。

部分大数据线索可以转化成证据。在我国刑事诉讼中对于线索并没有固定的形式要求，虽然线索和证据不属于同一类别的概念，线索并没有形式上的要求，也不受获得形式的约束，与案件相关的有效信息都可以称得上线索，线索的任务就是推进案件办理的进程。证据则是法律明文规定的，其形式和收集方法都受到法律的约束，而二者的作用也发挥在不同阶段。实务中，线索更多的是在案件初审中使用，而证据则是在立案审查、审查起诉、庭审阶段使用。但是在实务上想实现二者之间的转化较为容易，经过办案人员查证属实，且获得方式符合法律规定的线索可以作为案件的定罪量刑依据，即“证据型线索”。当这些“大数据线索”能够证明案件事实，符合证据属性要求，经法定程序获取，即有可能成为定案的证据。

在刑事实务中虽未出现将“大数据”作为证据使用的案例，但在民事和行政领域已经出现。在上海一起民事诉讼案中，当事人将“百度指数”作为己方主张的证据支撑。而所谓的“百度指数”则是以百度海量客户行为为基础的数据分享平台，它用于研究关键词的发展趋势，分析网民的兴趣和需求等，其分析的结果有一定的说服力。最终，法官也以“当事人提供的证据从‘百度’大数据平台统计得出，在被公证机关公证后，证据优势明显”判决了被告的胜出。同样，在一起关于中国证监会的行政诉讼案中，证监会通过提供大数据技术分析所得的结果，指控当事人唐某某利用多个虚拟账户、MAC 地址和 IP 地址，操控股票价格，其账户下的股票交易品种也存在着高度一致。最终法院依据大数据的分析结果作出了证监会胜诉的判决。即使民事诉讼和行政诉讼的证据要求与刑事诉讼有很大不同，刑事诉讼的证据要求更为严格，但随着大数据技术的普及，未来的刑事诉讼中也可能会将大数据证据作为定罪和量刑的依据。当然，在没有法律规定和相关刑事案件判例的情况下，这一方式仍然有待探索。这也引发了关于证据属性和证据规则衔接等制度方面的问题。①

① 方畅．大数据背景下职务犯罪预防研究 [D]. 武汉：华中师范大学，2019.

## 二、大数据在职务犯罪调查应用的作用

### （一）有利于快速提升具体案件的取证效率

传统调查方式受限于信息化水平，大量涉及个人的基础性信息查询工作需要依靠现场调取，不仅耗费人力和财力，而且取证结果也不一定能够达到预期效果，一些涉及跨省取证的工作更是需要当地的办案部门，甚至中央部门给予帮助。在大数据时代，必须转换从“脚底”到“指尖”的取证思维。

大数据技术的出现帮助职务犯罪办案人员扭转了传统调查方式中的被动处境。通过大数据技术，办案人员能够建立起一个与现实物理空间相对应的数据空间，现实生活中人类的生活轨迹和行为痕迹都将以数字的形式存储在数据空间里，如工商、房产、户籍、车辆等信息等。大数据技术可以对人们现实生活中的行为进行数据化的分析，并对之后可能的行为做出预测。这一技术无疑为侦破职务犯罪案件带来了重大突破。数据空间里的存储信息能够帮助办案人员迅速查询到案件所需的线索和证据，嫌疑人即使能够抹去现实生活中的痕迹，也很难抹去数据世界里的痕迹。而“云”技术的普及更是提高了办案人员搜索有效信息的速度。目前，在国家监察委员会的引领下，全国各地区的监察委都在积极地建立数据查询平台。工商、房产、户籍、车辆、通信、金融等方面的信息汇聚数据库也在紧锣密鼓的筹划中。一旦各部门之间的数据壁垒被打破，办案人员将能够源源不断地获取最新的案件线索，职务犯罪案件的侦破时间将会大大缩短。

### （二）有利于深入挖掘职务犯罪的关联信息

依托大数据的预测价值，办案人员可以深入挖掘职务犯罪案件中的相关信息。大数据技术为职务犯罪调查提供了强大的科技支撑。数据模型算法的不断更新可以快速分析出各模块信息之间的关系，而这种“相关性”的分析方法为人类了解世界提供了新的视角。在运用大数据技术过程中，数据模型将会对数据库里所有数据进行比对和加工，许多与案件有关的信息都会被挑选出来，并且以结构化的方式展现。例如，在办案过程中，如果我们无法获取犯罪嫌疑人的联系方式，而犯罪嫌疑人又极其狡猾，不断更改联系方式以混淆办案方向，我们可以将其曾密切接触的所有人的通信话单进行碰撞分析，找到其中的交叉点。然后，分析这些密切接触人的银行流水并进行比对，在这两条调查线索中寻找交叉点，从而确定犯罪嫌疑人的身份和行踪。以上数据挖掘和分析手段在线索初核和案件调查阶段

均具有重要的意义。

### （三）有利于确实形成“由证到供”的调查模式

“由证到供”的调查模式有利于防范冤假错案，也是适应当前客观调查需要的取证、固证手段。口供作为最重要的定罪量刑方式，在整个职务犯罪调查过程中扮演着十分重要的作用。由于职务犯罪案件的犯罪主体一般文化水平较高，阅历较为丰富，反调查能力及心理承受能力较强，且事前可能订立“攻守同盟”，因此单纯的几份口供往往不容易击破他们的心理防线。在审讯时，犯罪主体往往会经过试探摸底、对抗相持、动摇反复和供述认罪等四个阶段。这不仅使办案人员取证困难，而且耗时长，容易出现变故，如犯罪主体发生人身健康问题。运用大数据则可有效避免上述问题，即使是口供依赖性较强的行受贿犯罪，办案人员也可以通过恢复提取犯罪嫌疑人相关电子设备的信息，准确引导调查方向。例如，利用手机数据恢复技术，可以将被调查人自以为删除的证据进行恢复取证。在不经意间将这些证据透露给被调查人，往往可以打其一个措手不及，使其露出马脚。在大数据的帮助下，办案人员能够针对不同的犯罪主体采取不同的谈话策略，同时利用其复杂纠结的心情，击破其心理防线，从而获取更多关键信息，最终揭露犯罪真相，维护社会的公平正义。

# 参考文献

[1] 樊崇义 . 刑事诉讼法学 第 4 版 [M]. 北京：中国政法大学出版社，2020.
[2] 范雪峰 . 职务犯罪概论 修订本 [M]. 北京：中国政法大学出版社，2021.
[3] 方鹏 . 国家司法考试 名师课堂 方鹏刑法真题 2017 年版 [M]. 北京：北京理工大学出版社，2017.
[4] 龚大春 . 刑法学简明教程 [M]. 武汉：武汉大学出版社，2018.
[5] 韩玉胜，王达主 . 监察机关职务犯罪调查法律实务 [M]. 北京：中国法制出版社，2019.
[6] 郝英兵 . 刑事责任论 [M]. 北京：法律出版社，2016.
[7] 黄佳宇 . 刑法总则适用疏议 [M]. 长春：吉林人民出版社，2021.
[8] 贾济东 . 犯罪论争议问题研究 [M]. 北京：法律出版社，2021.
[9] 焦阳 . 刑法分析与适用 [M]. 北京：中国法制出版社，2018.
[10] 孔利民 . 刑法实用全典 [M]. 北京：中国法制出版社，2018.
[11] 李芬，周涛 . 刑法学研究 [M]. 长春：吉林人民出版社，2020.
[12] 李世清 . 实习律师执业基本技能 刑事辩护及刑事代理 [M]. 北京：中国政法大学出版社，2015.
[13] 李欣 . 刑法总论 [M]. 成都：电子科技大学出版社，2017.
[14] 刘玫 . 刑事诉讼法 第 3 版 [M]. 北京：中国政法大学出版社，2020.
[15] 刘宪权 . 刑法学名师讲演录 [M]. 上海：上海人民出版社，2021.
[16] 刘源 . 刑法专论 第 2 版 [M]. 上海：华东理工大学出版社，2021.
[17] 罗翔 . 刑法学总论 第 2 版 [M]. 北京：中国政法大学出版社，2021.
[18] 马丽丽，傅君佳 . 刑事诉讼法案例教程 [M]. 北京：中国民主法制出版社，2016.
[19] 彭文华 . 犯罪构成的经验与逻辑 [M]. 北京：中国政法大学出版社，2021.
[20] 向准 . 我国刑罚体系研究 [M]. 北京：中国政法大学出版社，2019.
[21] 徐松林 . 刑法学 [M]. 广州：华南理工大学出版社，2016.
[22] 姚建涛 . 刑事诉讼法理论与实务 [M]. 武汉：武汉大学出版社，2021.
[23] 于世忠 . 中国刑法学 总论 第 3 版 [M]. 厦门：厦门大学出版社，2017.
[24] 张曙光 . 中国刑法总论精义 [M]. 北京：生活 · 读书 · 新知三联书店，2022.
[25] 张智辉 . 刑事法研究 第 7 卷 刑事责任论 [M]. 北京：中国检察出版社，2023.
[26] 中国法制出版社 . 刑法新解读 · 17 第 4 版 [M]. 北京：中国法制出版社，2017.
[27] 中国行为法学会 . 刑法研学录 总则描红版 [M]. 北京：中国民主法制出版社，2022.

[28] 周登谅 . 刑事诉讼法 第二版 [M]. 上海：华东理工大学出版社，2021.
[29] 常文琦 . 我国刑事辩护律师职业伦理研究 [D]. 北京：北方工业大学，2022.
[30] 程硕 . 职务犯罪发生机理及预防对策研究 [D]. 重庆：西南政法大学，2020.
[31] 方畅 . 大数据背景下职务犯罪预防研究 [D]. 武汉：华中师范大学，2019.
[32] 晋青 . 刑事诉讼程序内在价值研究 [D]. 昆明：云南大学，2015.
[33] 黎龙敏 . 论刑事辩护律师执业风险及防范 [D]. 兰州：兰州大学，2020.
[34] 李丰 . 我国刑事律师职业伦理的现状及反思 [D]. 上海：华东政法大学，2022.
[35] 李雪宁 . 我国刑事司法中期待可能性理论适用研究 [D]. 武汉：华中师范大学，2015.
[36] 李亚东 . 论我国精神障碍者的刑事责任能力之认定 [D]. 北京：中国社会科学院研究生院，2018.
[37] 林雨佳 . 刑法司法解释规范化研究 [D]. 上海：华东政法大学，2021.
[38] 刘畅 . 刑事诉讼中的隐私权保护研究 [D]. 桂林：广西师范大学，2020.
[39] 刘怡廷 . 共同犯罪认定研究 [D]. 株洲：湖南工业大学，2022.
[40] 鲁杨莹 . 我国刑事司法实践中的期待可能性应用研究 [D]. 武汉：中南财经政法大学，2021.
[41] 马宇豪 . 刑事诉讼程序正义及其保障 [D]. 保定：河北大学，2019.
[42] 密齐深 . 刑法基本原则之内在关系研究 [D]. 重庆：西南政法大学，2016.
[43] 倪楠 . 论违法阻却事由 [D]. 哈尔滨：黑龙江大学，2016.
[44] 蒲秀莉 . 免予刑事处罚研究 [D]. 重庆：西南政法大学，2016.
[45] 王拂冉 . 刑事责任年龄的审查与认定 [D]. 长沙：湖南大学，2019.
[46] 王思维 . 论刑法的体系解释 [D]. 上海：华东政法大学，2021.
[47] 颜小娟 . 刑事辩护律师职业伦理研究 [D]. 栖霞：南京师范大学，2013.
[48] 袁玉杰 . 刑法目的解释适用规则研究 [D]. 上海：华东政法大学，2021.
[49] 张凯欣 . 语用论辩术在刑事辩护中的应用 [D]. 重庆：西南政法大学，2020.
[50] 张适清 . 非刑罚处罚方法的基本问题 [D]. 昆明：昆明理工大学，2017.
[51] 赵怡嘉 . 当前我国刑事辩护律师权利保障实证研究 [D]. 新乡：河南师范大学，2017.
[52] 周天龙 . 论职务犯罪预防 [D]. 呼和浩特：内蒙古大学，2017.